巴菲特

做你最仰慕的人

我从来不曾有过自我怀疑。
我从来**不曾灰心过**。
我始终坚信**我会富有**。对此
我不曾有过一丝一毫的怀疑。
归根结底，我一直相信我自己
的**眼睛远胜于其他一切**。

王楠◎著

台海出版社

图书在版编目（CIP）数据

巴菲特：做你最仰慕的人 / 王楠著.
—北京：台海出版社，2015.10

ISBN 978-7-5168-0737-8

Ⅰ.①巴… Ⅱ.①王… Ⅲ.①巴菲特，W. －传记
Ⅳ.①K837.125.34

中国版本图书馆 CIP 数据核字（2015）第 239559 号

巴菲特：做你最仰慕的人

著　　者：王　楠

责任编辑：王　品
装帧设计：张子航　　版式设计：红　英
责任校对：陈　烨　　责任印制：蔡　旭

出版发行：台海出版社
地　址：北京市朝阳区劲松南路 1 号　　邮政编码：100021
电　话：010-64041652（发行，邮购）
传　真：010-84045799（总编室）
网　址：http://www.taimeng.org.cn/thcbs/default.htm
E-mail：thcbs@126.com

经　销：全国各地新华书店
印　刷：河北信德印刷有限公司
本书如有破损、缺页、装订错误，请与本社联系调换

开　本：710 mm×1000 mm　1/16
字　数：204 千字　　印　张：18.5
版　次：2016 年 1 月第 1 版　　印　次：2024 年 1 月第 2 次印刷
书　号：ISBN 978-7-5168-0737-8

定　价：58.00 元

序

全世界的投资者都在追寻“股神”的成功秘笈，窥探其投资之道。2008 年，“股神”以 620 亿美元身价荣登《福布斯》全球富豪榜“一号席位”，让蝉联头把交椅 13 年的比尔·盖茨甘心让位；2010 年，他又联合比尔·盖茨一起发起倡议，让全世界更多的富豪们都能够将自己的财富捐出一半赠予慈善事业，而他则诚恳地表示，死前将捐出个人财富的 99% 给慈善机构。截止到 2014 年，他累计为全球慈善事业捐出的善款高达 230 亿美元，其中，仅 2014 年就捐赠了价值 28 亿美元之多的伯克希尔公司 B 股。

他是美国人心目中 100 年来最伟大的投资家，是世界富豪榜上的前三甲，是唯一一位以投资获利摘得“世界首富”桂冠的传奇人物。他，就是我们本书的主人公——沃伦·巴菲特！

1930 年，巴菲特出生于一个以祖父经营百货商店为主的“企业家”世家，从他出生起就顺理成章地传承了家族谨慎为本的生意经。巴菲特的父亲是一名政务达人，他后来回忆说，他从父亲那里真正学会了谈判。他从小是在母亲怀里长大、在祖父杂货店度过童年的，所以，他血液里流淌着来自于母亲那百分之几的犹太血统，又养成了祖父“抠门”的习惯，这样的组合，塑造了幼年时期的要节俭更要变得富有的巴菲特。

巴菲特从五岁开始“做生意”，历经了口香糖、可乐、高尔夫球、报纸等多个待售产品，11 岁时第一次接触股票投资，从此爱上了这个如同赌博般刺激的“游戏”。

1947 年，17 岁的沃伦·巴菲特进入宾夕法尼亚大学攻读财务和商业管理。但他觉得教授们的空头理论不过瘾，两年后转学到内布拉斯加大学林肯分校，一年内获得了经济学学士学位。

1950 年，20 周岁的巴菲特遗憾地被哈佛拒之门外，这是他从未料想过的。同年，被哥伦比亚大学商学院破格录取。就在哥伦比亚大学的图书馆，他“认识”了价值投资之父——本杰明·格雷厄姆，从此，这里成了他一生辉煌成绩的肇端。

1952 年，获得哥伦比亚大学商学院经济学硕士学位一年后的巴菲特与第一任妻子苏珊共同走过了红地毯。纵观巴菲特的一生，可以说他是“先成家后立业”之人。婚后的巴菲特开始筹备自己的事业，于 1957 年成立了巴菲特合伙人公司，最初的股东都是他的亲友团，随着事业上的突飞猛进，越来越多的家族外资本也涌入进来。

没有哪位股东知道自己的资金在巴菲特的池子里是如何翻滚的，因为想让巴菲特掌管资金的人，首先要知晓的就是“不知情权”。当然，巴菲特每年都会告知大家资金收益情况，却从不透露他到底在做些什么。以至于股东们只知道巴菲特在帮他们赚钱，却不知道他是如何做到的，这段神秘的往事，恐怕只有巴菲特知晓。

1969 年，在美股暴跌前一年，巴菲特在所有人都贪婪地吮吸着股市中的财富时，毅然解散了合伙人公司，除了几只“死了也不会卖掉”的股票之外，巴菲特算是真正做到了“清仓”。

巴菲特这一生 99% 的财富都是 55 岁之后赚来的，而他在 1965 年开始执掌伯克希尔 · 哈撒韦公司的半个世纪以来，这个财团始终是全世界的焦点。2014 年，伯克希尔 A 股突破 200 万美元/股大关，成为世界上名副其实的最高价股。巴菲特，用他一生的成功，塑造了自己的传奇，也塑造了伯克希尔的辉煌。

有股东问巴菲特，成为世界首富之后的他算是完成了“变得富有”的愿望，那么接下来巴翁有何目标时，巴菲特笑称，要成为美国最长寿者。巴菲特已经 85 岁高龄了，一直喜好“垃圾食品”的他居然还拥有着一副健康的体魄，可见，他经营自己的身心也如经营他的公司一样仔细。

巴菲特用他的成功，告诉了世人很多不可能实现的事情都是可以实现的，比如熊市中好好生存下来；他用 25 年的时间创造了一个基本不能实现的事情——改变投资观念。从格雷厄姆到查理 · 芒格，巴菲特的身边总是围绕着绝对实力的良师益友、挚友亲朋。

遗憾的是，那么多想要复制巴菲特成功的人们始终没有找到答案，并不是“成功无法复制”，而是他们真的确定复制得够“完整”么？比如说，股神的习惯、智慧、思维……本书以时间为轴线，以主人公的习惯养成及历经千变万化的命数为齿轮，为您开启“股神”巴菲特传奇的一生。

目 录

1

缘起奥马哈

扫扫股神“二维码”

“股神——巴菲特”，他能有这个称呼，足以证明了他的那“两把刷子”有多么神奇。

对于普通人来说，奇迹总是诞生在魔术师的手中——无中生有或从有到无。在投资领域，也存在着一个举动可“亮瞎”所有人眼睛的风云人物，他就是沃伦·巴菲特。被誉为“股神”的他到底有多“神”？他又凭借什么被誉为“神”？让我们来扫一扫他的“二维码”。

2008年，极不平凡的一年。这一年，巴菲特的财富超越了比尔·盖茨，成为新晋世界首富；这一年，还爆发了令华尔街乃至全球闻风丧胆的世界金融危机。两件事情看起来完全对立又矛盾，巴菲特又是怎样协调好二者关系的？——他用自己的玩法告诉我们：真正的财富，是在任何危机面前都无需担心贬值和恐慌的。

2014 年 8 月，伯克希尔·哈撒韦公司的股票价格突破 20 万美元/股大关，这是继 2006 年 10 万美元/股纪录之后又一个股界神话——全球第一高价股，无可厚非，神话的缔造者乃沃伦·巴菲特！股神从来就不是一般人能企及的，哪怕只是想一想，也十分奢侈。殊不知，“股神”也非与生俱来，这个光环的背后，隐藏着一桩桩“罪恶”。

世界最高价股之所以能够顺利诞生，要归功于巴菲特及其合伙人公司共同创造出来的利润。从 1977 年的 100 美元/股，到 1992 年的 1 万美元/股，到 1998 年的 5 万美元/股，再到 2006 年的 10 万美元/股，最后到 2014 年的 20 万美元/股，巴菲特用了 37 年的时间创造了 5 个世界之最。谈及成功的秘诀，巴菲特总会莞尔一笑，似神秘、似简单。这个问题对常人而言是很神秘的，然而在巴菲特的概念里，几乎没有什么固定的答案。巴菲特能在股市中脱颖而出成为世界首富，二维码显示的第一个结果，即“吝啬”。

伯克希尔·哈撒韦公司的股票价，51 年间涨了 1.2 万倍，可最富有的巴菲特却坚持不给股东分红。抠门儿、吝啬、小气……用所有的鄙夷来形容巴菲特似乎都不为过。别人无论怎么说都无法动摇巴菲特，能让他有一点“恻隐之心”以体恤民情，施舍分红，是一定不可能实现的。

坚持不分红，是巴菲特最坚定的一个财富成功理念。

在老巴的价值观里，给股东分配现金红利很愚蠢。试想，钱如果都分出去了，还怎么再用钱来生钱？所有的投资者，都是用钱来生出更多的钱，所以，在伯克希尔·哈撒韦公司有一条铁律——坚决不分红。那么，伯克希尔·哈撒韦公司年复一年创造出来的财富都去哪儿了？

价值投资，即一定要做有价值的投资行为。最有利于股东的不是给他们多少红利，而是使他们应得的红利增值，这就需要公司把握更好的投资方向，将钱投出去，收回来，再投出去，财富雪球就会越滚越大。

股东们自然对巴菲特的铁律无条件遵从，甚至十分欢喜，财富升值了，而且也不用缴纳因红利而白白奉献出去的高额二次征税。可别小瞧这二次征税，虽然各个国家的税率不同，但不变的是：收入越多，所缴纳的税收越多。

股东们的红利，也就是自然人的投资利润在企业已经被扣一次所得税（企业所得税），当作为红利分给股东后，还需要再扣一次个人所得税的余额。不能不说，巴菲特的这种不给股东分红的“吝啬”是明智之举。

股神不喜欢玩账面游戏，至少伯克希尔·哈撒韦公司的A股从来都没有被拆分过。拆股，另一个通俗的名称为“分割”，多是股票证券市场运行的潜规则之一。方法如字面意思，一般是将一股面额较大的股票拆分成若干个面额较小的股票，使得发行的股票总数目得以增加、单股降低、每股盈余下降，还不会对公司价值、股东权益总额及各项目金额产生任何影响。

这样做的目的显而易见，通过股票数量的增加来降低每股市价，吸引投资者的目光，增大财富凝聚力。这样的小儿科，股神自然不屑一顾，一张100美元/张的大饼与两张50美元/张的大饼，解决饥饿感的程度没有什么不同，另一方面，股东的价值也不会因为分股而增加，实在没有什么玩头。

也正是因巴菲特所有的理念都基于“股东的利益至上”，他才能拥有如此之多的追逐者，这些追逐者又是股神财富缔造的坚实基础，所以，雪球又变大了。

再算一笔精细账：2013 年，伯克希尔·哈撒韦公司每股有 1.157 万美元的净收益和 12.6765 万美元的净资产，如今的 20 万美元/股的金价，所对应的市盈率为 17.3 倍（市盈率 = 单股股价 ÷ 净收益/股），市净率为 1.58 倍（市净率 = 单股股价 ÷ 净资产/股）。

1964 年，巴菲特成为伯克希尔·哈撒韦公司股东时，公司的股价为 16 美元/股，与今天 20 万美元/股相比足足相差了 1.25 万倍。伯克希尔·哈撒韦公司 A 股的持有者只是相当少的一部分人，近 3000 名投资者，没有一个不希望所拥有的财富是一个长期的甚至是无限期的回报。当然，对于“财富取之于股东用之于股东”这样的理念，巴菲特不排斥，甚至比任何股东都优先考虑如何实现和奉献。故此，追逐巴菲特的投资者越来越多，巴菲特的财富雪球越来越大，潜移默化地，股神影响了一代又一代人，一笔又一笔财富！

近半个世纪了，巴菲特只在 1967 年的时候给股东分过一次红利，之后至今未曾再支付。

几十年的坚持，不是所有人都能做到的，能做到者才能拥有常人不敢企及的殊荣，如巴菲特的财富及其财富雪球。只是，坚持归坚持，该妥协退让的时候，股神也不是硬石头，利益面前，一切都得让路。

1996 年，伯克希尔·哈撒韦公司发行了价格相对较低的 B

股。相比较正式名称为人民币普通股票的A股而言，B股的正式名称为人民币特种股票，与A股的以人民币认购和交易的普通股股票有所不同的是，B股是以人民币标明面值，以外币认购和买卖，在中国境内（上海、深圳）证券交易所上市交易的外资股。

老巴此举的目的，就是降低投资门槛。要知道，B股与A股的价格之比是1∶1500，而且，B股的投票权仅是A股的万分之一，股神都这么大手笔操盘了，其利益驱使化再明显不过。

半个世纪以来，巴菲特与合伙人培育出来的伯克希尔·哈撒韦公司俨然成了美国经济的名片，他的一颦一笑勾勒出来的都是金钱的线条。伯克希尔·哈撒韦公司股价一直以来的走俏，所依赖的是“巴菲特”这个冠名词的品牌效应，这一切的一切，都离不开三个字——巴菲特。

一直以来，伯克希尔·哈撒韦公司都离不开对股神的依赖，巴菲特也持有公司20%的股票和30%以上的投票权，没有人质疑他的选择，更没有人放弃对他的追随，因为，从没有人像巴菲特这般令所有股东着迷，令整个金融界另眼相待。

老巴如今85岁了，可他似乎一点都不疲惫，他总是在别人意想不到的时候做出意想不到的事。

精准投资、理性判断、投资领域分散……似乎所有的投资规则都是股神“二维码”的基础，要窥得一招半式还真不容易。也许，这一切都跟他的成长有关，是因为背景的纷杂错乱，才让他在股市中游刃有余。现在，你是否要跟老巴“互粉”一下？

生意经之“谨慎”

巴菲特这一生做得最牛的一件事就是将“谨慎”进行到底！

巴菲特是世界经济的“名片”，他一手打造出来的伯克希尔·哈撒韦公司开展的业务就是全世界投资者的“财富聚宝盆”。2014年的巴菲特年会上，股神透露说：伯克希尔·哈撒韦公司的现金流上盘踞着480亿美元现金的财富值，但老巴不会将这些现金全部用于下一步的耕耘，而是至少要留下40%以上的现金用来做储备基金，并且在股神的概念里，这被用于作为储备资金的200亿美金将永远被封存，不会随意撬动，而剩下的大概280亿美金用来购买新公司。

老巴坦言，他从来不会将希望寄托在他人或者银行的身上，尤其这个希望跟金钱有关。现金就像人们赖以生存的氧气一样，你可能经常忽略它的存在，但当它悄无声息从你指缝间溜走的刹那间，恐怕你后悔都找不到任何借口。股票就是百草丛中芳香美丽的玫瑰，那样引人注目，却又布满荆棘的刺，稍不留神就会将拥护者弄得遍体鳞伤，甚至体无完肤。

巴菲特心知肚明，伯克希尔·哈撒韦公司的巨额财富来源于投资和股票，而二者均存在肉眼看不到的风险。从目前的公司市值看，伯克希尔·哈撒韦公司还不至于受到任何来自于资金方面的压力，老巴的这种谨慎是不是有点过了？在一些追随者看来，过于谨慎似乎有失股神的威武，对此，股神不以为然，他用自己历经半个世纪的明眸，预见了股票严重的刺痛之感。真正的风险，之所以极具杀伤力就在于你根本就看不见它，甚至无法预见！

很多投资者往往会因为眼前明确的利益而忽略了那些看不见的风险，往往错误地将“看不见”当成了“没有”和“不存在”，这也在很多实际案例中给投资者造成了巨大的决策失误和财富损失。巴菲特坚持为伯克希尔·哈撒韦公司储备现金的做法让整个世界都不得不对他刮目相看。神，不是一蹴而就的，拒绝风险亦不是凡人可以轻易驾驭，盘踞财富顶端的巴菲特到底是如何驾驭时刻充满危险又带刺的股票的呢？

纵观股神历年来的投资业绩不难发现，伯克希尔·哈撒韦公司总会在“动荡”的时候取得惊人的成绩，这或许就是创造奇迹的根源吧。我们都知道，随波逐流的鱼儿很难觅到更多的食物，只有逆流而上才能有更多的收获。

千禧年钟声敲响之前的那几个月是巴菲特投资业绩最荒诞的时候，那时候紫光、方正等网络科技股的价格都是很高的，可就是很难实现盈利，不久后网络股价就一落千丈，那些高估了网络股盈利能力的股民损失惨重，而这个被寄予厚望的网络股也成为了泡沫。当这个泡沫破灭后，一切就得重头来过，巴菲特的神话也就在这个时候脱颖而出。

总是有那样的一些人，在平凡中与大众一样平凡着，在跌宕中却脱颖而出创造着各种奇迹，巴菲特和他的伯克希尔·哈撒韦公司就是这样书写传奇的。2000年网络股泡沫开始逐渐破灭，股市连续三年都在“跌幅50%”中忽上忽下落差着，而巴菲特，也是在这同样的三年时间里将财富雪球翻滚了一成，这就意味着，巴菲特有着六成以上的优势雄踞于大盘。

老巴多次强调，“我首先会关注任何投资失败的可能性。我的意思是，如果你肯定不会亏钱，你将来就会赚钱，这正是我们一直做得不错的一个原因。”这是不是就是我们常说的积极心理暗示的作用呢。凡事做好最坏的打算，向着最好的结果冲刺，这样最终收获的一定是相对更完美的结局。

中国股市有这样一句温馨的提示：股票有风险，入市需谨慎！说的就是股神口中描绘的带刺股票。股神的价值观里，世界上最值得信赖的就是自己，做事谨慎，是巴菲特自呱呱坠地起就根植在生命里的万事之本，当然，这一切的根源都来自于巴菲特那“谨慎为本”的家族生意经。

十七世纪以前，巴菲特的家族还是法国人身份，在那个反对国王专政的“胡格诺派”盛行年代，巴菲特的祖先们也“时尚”地加入到这个包括封建显贵、地方中小贵族、力求保存城市“自由”的资产阶级和手工业者们在内的队伍。“胡格诺派”主张反对国王专制并企图夺取天主教会的地产，因此连年遭受着法国政府的追踪和迫害。巴菲特的祖先约翰·巴菲特不得不迁居美国以逃脱法国政府的追杀，自此，巴菲特整个家族的血统开始融入美国。

约翰·巴菲特以法国纺织工人的移民身份，带着心爱的新婚妻子与近乎所有的北美白人移民者定居在纽约长岛的亨廷顿，那个时候的巴菲特家族充其量算是北美底层农场主，与当下的巴菲特及其创造的财富相比可谓天壤之别。但当时的约翰·巴菲特夫妇却志存高远，他们显然与当时的环境和其他农场主有着不一样的“血液循环”，这或许就是为什么巴菲特家族总能在某一行业做得如鱼得水的原因吧。

直到十九世纪以后，巴菲特家族才逐渐开始发迹，而在巴菲特的家族里，能够影响整个家族地位的标志性人物就是股神的曾祖父悉尼·巴菲特。

随着十九世纪中叶美国领土的不断扩张，到克林顿总统批准通过的建设全球第一条跨洲铁路——太平洋铁路（其中联合太平洋铁路起点为内布拉斯加州的奥马哈，中央太平洋铁路的起点站则是加利福尼亚州的萨克拉门托）的法案，越来越多的声音和指令伸向了美国一个叫做奥马哈的小城。

1869 年 5 月 10 日，横贯北美大陆的中央太平洋铁路和联合太平洋铁路建成并且通车。这条全线超过 3000 公里的跨洲铁路一度被英国广播公司评选为自工业革命之后“世界七大工业奇迹”（大东方号、布鲁克林大桥、贝尔灯塔、伦敦下水道、巴拿马运河、太平洋铁路、胡佛水坝）之一。自此，奥马哈便成了越来越多经商者垂涎的宝地，它也逐渐成为美国内布拉斯加州最大的工商业城市。

巴菲特家族的血统里一定流淌着一种叫做“前瞻性”的基因，而且世代相传，越传越纯正。在太平洋铁路正式通车的前两年，股神的曾祖父悉尼·巴菲特因不满足于其祖父泽布隆·巴菲特每天支付其 50 美分的日薪而愤然离开长岛，与其外公乔治·霍曼从纽约长岛迁居到奥马哈，经营车马出租生意，此时的奥马哈还像一个尽情弥漫着香烟、美酒和暧昧味道的应召女郎。

太平洋铁路通车后，巴菲特的先辈们第一时间捕捉到比车马出租更加赚钱的商机——经营百货商店。

悉尼·巴菲特成了奥马哈第一家百货商店——S·H 巴菲特百货商店的老板，主要经营本地及进口水果、杂货、糖果和糕点。由于太平洋铁路日益繁忙，奥马哈也开始忙起来了，车水马龙的人流为悉尼·巴菲特的百货商店带来了巨大的财富，百货商店越做越大，直至成为奥马哈最大的一家百货商店。

百货商店吸引着所有投机商、南北战争老兵、铁道工人、拓荒者、流浪汉以及释放的囚犯和妓女的光顾。在商机面前，对悉尼·巴菲特而言，所有人的身份都是一样的——顾客，他从来不会因为顾客身份的尊卑高低而随意调价，而是采用统一定价销售，一视同仁，这也使得在那个还算不上是平等的年代，让社会底层人们有了一点实实在在的尊严。此时的顾客，更多青睐于购买百货商店里的鹌鹑、野鸭和松鸡等食品，这些食品可不是一般杂货店都能售卖的，没有点儿进货渠道和社交门路是不行的。巴菲特家族的人在社交及经商领域所呈现出的优势是显而易见的。

悉尼·巴菲特的祖父泽布隆·巴菲特看到孙子的事业越来越好，心里也高兴极了，但这位可爱的老人家并没有被喜悦冲昏头脑，依然对孙子千叮咛万嘱咐，一定要“谨慎为本”。“谨慎”——成了巴菲特家族史上的生意经，多年之后的今天，股神用他的财富神话诠释了这个家族生意经的真谛。

父子店的崛起

祖父泽布隆·巴菲特告诫这个有着良好经商头脑和策略的孙子，所有的收获都是一点点积累出来的，谁也不能一口吃成一个胖子，再大的财富雪球也是以少积多，并且在这个积累的过程中，最不能缺失的就是信誉，信誉往往比金钱更加重要。

悉尼·巴菲特牢记着祖父的教诲，一刻也不敢放松“谨慎”的经营之本。随着奥马哈城的日趋繁荣，悉尼·巴菲特的百货商店也非常给力地为这个小家庭营造了更为殷实的生活。原有的店面已经不能满足日益辉煌的生意了，于是，悉尼·巴菲特对S·H巴菲特百货商店进行了扩建和翻新，并诚挚地聘请两个儿子来帮忙打理生意。

悉尼·巴菲特最欣赏小儿子欧内斯特·巴菲特的经商头脑，也就是沃伦·巴菲特的祖父。在这位慈祥老人的眼里，小儿子将成为超越自己的优秀商人，他甚至看到了欧内斯特·巴菲特未来成为奥马哈光环的景象。只是，欧内斯特·巴菲特继承父亲百货商店的过程过于波折。

欧内斯特·巴菲特和哥哥居然同时喜欢上了一个女孩，这在一个大家族里并不是一件好解决的事情，当父亲的也不好干涉孩子们的儿女情长。经过各种追求攻势的轮番轰炸，小儿子欧内斯特·巴菲特成功牵起了女孩的手，并肩走过了婚姻的红毯，这个象征着胜利的果实放在兄弟俩面前就显得不怎么是滋味了。因为此事，造成了哥哥对弟弟根深蒂固的仇恨。

结果不可避免地摊在悉尼·巴菲特面前，两个儿子是不可能齐心协力帮他打点百货商店的生意了。但悉尼·巴菲特并没灰心，他所看好的小儿子真的如他所想的一样，凡事都占领先机并夺取最终的胜利。这正是他这个巴菲特百货商店老板最希望看到的。在巴菲特家族里，最不缺少的就是敢爱敢恨敢出手的子孙。两个儿子都很优秀，但最适合做接班人的只有小儿子欧内斯特·巴菲特。

说到这里，巴菲特家族辉煌的故事才刚刚开始，属于巴菲特家族的财富基因，走到欧内斯特·巴菲特的体内，并逐渐走向辉煌。

1915 年，欧内斯特·巴菲特放弃了处于闹市区的 S·H 巴菲特百货商店的经营权，选择在奥马哈的西部地区开设了一家新百货商店，取名巴菲特父子商店。虽然远离了繁华的闹市区，但欧内斯特·巴菲特幸运地赶上了奥马哈城市居民逐渐西迁的浪潮，新店自开张之日起就销量大好，欧内斯特·巴菲特不得不为父子商店增设送货业务和赊账销售业务以满足市民的消费需求。

一切看上去都是繁花似锦的节奏，即便再富有，巴菲特家族成员都会时刻保持清醒的头脑和谨慎的经营之道，甚至惜金如命。别看父子商店的生意这么兴隆，欧内斯特·巴菲特可是一个有名的超级吝啬鬼，在他的百货商店里，仓储员根本就不会得到充足的休息，连续工作 11 小时却只能得到少得可怜的 2 美元薪资。

苛刻么？苛刻！那为什么员工不抗议、不采取手段要求加薪呢？说到这里，我想大家应该记得巴菲特几十年都不给伯克希尔·哈撒韦公司股东分红的事情吧，细想想，这个家族还都有着守财和拢财的本领呢！

欧内斯特·巴菲特为家庭成员们营造出的优越生活条件，让幼年时期的巴菲特感到特别的幸福。他曾回忆，孩提时的自己，各方面的条件都十分优越，家庭氛围浓厚，家人所谈论的事情都那么有趣和快乐。在巴菲特的心里，父母都是才智过人的聪明人，自己也遗传了父母的优良基因，并且在最好的学校读书，这一切的一切，都来自于祖父的功劳。

当然，仅凭在一个小城经营百货商店，恐怕也很难实现让整个家族世代殷实的梦想，巴菲特的祖父还有哪些取财之道呢？

19 世纪后期，美国的邮购业开始逐渐兴起，借着太平洋铁路近在咫尺的区位优势，年轻的欧内斯特·巴菲特开始做起了周边农村的生意。打开农村市场也要费一番工夫，欧内斯特·巴菲特必须将百货商店的货品连名称和图片一起做成相册，也可以说是最原始的宣传册吧，将宣传册分发给目标村镇，有需要者再与他联系，通过准确的地址，实现较为原始的单一邮购商品。

市场逐渐扩大了，欧内斯特·巴菲特也就越做越好，到了 20

世纪初期，百货商店宣传渠道也不再局限于宣传册了，此时的报刊业蓬勃发展起来，当然，报刊业得以迅速发展，主要还要归功于百货商店经营者们的广告业绩，甚至是报刊业赖以生存的支柱产业。我们都知道，相辅相成的两种因素总会不定期发生质的转换，比如早期的报刊业依赖着百货商店广告费支撑，而随着报刊业的蓬勃发展，百货商店也逐渐依赖于报刊业的推波助澜了。发行量高的报刊所需支付的广告费更高，但产生的效果和受众人群也同样占有绝对的优势。

这就是广告效应，它的作用是让广告作品通过媒体传播出去并产生广而告之的效果。在那个广告刚刚兴起的年代，报刊广告本身过程还没有现在这般复杂，它最直接体现出来的价值无外乎两个关键词"投入"与"产出"。

面对报刊业此时的兴盛，巴菲特家族怎会错过这样大好的市场环境呢？

恰逢欧内斯特·巴菲特的祖母在报社下属的印刷厂做文字排版工作，为欧内斯特·巴菲特办报纸、开印刷厂的新事业起到了很多决定性胜利因素。欧内斯特·巴菲特首先编辑了周报《克明郡民主党报》，这是巴菲特家族最早涉足报刊业和印刷业先河的处女作，随后，巴菲特的祖父便在报刊业做得顺风顺水，借助广告的良好效应，让那个"巴菲特父子百货店"越做越大。

1934 年，欧内斯特·巴菲特成功上任奥马哈俱乐部主席。可别小看了这个俱乐部，在商业极发达的奥马哈城，这可是当地名门贵族们最活跃的社交圈子。成为该俱乐部的主席，是巴菲特家族有史以来最大的荣耀。此时此刻，巴菲特的祖父逐渐迈向奥马哈士绅行列，并脱颖而出成为其精英中的精英。

欧内斯特·巴菲特是家族中第一个拥有经济和政治双重士绅身份的鼻祖，他的成功无疑成为整个家族的骄傲。这一生的辉煌，他是希望传承下去的，这不仅仅是财富和权势的继承，更是家族世世代代基因的传递。欧内斯特·巴菲特生育了四子一女，大儿子克拉伦斯·巴菲特专攻地质学，毕业后在油品贸易领域崭露头角；二儿子乔治·巴菲特是一名化学博士，一直以来都在美国东海岸地区发展；三儿子霍德华·巴菲特就是我们本书主人公沃伦·巴菲特的父亲；四儿子弗雷德·巴菲特最终继承了父亲的百货商店。欧内斯特·巴菲特的女儿是最小的孩子，她并没有涉足父兄们的商业领域，而是成为了一名教师。

最牛的交易

霍德华·巴菲特是一个温和又善于独立思考的人，他其实不屑于继承父亲交付于他的家族企业，“第三代百货商店老板”的头衔根本敌不过新闻编辑对自己的诱惑。大学就读期间，霍德华·巴菲特扮演了人生第一个没有被束缚的角色——《内布拉斯加日报》的编辑。然而，这个梦想着有朝一日能够在新闻界打拼出一番天地的巴菲特传人，最终还是没能“逃脱”继承家族事业的命运。改变，也许从来都是存在的，我们不可否认，霍德华·巴菲特要比他的父亲欧内斯特·巴菲特更加冷静和细腻，他不会做出太越池的事情，凡事都会在大脑中静静思考一番再做最后决定，如果说“谨慎为本”是家族的生意经，那么霍德华·巴菲特此时是将其做得最仔细的一个传人了。

霍德华·巴菲特在林肯镇内布拉斯加大学就读期间，凭借乌黑的头发、炯炯有神的双眸、校友会主席等“优秀学生名片”深得漂亮女同学的青睐和追求。大四那年，他幸运地遇到他的“丘比特”，并在最快的时间完成了此生最牛的一次交易——迎娶利拉·斯塔尔。通过透视利拉·斯塔尔的成长经历，你会发现，这是一位最适合做“巴菲特夫人”的女人，或者说，贫寒的家境打造出来的优秀社交圈达人注定会有一个富裕的人生。

利拉从小就生活在内布拉斯加州西点镇，那个赋予她童年的小镇人口不足三千，与霍德华·巴菲特生长的奥马哈相比，西点镇显得荒凉而偏僻。利拉的父亲创立了一个《卡明县民主报》的周刊，利拉从小学开始就协助父亲经营这个周刊，这或许是她未来有机会成为热爱新闻编辑的霍德华·巴菲特的新娘最直接的纽带吧。

西点镇的很多居民都是德国人后裔，这使得操着一口英文的利拉一家人显得有些格格不入，父亲忙着一家老小的生活开销，母亲在不是很合群的生活环境下每时每刻都有着很强烈的孤独感。利拉很小的时候就跟着兄弟姐妹们学会了如何坚强，而自我保护，在利拉和她的两个哥哥、两个妹妹身上得到了极其相称的诠释。

作为父亲约翰·斯塔尔的长女，利拉从小学五年级开始就坐在板凳上帮父亲排版，每周四是最令利拉头痛的时候，因为她要站在偌大的印刷机旁牢牢抓住印刷纸，为了让普通的印刷纸演变成最终的《卡明县民主报》，利拉用其瘦小的身躯完成了无数个印刷过程，以至于多年之后，当她面对家中的印刷机时，依然会不知不觉头痛起来。

除了排版和印刷，利拉还肩负着采访和撰稿的重任。闲暇之时，利拉不会像很多女孩子一样玩“过家家”，而是守候在途经西点镇的列车站台上，当列车经过时，利拉会迅速地爬上列车对乘客进行即时性采访。聪明的利拉总能采访到有趣的新闻题材，为父亲的《卡明县民主报》增添了不少栏目素材。

中国有一句至理名言叫做“台上一分钟，台下十年功”，利拉的聪明伶俐、善于社交、近乎于完美的沟通能力以及富于诗情画意的迷人轮廓，都离不开多年的成长经历。

16岁那年，利拉高中毕业了，但她必须要自己赚取攻读内布拉斯加大学的学费，为此，她决定打工三年。这对于一般的女孩来说是有些困难的，可利拉从小就独立，这一点点的挑战可难不倒她。利拉选择了自己擅长的职业，她来到当时受众和经营都不错的《内布拉斯加日报》，希望谋求一份合适的工作。上苍眷顾，优秀的女孩利拉遇见了此生归宿——霍德华·巴菲特，当霍德华初见利拉的瞬间，就被眼前这个玲珑剔透的姑娘深深吸引。不过，霍德华也是久经沙场的大将之才，儿女情长面前可不会如此经不住考量。一切的惊涛骇浪只是在内心深处波澜壮阔了一番，此次初见只是个开始。

利拉的“面试”考官正是霍德华，而霍德华对眼前的女孩又一见倾心，显然，这个面试就是我们所熟悉的“走过场”。当然，利拉对这些全然不知，她经历了太多的独立与奋进，所以，面对每一个可以胜任的机会都会一丝不苟地去争取，正如这次有机会成为《内布拉斯加日报》的一员。整个面试过程非常和谐，利拉毕竟经过很多年的历练，她出语泼辣又不失幽默，言谈中流露出成长中的清贫与苦涩，但坚韧不拔的个性又将这个娇小的身躯放大得无比耀眼。对于利拉而言，这次面试至关重要，一旦错失良机便得打道回府——赚不来学费就要返回西点镇再做父亲周刊的排版员。

利拉拥有如此坚定的信念与坚持不懈的奋进精神还有一个因素——她姓“斯塔尔”。

这是一个很鲜明的犹太姓氏，传说犹太血统之人对金钱有着不可抗拒的喜爱，他们的偶像只有一个叫做“金钱”的家伙，这是一种无以言表的膜拜。犹太人最大的使命就是要比他的邻居（同样是犹太人）更富有，他们的思想里弥漫着各种生意经，无时无刻不在影响着犹太人的生活乃至生命。据说，即便长途旅行，犹太人都会将自己经营的货品随身携带，以便在旅途中销售。利拉小学时候就开始奔波在火车上的各类人群之间寻找新闻素材，也正是受这样求胜求财求经营的使命所影响。而巴菲特一生都未能摒弃的“守财”基因正来自于母亲的血统。

利拉顺利地从霍德华处得到一份工作，两人很快开始约会，爱情之花在这对璧人身上绽放了芬芳。不久之后，霍德华开始忙于毕业的相关事宜，向利拉求婚也是霍德华众多待办事项之一。父亲约翰·斯塔尔非常满意这个女婿，虽然他希望女儿能完成大学学业之后再谈婚论嫁，但面对这样的一桩好姻缘，约翰·斯塔尔也怕错失良机。

1925 年 12 月 26 日，霍德华·巴菲特在利拉·斯塔尔成长的家乡——西点镇迎娶了这个优秀的姑娘。很多年之后，当利拉与子孙们分享这段幸福婚姻的时候，依旧会在脸上呈现幸福而灿烂的笑容。霍德华·巴菲特坦言，与利拉·斯塔尔结婚是他这辈子完成的最牛的一笔交易！

结束了婚礼，霍德华与利拉并没有去蜜月旅行，而是直接驱车赶回了奥马哈。霍德华梦想的职业依然是报社编辑，正巧他的一位朋友在报社为他谋到了一个编辑的工作，正当霍德华满心欢喜地欲投入新工作的时候，父亲欧内斯特·巴菲特通过朋友给他寻得了一份在保险公司的工作，这个工作至少月薪100美金，在当时的奥马哈算是高薪了。如果霍德华冲动些，他完全可以选择自己理想的报社工作，但是他没有，他选择了服从父亲的安排。妻子利拉默默地支持着丈夫，对此，她总结："他屈从了父亲的主见，因为是父亲供他念的大学。"

回到奥马哈生活之后，霍德华夫妻住在一间两居室的平房中。利拉虽不是娇滴滴的洋娃娃出身，但从小也没有做过什么家务，更多的时间都是协助父亲做事业。已为人妇的利拉现在不仅要做家务，同时也没有放弃自己工作的权利，有几年，利拉的薪资甚至比霍德华还要理想。小夫妻的日子过得很紧凑也很幸福。

1927年，利拉做了一个眼科手术，之后她头痛的毛病愈演愈烈，身体状况每况愈下。对于一个还没有生育过孩子的女人来说，利拉的身体算是糟糕的了。作为妻子，她有着不可推卸的家务和工作，以至于根本不会想着停下来休养一段时间。20世纪20年代，美国经济一派大好景象，股价直线升值，霍德华这个时候正式进入金融领域，在联合州立银行做一名股票经纪人。这也是一份收入颇丰的职业，要是没有后来的经济危机和联合州立银行的倒闭，霍德华可能会一直在金融领域顺风顺水地做下去。

股神，你来了？

1928年，利拉生下了她跟霍德华的第一个孩子多丽丝·巴菲特，两年后的一个风雨交加且气温高达38摄氏度的纠结天气里，他们的第二个孩子沃伦·巴菲特降临。上帝似乎在用它无以言表的激动宣泄着对整个世界的震惊，是的，我们本书的主人公——股神巴菲特降临了，他的驾到，让整个奥马哈的天气都混乱了，以此昭告天下，这个人的诞生，必将成为颠覆世界的奇迹！

幼年时期的巴菲特就彰显出与同龄孩子与众不同的成熟和稳重，很多事情即便初学，也都像很有经验似的，有种与生俱来的驾驭能力。比如学习走路，很多孩子摇摇晃晃地往前扑，着急又错失方向感和平衡性，巴菲特却不同，他总是屈着膝蹒跚前行，这样可以距离地面更近一些，而且增加平衡性和安全感，还不容易摔倒，即便摔倒了也不至于摔得很痛。

随着年龄增大，小巴菲特学会了“玩深沉”。别看他人小，安静起来真像极了沉思静物，即便跟女孩子比起来，小巴菲特也显得十分的内敛和隽永。早些年的时候，利拉经常带着姐弟两个一起去教堂，多丽丝总是调皮地到处乱窜，巴菲特却总是乖乖地依附在利拉的怀抱里，像只安静可爱的小绵羊。大人们都喜爱极了这个小伙子，在长辈眼里，巴菲特就是一个从来都不会惹麻烦的乖孩子。

利拉时常拿出巴菲特两岁时候拍的一张照片陷入回忆。照片上，巴菲特胖嘟嘟的小脸上堆满了童真的笑容，一双水汪汪的大眼睛映射出来的是对世界的好奇，手里拿着可以改变世界的积木，一双白色矮袜和白色靴子包裹起来的小脚还站得不是很稳。要不是那一头金色的头发已经变成了后来的红褐色，利拉真的会认为，巴菲特一直未曾变化。

母亲总是最了解自己的孩子，利拉之所以认为巴菲特没有太多的变化，主要是这个孩子的个性始终那么安静。在利拉的印象里，巴菲特从来不会去陌生的地方，更不会无端生出是非，就如同成年后的股神从来不会将投资的金手伸向不熟识的领域，也不会随便给全球的投资追随者胡乱指点江山一样，这种谨慎、谦逊又厚道的作风，在巴菲特八十多年的生命历程中始终如一跟随着。

巴菲特有一个小他三岁的妹妹罗伯塔·巴菲特，因为哥哥太老实总会遭到其他淘气孩子的欺负，她不得不扮演拯救者的角色来保护巴菲特。成年之后的罗伯塔回忆起儿时的巴菲特，还是会调皮地埋怨哥哥，让她那么小就开始成了“女汉子”，这要是找不到婆家得多亏本啊。巴菲特的善良和与世无争的性情，让他成了大人眼中最乖巧的孩子，也成了兄弟姐妹中最应该被保护的至亲。

作为巴菲特的父亲，霍德华并不希望儿子比女孩子还安静、稳重。男人，尤其是巴菲特家族的男人都应该富有斗志！有一天，霍德华带回家一副拳击手套，为了配合这副手套的功效，他甚至领了一个与巴菲特年龄相仿的男孩子回家，期待能看到巴菲特威武的一面。不过，霍德华还是失望了，这副拳击手套自从来到霍德华家里之后就始终未被动过。巴菲特不喜欢惹是生非，他不是淘气的孩子，他天生就没有打架的细胞，可这一点并不影响他被宠爱、被保护、被信任。就连利拉和霍德华都因生育了这样一个乖巧、懂事又善于驾驭他人心理的孩子而骄傲，以至于在那些不得不面对的困难面前，夫妻二人都能够坚强地挺过来。

其实，在巴菲特刚刚出生的那一两年，是霍德华一家生活最拮据的一段时间，为了让妻儿生活得更好一些，霍德华一度“冒险”踏足金融界，成为联合州立银行的一名证券销售员，也可以说是股票经纪人。对于霍德华的“果敢”，父亲欧内斯特十分不“感冒”，他根本就没看好金融这个行业。但他又十分了解自己的儿子，知道霍德华表面上会顺从自己的想法，但骨子里一定有其个性的选择。孩子大了，凡事也都该有自己的抉择，做父辈的很多时候点到为止就可以了。

欧内斯特不放心霍德华的工作，在与大儿子克拉伦斯的通信中也表露出他对霍德华的严重不放心。他在信中写道：我对股票相当了解。简单地说，任何人含辛茹苦攒钱到了50岁却要去股市上投资，那么他绝对是个傻瓜，在我眼里是个地地道道的傻瓜。

当霍德华看到父亲书写的强烈不满之后，淡然地写下这样一句话："这真是对我事业的莫大鼓励。"其实，霍德华也是了解父亲乖戾的秉性的，父亲一辈子耿直，相信脚踏实地的付出才可能收获回报，投机取巧绝不是巴菲特家族的生存砝码，成功经营的百货商店依靠的就是"谨慎为本"的家族生意经，然而在股票的大盘中，谁又能掌控着谁盘里的菜？搁在当今社会，欧内斯特绝对是那种打死也不会办理信用卡透支使用的"倔老头"。

1931年8月13日是霍德华人生最灰暗的一天，这一天，他倾注了全部热忱的工作丢了——联合州立银行破产倒闭，这意味着霍德华一家将失去唯一的经济来源，就连那并不多的积蓄也都跟着大萧条一起化成了泡沫。极品老爸欧内斯特这个时候居然又将一纸欠条交付到霍德华手上，要求他偿还拖欠百货公司的债务。

父亲还不至于那么苛刻，他给了霍德华一些时日筹备欠款，可是他忘了此时此刻的霍德华不是巴菲特家族的大少爷，而是一个没有了存款，丢了工作，迷失了自我和信心的落寞孩子。霍德华就要挺不住了，他甚至决定要带着妻儿背上行囊回到西点镇，或许妻子的家乡能给予这个失落男人一点慰藉。

很多经历过困窘的人都知道，当踏过了那一段最艰难的荆棘再回头望去，曾经的困难也没有那么难以逾越，曾经胜利的信念也不会再无情地被吞噬，一切的一切都没有那么不容易，生活是这样，事业亦如此。

故事讲到这里，相信读者也猜到了，霍德华并没有选择逃避，也没有被现实拍倒，因为他姓“巴菲特”。良好的人际关系和家族赋予的社会地位，让霍德华很快收获了两个合作伙伴，一起创立了巴菲特—斯克莱尼卡公司，公司的办公地点就在倒闭了的联合州立银行大厦里。或许，身为读者的您也嗅到了霍德华作为巴菲特家族成员的那种与生俱来的挑衅味道。是的，霍德华不甘心就这样被否定，他要站起来，在曾经摔倒的地方重新奔跑！

霍德华与合伙人创立的公司主要业务是出售投资证券，包括市政公司级公用事业股票及债券。对于这次创业，霍德华势在必得。他预见了当时的形势，原以为可以安全过渡的大萧条已经洗刷了奥马哈公众对金融的信心，加之小麦等粮食作物价格迅速下跌，让农民们连填饱肚子都成了奢侈的念想。在美国东北部最繁华的闹市区，来自于名牌大学的毕业生都一职难求，可想而知，这个大萧条带给整个西方国家的创伤多么惨痛！

相比之下，霍德华是幸运的，亦或者说，作为巴菲特家族的传人，霍德华自身的凝聚力和前瞻性注定了他这次创业必旗开得胜。霍德华将首批客户群锁定在身边较为富有的朋友身上，因为都是熟人，霍德华更加仔细地甄选项目，谨慎把握每一单生意，这份精心经营顺利为公司运营首月创收4000美元的利润。自此之后，谨慎与责任就被注入到霍德华经营法则里，并在不久之后根植在巴菲特的经营理念中。

巴菲特6岁那年，全家迁址到郊区的一幢宽敞的大房子里，宏伟的建筑、富丽的装修风格、逐渐殷实的家境让霍德华的孩子们很快忘记了那几年曾经有过的极其困窘的生活。孩子的世界总是会因为美好的事物而有所改变，但巴菲特没有。此时的巴菲特才刚刚开始读书，他沉思的时间明显更多了，巴菲特流露出来的思考样儿真的不像是一个六岁孩童应有的表情。他，到底在思考些什么？或者，他到底在未雨绸缪些什么？

没有人会猜想到，五、六岁的巴菲特有着人生第一个梦想——一定要变得非常富有，这个念想每每经过巴菲特大脑时，都会被拽出来拿捏一番，让理想变成现实是需要付出努力的。6 岁的巴菲特有着母亲家族中犹太人特有的那份对金钱的占有欲望，变得非常富有这个念想自从产生以后在巴菲特的生命中就从没有流失过。

2

少年生意经

痴迷数字的敏感者

不得不说，“与生俱来”是一个非常受欢迎的词，尤其当它与财富有关的时候。巴菲特或许不算是含着金钥匙出生的贵族，他童年成长的经历中甚至有那么几年是有些拮据的，作为家庭中的一个男孩子，巴菲特从小的梦想就是变得富有，并且时刻准备着为理想而努力。

是的，巴菲特注定成为最富有的人。他六岁开始通过售卖口香糖而赚取人生“第一桶金”；七八岁转行卖利润更高些的汽水；9 岁时将赚钱的目光投向了二手高尔夫球市场；10 岁的时候机缘巧合地迈向橄榄球赛场，通过向球员和观众售卖花生、爆米花等零食，迅速让自己的小财富暴增。其实，这个时候的巴菲特并不缺钱，家庭的幸福指数很高，三个孩子就读最好的小学，每天家庭成员讨论的话题都有趣而快乐……就算巴菲特有经济头脑和投资意识，真的没必要这么小就开始奔波于赚钱的路上。

对此，那个从小时候开始就负责给巴菲特充当保护者的妹妹罗伯塔感叹：巴菲特从小就对数字敏感，一切与数字有关的事物都是哥哥的最爱，虽然母亲非常善于财务管理，并且父亲也在金融领域有所收获，但，整个家族里只有巴菲特的周身充斥着金钱的味道，他对数字乃至股票的情愫，超越了整个世界。

这也就不难理解，为什么在姐姐和妹妹玩耍的时候，只有巴菲特静静地思考了，因为，他要酝酿着如何赚钱，而现在，正是验证最初来到这个世上的那几年所思考的问题成功与否的时候。

6岁那年，姑妈伊迪·巴菲特送给巴菲特一份礼物，这是一个绿色的小托盘，被分成五个不规则的板块，可以置放至少五种不同类的食物，比如口香糖。就是这个普普通通的小托盘帮助巴菲特赚到了人生第一笔钱。

巴菲特从祖父的百货商店购买了五种不同口味儿的口香糖，跟我们小时候吃的红箭、绿箭、黄箭、白箭等口香糖类似。他将不同口味的口香糖分别盛放在托盘中，然后利用傍晚的时间走街串巷于附近的小区、公园或其他客流量比较大的场所，推销小托盘中的口香糖。这是巴菲特的第一笔生意，没有人告诉他如何推广自己的产品，甚至没有人给他介绍客源。巴菲特却用自己独有的一套经商策略摸索着。

小巴菲特的策略就是组合营销。

巴菲特的口香糖以包为计量单位，每一小包里有五片相同口味的口香糖，每包售价5美分。一次，一位顾客想支付巴菲特1美分来购买一片黄箭口香糖，但是被巴菲特拒绝了。小巴菲特委婉地告诉这位顾客，自己不拆包卖，如果想买，那就只能买一包五片。在巴菲特稚嫩的心里打着自己的小算盘，如果拆包卖给这个顾客一片口香糖，那么就剩下了4片口香糖没有包装，相对于整包的口香糖，零散的很难再卖出去，所以，无论顾客怎样游说，巴菲特都会坚持自己的原则不改变。

巴菲特怎么能给自己制造这样的麻烦和风险呢？怎么说也是深思熟虑四五年的光景，这点危机感要是都没有，还怎么做生意？别看人小，但巴菲特所思所想都别有一番哲理性。巴菲特的口香糖，从祖父手里进货是每包3美分，在巴菲特小托盘里的售价是每包5美分，这样，每卖出去一包口香糖就意味着巴菲特赚取了2美分。别小看这两枚不起眼的硬币，扔在巴菲特财富雪球里面，那也是沉甸甸的两颗小雪球呢。

巴菲特六七岁的时候，全家一起来到艾奥瓦州度假。这样一次赚钱的好机会，巴菲特是一定不会错过的。事先，他花25美分购买了6听可乐，在孩子们都游玩的时候，巴菲特带着6听可乐来到晒日光浴的游客面前，这些人就是巴菲特的目标顾客。晒着日光浴，吹着海风，是不是会很渴呢？带着自己的小想法，巴菲特很快就卖光了6听可乐。每听可乐卖5美分，这次，巴菲特的财富雪球里又多了五颗沉甸甸的小雪球。

度假结束后，不管大人还是孩子都有意犹未尽的感觉，只有巴菲特迫不及待地希望早点踏上奥马哈的“领土”——他要去祖父那里多进些可乐！在需求方面，如果找准了目标客户，可乐的销量和收益都比口香糖可观多了。回到奥马哈之后，巴菲特从祖父的百货商店里以进货价购买了一大堆可乐，夏日的傍晚，很多孩子吃过晚饭后都在街巷里嬉戏打闹，只有巴菲特带着自己的可乐挨家挨户推销售卖。这次，巴菲特不再坚持整箱不拆封销售，这也是他目前为止唯一允许拆分开售卖的一款商品。夏日的室外，多为散步、健身的大人或嬉闹的孩子，大家不会喜欢手里拿着过多过重的东西，一瓶可乐的手感和力道刚刚好，这或许就是巴菲特仔细考量过后认为最大的价值比例吧。

从口香糖到可口可乐，巴菲特赚钱的门路越来越丰富了。不过他可不是为自己赚取零花钱，而是有着自己的小打算，他还是喜欢给自己一些静静的思考时间，他有他的目标和理想，每一笔收入都被收纳在“聚宝盆”里，为伟大的宏伟蓝图添砖加瓦。而现在，才是刚刚开始。

就在巴菲特忙碌着计算自己如何赚钱的时候，一场突如其来的病痛袭击了七岁的巴菲特。因为持续高烧导致的肠胃疾病，保守治疗一段时间并没有好转，反而使得小巴菲特越来越虚弱，最后医生不得不将巴菲特的盲肠切除。术后，巴菲特没有像大人们期待的那样早早康复起来，医生甚至都开始担心这个小小的生命还能否坚强地支撑到身体复原。

所有人都为巴菲特担心和祈福着，只有巴菲特自己跟没事儿人似的，依旧每天抽时间静静思考，还会时不时地拿出笔和纸记录奇怪的数字。当有人问及这些数字的奥秘时，小巴菲特毫不避讳地告知，这些数字代表着他巴菲特未来的财富。医生和家属都在担心小生命的问题，而“小生命”却没有忘记憧憬着自己的财富梦想。也许，巴菲特的身体也难受，当一个人被病痛折磨之时，往往需要强大的精神力量进行维护，对于巴菲特而言，最大的精神支柱就是金钱！小巴菲特会带着一脸憧憬的神情说道："虽然现在我没什么钱，但是总有一天我会变得很富有，我也会成为报纸上的焦点人物。"

为着这个富有的理想，小巴菲特一刻也不停歇地筹措着今天、明天和未来，他将自己每一笔收入都存放在一个特别的荷包里，这个荷包就是巴菲特的"聚宝盆"，里面除了主要成员美元之外，还收集着他喜爱的各式瓶盖、钱币、邮票。当小巴菲特的现金储存到一定量的时候，他就会将现金存进银行。巴菲特有一个自己专属的银行账户，这个账户记录着庞大财富雪球的每一朵雪花。

赚钱，绝对不是巴菲特的副业，他一生下来就带着赚钱的使命，一个使命，一生的奋斗，一个世界的首富。

九岁的时候，巴菲特已经开始带着小伙伴们一起赚钱了，他会和要好的几个朋友到高尔夫球场，专门捡那些大款们玩剩下的、品质依旧很好的球，经过简单的清洗处理之后再转手卖给其他来球场打球的人。品质依然很好但价格却更加优惠的巴菲特二手高尔夫球很受大家欢迎，一度生意兴隆，也让巴菲特和他的小伙伴收入颇丰。其他售卖高尔夫球的人自然看不过这几个毛头小子抢他们的生意，最终，巴菲特和小伙伴遭到了其他竞争者举报而被警察赶出了高尔夫球场。

10 岁那年，巴菲特获得了一份在奥马哈大学橄榄球赛场上售卖花生和爆米花的生意。这次，巴菲特的客户都是看球赛的观众，对于那些一门心思看比赛的人，巴菲特需要边走边吆喝才能被关注，这也应该算是最早期的广告传播效应吧。

对于一个中产阶级家族而言，没有任何成员要求巴菲特一定要出去赚钱，多少个孩童嬉戏的傍晚，巴菲特都在经营着自己的小生意。

赚钱 NO. 1

11 岁，还在读初中的巴菲特购买了人生第一只股票，从此，开始了他与股票之间的传奇人生，这位天生就对金钱和数字敏感且有驾驭之才的少年，很快就要书写巴菲特家族的历史之最乃至这个世界的财富神话。

在巴菲特的家庭里，父亲霍德华会在每一个孩子 10 岁的时候，为他们安排一次去东海岸的旅行，姐姐去旅行的时候，巴菲特就开始盘算着自己 10 岁时候的旅行目的地，运筹帷幄是巴菲特天生具备的本领。当霍德华准备带着刚满 10 岁的巴菲特去旅行的时候，小巴菲特十分理性又认真地告诉父亲，自己要去斯科特邮币公司、莱昂内尔火车公司和纽约证交所这三个地方。这一次东海岸旅行，让未来的股神第一次与华尔街拥抱。

11 岁，巴菲特和姐姐合资，以 38 美元/股的价格购买了三只城市设施股票，但这时候的股票似乎并没有与巴菲特交心，没多久，城市设施股的股价就从 38 美元/股下跌到 27 美元/股，再到 9 美元/股，对于第一次做投资的巴菲特姐弟来说这真是一件糟糕的事情，他内心的压力极大。还好，没过多久，这只股票的价格又慢慢地开始回温了。“我买的时候并不懂那只股票。”巴菲特说。为了保存好那一点点本金不会再突然间消失，巴菲特在 40 美元/股的时候选择了出手，这意味着巴菲特姐弟俩仅能赚得 5 美元利润。巴菲特出手没过多久，城市设施股的价格就飙升到 200 美元/股。巴菲特并没有因为这次仓促买进又仓促售出的做法而患得患失，他又开始了习惯性的静静思考，并总结出三条第一次炒股的经验教训：1. 不要过分关注股票的买入成本；2. 不要不动脑筋地急于抓住蝇头小利；3. 如果出现投资失误，那合伙人可能会因他而烦恼和不安。

总结经验教训后，巴菲特认识到，炒股是一个长线投资事业，绝不能因为一时的价格下跌就惊慌不安，更不能因为一时的小额回温就迅速出手，这是不可能赚到大钱的。巴菲特发现，炒股充满了挑战和乐趣，他愿意开始这个长线的事业。

巴菲特的父亲是一位“反罗斯福”主张者，他的更多兴趣都体现在政治上，对于霍德华来说，赚钱只是一个“副业”，或许正是因为父亲这种金钱淡漠观念，才让巴菲特小小的年纪就对金钱情有独钟。

然而，巴菲特的财富梦想并非那么顺利。1941 年 12 月 7 日，日本海军向美国海军宣战，突袭珍珠港，太平洋战争由此爆发。巴菲特也未能甩开因战争而倍受影响的生活，战争影响锻炼了他的适应能力。

紧接着的 1942 年，是巴菲特父亲职业生涯中的又一个分水岭。作为一个毫不忌讳公开反对新政的社会人士，霍德华·巴菲特被内布拉斯加州第二选区看好，他们恰恰缺少像霍德华这样的共和党人作为候选人，与战争期间的罗斯福总统阵营对抗。

霍德华不是那种会为了荣誉和利益而激情洋溢地拉选票之人，所以，没有人觉得内敛的霍德华能够胜任共和党的选举。在接下来的各地政治演说中，霍德华抨击通货膨胀和臃肿的政治弊端，将矛头瞄准了富兰克林·罗斯福，他的政见独树一帜且超前于时代近半个世纪。

选举当日，霍德华根本没有想到自己能够胜出，以至于他准备好了一份落选声明后早早地离开了会场。次日，霍德华胜出的消息不胫而走，这位巴菲特家族史上诞生的第一位政客称：“这是我一生当中最大的惊喜之一。”

因为父亲政客角色的转换，巴菲特全家不得不跟随着霍德华从美丽的家乡奥马哈迁居至弗雷德里克斯堡的弗吉尼亚镇。巴菲特意识到自己的人生将发生翻天覆地的改变，让他长时间离开生活了12年的奥马哈，他就像被人从他的生命中偷走了一部分重要的东西一样难受，更何况，战争的爆发与父亲的从政，让他的财富梦想有了停滞。

巴菲特的新家位于弗雷德里克斯堡的弗吉尼亚镇的山上，这是一个非常偏僻的区域，或许是因为纯天然的因素非常多，除巴菲特之外的其他家人都很快熟悉并喜欢上了这个景色宜人的新家。母亲喜欢俯瞰拉帕汉诺克河，姐姐迷恋着房屋前面的那一整片美丽芳香的玫瑰园，妹妹认为这里美得就像电影中的画面一样，父亲虽然没有像妻女一样如此迷恋，但每天都忙于自己的政治工作，并乐此不疲，只有巴菲特，恨透了这里的一切！

巴菲特不喜欢任何外界因素随意更改自己习惯了的事物，他舍不得交往了十几年的朋友和邻居。要知道，那些可爱的人都是巴菲特忠实的顾客，是他财富的缔造者，可现在，偏僻的山区人烟稀少，到哪里去挖掘新鲜客户呢？霍德华看到了儿子的无奈，安慰巴菲特说自己仅仅任期一届（殊不知，工作认真的霍德华从此时开始未来的十年间，四次当选议员，当然，他此时也没有预见那么久远的事情），可对于巴菲特而言，离开奥马哈一秒钟都是煎熬。巴菲特终日寝食难安，他朝思暮想可以早日回到奥马哈。

不得不说，巴菲特真是懂事又乖巧的好孩子，即使如此讨厌更换的新环境，他也没有表现出来，更没有给家人制造任何麻烦。正如他天生就具备驾驭金钱和数字的本领一样，巴菲特天生就不会与他人作对。

巴菲特知道家庭中每个人的弱性——那就是极其同情和怜爱这个儿子、兄弟，于是，他选择了一个特别奏效的方式，希望可以帮助自己早日回到奥马哈。巴菲特会找恰当的时间告诉家人，自己心神不宁、夜不能寐，像是被某种魔咒缠上身心一样，巴菲特称这是一种非常痛心的"过敏症"。诉苦是一种方式，恰当的隐忍又是一种捷径，巴菲特一方面伪装出一副坚韧、克制、不舒服的表情，一面偷偷地给祖父欧内斯特写信，诉说自己如何如何的不开心。

霍德华夫妇多少还是很担心儿子的身体状况的，但他们也不想一家人分开生活，总希望慢慢适应一下就好了。欧内斯特却是一个急性子的老人，他在收到巴菲特来信之后，第一时间就给孙子写了回信，并且帮助霍德华夫妇做出一个决定——让巴菲特搬回奥马哈与姑妈艾丽斯同住，留在奥马哈读初中。巴菲特在期待中又坚持了几周，终于"获准"回到了奥马哈。

返乡的列车上，巴菲特安静甜美地享受了一晚完美的睡眠，同在列车上的乘客开玩笑地说，以为他离开家人和住所会哭鼻子和失眠。巴菲特开怀地回答，他将他的"失眠"抛在了列车始发站弗雷德里克斯堡。一想到可以回到朝思暮想的奥马哈，巴菲特仿佛嗅到了金钱的味道，没办法，谁让他来到这个世界上的使命就是赚钱呢。

叛逆少年

顺利回到朝思暮想的奥马哈的巴菲特周身洋溢着喜悦与活力。作为巴菲特的新一任监护人，艾丽斯姑妈和蔼又慈祥，她对这个侄子的爱不亚于巴菲特的父母。艾丽斯是一位教师，主讲经济学，在这个与金钱息息相关的家族里，艾丽斯姑妈对巴菲特的投资影响一直很深远。祖父欧内斯特这个时候正在为他的新书《如何经营杂货店和我从钓鱼中学到的知识》奋笔疾书，每天晚上还不忘给巴菲特讲上几段内容，面对祖父绘声绘色的讲说，巴菲特始终耐心地听着，也许换作别的孩子早就不耐烦了，但巴菲特呈现出的孝心、耐心一直那么真切，这让小小的巴菲特成了家族的宠儿。

除了正常上课，巴菲特的业余时间全部奉献给了祖父的百货商店，他非常乐于在这里工作。当然，吝啬的欧内斯特不会因为疼爱这个孙子就放弃自己践行的原则，仍然会在巴菲特少得可怜的工资里面毫不留情地扣除2美分。巴菲特主要的工作内容就是搬运木货箱子、饮料箱子等，扔在当下的中国建筑工地上，活脱脱的一个廉价力工。这些工作让巴菲特心生厌倦，他不喜欢充当一个“力工”的角色，他所钟爱的是商店的经营，那种跟金钱关系紧密的工作才是巴菲特向往的。

百货商店的“父子”正式换身为欧内斯特与其小儿子弗雷德，祖父的年龄越来越大，百货商店更多的经营现在都由叔叔弗雷德执掌，繁重的体力工作让仅有12岁的巴菲特工作量严重负荷，但他始终不声不语地坚持着，同样也没有放弃默默学习——

学习家族长辈们经营百货商店的技巧和策略，这为巴菲特未来投资和管理公司做足了第一手基础准备。巴菲特渐渐着迷了，当顾客们开心地将手里的钱币换成了百货商店里美味的面包、高档奶酪、各式各样的甜点、饼干和干果之后，叔叔弗雷德就会尽情地与每位顾客攀谈、推销，让整个商店时刻包围在盈利的氛围中。这一切的利润空间都离不开祖父欧内斯特谨慎又吝啬的经营方针，一个能把一分钱拆成好几份来花的百货店老板，其招揽顾客的招数总是那么新鲜和精准。

在祖父和叔叔经营的百货商店里，巴菲特有着一个跟他一样谨小慎微且头脑无比清晰的小伙伴，他叫查理·芒格，后来成为巴菲特一辈子都不能割舍下的合作伙伴。查理·芒格只有每周六来百货商店兼职打工，他和巴菲特见面的机会并不多，但就像上苍注定了一样，两个少年总是心有灵犀地想到了也做到了一起。每周一天的兼职工作，同样让查理·芒格忙得不可开交，在巴菲特祖父的手底下干活，赚点钱可没那么容易！芒格没有因为工作忙碌、薪资微薄而放弃这里的工作，就像命中注定一样，他对巴菲特家族有着一种无法割舍的情怀。有人说，芒格是巴菲特的财富支柱，芒格内心却将巴菲特视为灵魂。

那时的巴菲特虽然工作辛苦，但只要有闲暇的空挡，他就会跑到合作伙伴卡尔福尔克的家中坐一坐，名义上是蹭饭，实际上却是“偷学”——巴菲特喜欢读卡尔福尔克叔叔家书柜上所有与投资相关的书籍，它们就像蜂蜜一样，甜蜜蜜地滋润着巴菲特的心田。

就是在卡尔福尔克叔叔家的餐桌上，少年巴菲特第一次将自己的“财富”愿望公布于众——我要在30岁之前成为百万富翁！

如果成不了百万富翁，我就从奥马哈最高的楼上跳下去。

巴菲特的这一席话可吓坏了卡尔福尔克太太，这个善良的女人显然没有意识到12岁的巴菲特内心有着多么强大的财富梦想，她心疼地问这个孩子："巴菲特，你想赚那么多钱干什么？"巴菲特第一次回答这样的问题，他想都没想地回答卡尔福尔克太太："我倒不是想要很多钱，我只是觉得赚钱还能看着财富慢慢累积是件很有意思的事。"

如此看来，巴菲特身上所散发出来的魅力足以让所有人都为其痴迷和陶醉，一个从小就有着坚定的理想，并始终如一坚持为理想的实现而奋斗一生的人，是最性感和可爱的。

只是我们都忽略了，巴菲特即便再成熟、懂事、孝顺，但那时他毕竟还是一个孩子，同样不可避免地要经历叛逆期，很快，巴菲特的叛逆期来了，长辈们眼中的天才少年，不知不觉怎么就变成了问题学生呢？

初中二年级的时候，巴菲特的玩心很大，特别是刚从弗雷德里克斯堡回到奥马哈，跟从前的朋友再相聚，总会让孩子们一起回忆过往，畅谈未来，那种友人相见的亲密和自在给巴菲特带来了不少乐趣。巴菲特和小伙伴们畅游在奥马哈的大街小巷，从西部的祖父百货商店到市中心的街道，从热闹的市场到寂静的红砖仓库，每一处都可以成为孩子们游乐的天堂。

巴菲特喜欢家乡人质朴纯情的性格，因为他也是那种棱角分明的简单之人，只是，这样轻松愉悦的日子总是过得很快。1943年入冬之前，巴菲特再一次面临离开奥马哈的现实，他真的找不到任何借口不去与家人团聚，奥马哈愉快的日子就这样安然结束了。

在父亲当选议员的现实面前，巴菲特失去了他所认为的所有乐趣，父母并没有意识到，这个乖孩子正在一点点地沉沦下去，甚至慢慢走上了犯罪之路。

回忆自己的叛逆时期，巴菲特坦然地说："在8年级和9年级搬家到那里的时候，我有些逆反，我结交了一些坏孩子，做了一些不该做的事情。我那时只是一种逆反，因为心情不好。"巴菲特开始搞一些男孩子热衷的恶作剧，从他擅长的印刷开始。

印刷课上，巴菲特会对他感兴趣的字母和数字出现的频率进行缜密的研究，他还会排铅字。简单地说，就是巴菲特具有超级模仿他人的能力。"我虚构了抬头为'美国戒酒协会会长A·W·保罗教父'的信笺。我会用这种信笺给人写信，告诉他们：多年来，我一直在全国范围内发表演讲，宣讲酗酒的种种害处。我演讲的时候，总带着一名年轻的弟子哈罗德。哈罗德是个活生生的例子，告诉人们酗酒会造成什么后果。他站在台上，手里拎着瓶酒，流着口水，弄不懂自己身边发生了什么，样子十分可怜。然后，我接着写道，不幸的是，年轻的哈罗德上周过世了，我们俩一位共同的朋友建议由你来接替哈罗德。"巴菲特回忆道。

这样的恶作剧令巴菲特感到特别刺激，他喜欢同其他叛逆的男孩子一同做令他们惬意冲动的事情，比如偷东西，这一度成为了巴菲特口中"时尚"的话题。

巴菲特和他两个志同道合的新伙伴唐·丹利、查理·特龙喜欢游荡在位于内布拉斯加大道与威斯康星大道交汇处的一家新开业的西尔斯商店，这里有着巨大视觉冲击力的现代设计理念，陈列着许多新奇有趣的商品，就连商店外面的停车场也都成了高中生谈恋爱的最佳场所。巴菲特的情窦还未开，他对一对对黏在一起的恋人一点兴趣都没有，他只喜欢那个叫做 Woolworth's 超市里面琳琅满目的商品。

巴菲特和伙伴们“踩点”的工具只有玻璃窗，不过，这也足够了。“我们在这里就是随便偷点东西，偷一些对自己没用的东西。我们会偷高尔夫球包和球杆，我从地下卖体育用品的地方走上来，通过楼梯上到街上，拿着高尔夫球包和球杆，于是这些东西就失窃了。”被巴菲特收为囊中之物的高尔夫球数量高达几百个。频繁的“作案”每一次都安全得手，巴菲特也在纳闷，怎么就没有警察来抓他们呢？这样顺利的“作案”也让他们的偷窃行为越发猖獗。

其实，巴菲特偷这么多的高尔夫球一点用处也没有，他都懒得去倒手售卖，壁橱里堆满了偷来的高尔夫球，巴菲特不得不编一个谎言来蒙骗父母，他说他有一个朋友的父亲去世了，朋友的父亲生前热衷于购买高尔夫球，巴菲特不忍心他的这位朋友睹物思人，所以就将朋友家里的所有高尔夫球都收集到了自己的壁橱里。天知道，这样的谎言当然不可能瞒得过精明老练的霍德华夫妇，夫妇二人开始担忧，他们甚至被吓到了，这还是他们眼中的天才少年吗？

更加可怕的结果摆在霍德华夫妇面前——巴菲特的成绩一落千丈！

巴菲特的性格也发生了极大的转变，他不喜欢与老师交谈，喜欢一个人受虐般被关在单独的房间里，即使毕业在即也拒绝穿校服合影留念……巴菲特已经成为很严重的问题学生了，老师们预言，这个孩子这辈子完了，但霍德华从没有放弃自己的儿子，这种坚持让巴菲特在很多年之后每每回忆，都感动的不能自已。

巴菲特的父母开始了拯救大行动，他们断了巴菲特所有的财源，包括巴菲特当时主要财政收入“送报”在内的很多经济链条，都被无情地扯断了。霍德华在演说方面及其擅长，但或许他对工作的投入远远超过与关心自己的儿子，所以，父子俩的沟通其实也没有那么多，霍德华甚至不清楚自己这样做到底是否奏效。事实证明，这种无声无息的刺痛比严厉的责罚更管用。

报童爱上了“滚雪球”

巴菲特上中学的时候，因父亲霍德华工作调动，他也不情愿地转学到华盛顿爱丽斯·迪尔中学读书，又是一个新环境，巴菲特不是适应能力不强，而是他相比之下更喜欢熟悉的事物，新生的一切对于巴菲特来说都充斥着烦恼与失落。

此时的巴菲特学习成绩很差，这主要与巴菲特自身因素有关：他从内心深处反感一切陌生的东西，他总是莫名其妙地焦躁、不安和窝火，他还不停地幻想着许多不切实际的念头或者说做着白日梦，他的所有兴趣仅限于课堂上勾勒莫名其妙的表格——比如，巴菲特会将股票走势图带到课堂上，他还拒绝老师的劝慰和辅导……幼年时期巴菲特“乖宝宝”的形象俨然不复存在了，老师眼里，他固执、懒惰、粗鲁得没有丝毫优点。

能和巴菲特说上贴心话的只有两个比他更糟糕的“问题学生”，这也就助长了他调皮捣蛋的作风恶劣地发展下去。要知道，二十世纪四十年代，老师还是整个社会风气中最值得骄傲和敬仰的职业，没有几个学生能够颠覆这个形象，可想而知，巴菲特得糟糕到什么样子。“我的情况很快变坏，我的父母绝望了，他们绝望了。”巴菲特回忆，他只在一门课上表现优异，那就是打字。

巴菲特打字速度超级快，那时候没有 Internet，连微机也没有，但巴菲特就读的爱丽斯·迪尔中学在华盛顿算是非常不错的学校了，所以每一个学生都会配一台手动打字机。每次老师布置完任务之后，巴菲特总是在别人还没有做足准备工作时就已经完成了任务，巴菲特结束打字的同时，很自然会引起其他同学的焦急和恐慌，巴菲特速度越快，其他人就越慌乱。巴菲特在打字课上获得了极大的乐趣和满足感。

即便远离奥马哈之后的生活再无聊，巴菲特也绝对不会放弃任何赚钱的机会。巴菲特找到了一份报童的工作，这样没什么技术含量，但却跟“业绩”直接挂钩的职业，意味着巴菲特送的越多赚的也就越多。

巴菲特送报的第一条线路就是每天早上在他住所的附近派送《华盛顿邮报》。这份报纸的性质有点类似于中国各个省市的日报或晚报，及时性新闻为主要内容，尤其在那个媒介还不算发达的年代，《华盛顿邮报》成为更多市民的精神食粮，这就使得巴菲特的工作量始终徘徊在“超负荷”的边缘。巴菲特曾回忆说：“第一年，房子都隔得太远，我不是特别喜欢这样。你每天都得送，包括圣诞节。在圣诞节早上，全家都必须等到我送完报纸。当我生病的时候，我母亲就帮我送，但钱还是归我。我房间里有很多罐子，里面都是50美分和25美分的钱币。”在美国，圣诞节如同中国的农历新年一样受到重视，如果连这么重要的节日都没有“休息”，并且付出得到的回报又非常少的话，显然这份工作不能够满足巴菲特“要变得非常富有”的梦想。

于是，巴菲特又开辟了第二条送报线路——每天下午相对固定的时间派送《明星时报》。这是一份当时非常主流的一份媒体报纸，只有那些华盛顿的贵族家庭才配拥有的“阅读特权”。这样，巴菲特就很自然地跟贵族们有了交流，也就更激励他去实现变得富有的终极梦想。

不久之后，巴菲特又开发出了第三条送报线路，这条线路的开通，成为巴菲特跻身上层社会、结交上流人群的捷径。巴菲特游说负责分派路线的“领导”，请求将只有成年人才可以派送的威彻斯特地区交给他来负责，这显然是很难实现的事情，因为巴菲特只有十三、四岁，是很难与上流人群产生共鸣的。虽然一份小小的送报工作不足以证明这个职业的高度，但良好的沟通是促成工作与客户和谐发展下去的根本因素。

谁会想到，这位“领导”居然同意了他的请求，而巴菲特就幸运地得到了这个良好的机遇。在巴菲特的新客户中，有美国参议员、上校、高级法院的法官，还有包括来自得克萨斯州的负责指挥陆军妇女军团的奥维塔·卡尔普·霍比太太和物价管理局办公室的负责人里奥·汉德森在内的美国上流砥柱。能够给这些名门望族送报，巴菲特可谓一口吃了一个大胖子，这笔大业务让巴菲特得到的不仅仅是薪酬上的“增肥”，更有对整个巴菲特家族不可估量的未来指引性作用。

因为第三条线路的开辟，巴菲特不得不放弃在春谷地区派送《华盛顿邮报》的第一条线路工作，显然，让这个视钱如命的小伙子割断一条赚钱渠道是极其痛苦的事情，但巴菲特懂得，有时候“割舍”是为了不久的将来更多的“获取”。

对于一个成熟的送报工巴菲特来说，第三条线路的送报工作还是挺有难度的，他必须瞬间强大才能足以应对复杂的逻辑和挑战。

巴菲特变得更忙碌了，他都没有时间吃早饭，这对于一个正在长身体的小伙子来说，并不是一个好习惯，在健康和赚钱同时作为利益存在的时候，巴菲特一定会选择赚钱，亦或者说，金钱与其他各类因素并存之时，巴菲特看到的也只有“金钱”，仿佛这一生，赚钱才是巴菲特的宿命。

威彻斯特地区范围很大，巴菲特负责的五个区域中，有四个相邻，一个较分散。这就要求巴菲特每天必须早早起床投入到工作之中。因为派送范围分散且路途遥远，巴菲特必须乘坐公交车去完成派送工作。他每天花费 3 美分购买公交车通票，他几乎每天都是第一个购买公交车通票的人，足以证明少年巴菲特的勤奋，虽然这份勤奋的功臣是“赚钱的愿望”。

巴菲特的这份坚持，居然成为了乘客们和公交车司机的“生物钟”，倘若有一天巴菲特没有成为持有 NO. 1 公交车通票的乘客，司机都会习惯性地搜索一番，像是看不到巴菲特就不是开早班车的节奏。在繁忙的第三条送报线路工作状态下，巴菲特还不忘为自己找零碎的思考时间，他还找到了一个简约时尚的工作效率“加时器”。巴菲特把复杂、无聊、重复性高的送报工作变成了一个有趣的任务完成攻略，他要求自己跟自己竞赛。

“你看，在那段时间，报纸会比以前薄一点点，因为新闻用纸实行配给供应。36 页的报纸，其大小、厚度正好。我拿着一捆报纸站在门廊的一端，抽出一份，把它叠平，然后把它卷成圆筒形。接着，我会在腿上拍打拍打报纸，用手腕把报纸旋个圈，让它沿着门廊滑行。我可以让报纸滑出 50 英尺，甚至是 100 英尺。这有点考验技术，因为公寓的门离门廊的距离不一样。我一开始会送距离最远的。不过，这个手法可以让报纸停在离门只有几英寸的地方。有时，门口还有牛奶瓶，这就让事情更有趣了。”巴菲特说。

很多人都经历过长时间做一件事情，又有几人会将无聊转换成更大的兴趣爱好？恐怕多数会选择放弃，少年巴菲特没有放弃，因为他喜欢赚钱、攒钱，即便只是一个报童，他也要将自己的财富滚成一个大大的雪球。

巴菲特在送报的同时，顺便还给客户推销台历赚“外快”，这样的多重推销员身份现在已经不算新鲜了，不过，能将生意做大做强的却没有几个比得上巴菲特，包括那些年长于巴菲特的老送报员们。

巴菲特有自己的一套秘诀，他会向客户索要一些过期的杂志，通过杂志上呈现出的相关出版信息，主动联系出版社，将出版的同类最新期刊、杂志做成卡片，也就是现在的企业宣传画册、DM单等广告，再向这些客户推销最新的杂志。就这样，巴菲特的顾客越来越多，经过巴菲特手送出去的报纸、杂志、期刊都像滚雪球一样，数量迅速暴增。在报童的大军中，巴菲特绝对是佼佼者。

3

巴菲特投资的秘密武器

投资伊始

1943 年，巴菲特已经通过送报积攒了超过 1000 美元的存款，折合成现在的人民币，怎么说也得有几十万，对于一个 13 岁的少年来说，凭借自己的能力积攒这么多的财富，那真算得上是一个奇迹，而这，也只是奇迹的开始。

14 岁的时候，巴菲特上缴了人生第一笔个人所得税 7 美元，尽管他为了能够少交一些个税想了很多办法，比如将手表和交通工具自行车等物品作为业务支出部分，这样可以少计算一些个人收入。可以说，少年巴菲特因为对金钱的敏感，已经学会了用自己的方法“合理避税”。

实现1000美元存款，是巴菲特短期的第一个愿望，他没有像别的孩子那样，有了存款就去购买自己喜欢的玩具、食物或其他物品，而是开始了他真正的投资计划。

巴菲特有一个志同道合的朋友唐纳德·丹利，二人合资25美元购买了一些游戏机的零部件，自己动手组装成一台弹球机，他们可不是想要自己经营游戏厅，这个组装的弹球机是要被送到繁华街道的一家理发店里面的。能够开在威斯康星大街的理发店绝不是一般的小店，从老板的社交关系，到员工手艺和素质都是数一数二的。理发店开业之初就吸引了大量年轻新老顾客的光临，弹球机的老板巴菲特和他的合作伙伴，同理发店的老板可谓双赢！

有了第一台弹球机创造的“业绩”，越来越多的理发店加入了巴菲特的弹球机市场，很快，巴菲特和唐纳德·丹利将二人的工作室正式更名为威尔逊游戏公司，公司的弹球机没几天就突破了七台，每周盈利50美元，加上每月投递报纸的175美元左右的收入，巴菲特此时的“月薪”差不多有300美元了。

巴菲特每个月的收入甚至比教他的老师都富裕，他存折上的数字甚至超越了很多大学毕业几年的年轻人存款，他很富有，但又对自己很吝啬：比如对穿着方面，他一点都不在意，一双破了洞的网球鞋送报时穿，上学时也穿，跟伙伴们打球时还穿。学校会有一些必须要求学生穿皮鞋的场合，他也是找来一双鞋底都快破洞了的旧皮鞋穿上应景一下。他也不擅长服装搭配，或许他眼里真的只剩下美元的样子了，这让他在华盛顿新学校的同学中，显得更加吸人眼球。

巴菲特可不管那么多双眼睛的攻势，赚钱面前谁也不能阻挡。1945年，巴菲特开始了第二轮投资。15岁的巴菲特开始读高中，并且从自己的财富雪球中抽调了1200美元，从父亲霍德华的手里低价购买到一个农场。这个农场至少有16万平方米，只是这么大面积的农场从未耕种过，也没有做过任何经营。巴菲特将农场买到手后自然不会自己去种地，他将农场租给了一些土地耕种者，从中赚取租金。

作为巴菲特少年时期就形影不离的伙伴，唐纳德·丹利也是跟着巴菲特一起经历过优秀学生、问题少年、青年企业家等身份过渡的，后来的这位巴菲特挚友成为孟山都公司首席科学家和董事。总部位于美国密苏里州克雷沃克尔的孟山都公司主要性质是跨国农业生物科技，生产的旗舰产品有草甘膦除草剂、转基因种子等。

当越来越多的人将巴菲特的成功作为励志案例学习研究时，也有少部分唱反调的声音披露“公子哥”巴菲特借助家族的名望和父亲的身份才能顺利走向成功。其实，我们这些平民百姓看来，拥有强大的后盾是必不可少的，可一个人的成功毕竟不能复制他人的光环。

所以，我们更愿意相信，巴菲特个人的优秀是其成功的绝对因素，而巴菲特家族的荣耀恐怕此时此刻还要借助巴菲特的成功才能光彩夺目呢。

这么优秀的少年，又是生长在相对比较开放的西方国家，巴菲特是不是应该被很多小美女竞相追逐呢？答案是否定的，用老巴自己的话说就是“学生时代的我没有被一个女人喜欢过”！这样的结果还真挺让人寒心的，原因何在？

十四五岁的少年，正是情窦初开的好年华，巴菲特也一样喜欢一切美好的事物。巴菲特毫不忌讳地告诉别人，自己因为搬离了家乡奥马哈到华盛顿生活而产生厌学的情绪，学习成绩也是一度飙降到B、C甚至是D，众多学科之中，只有语文成绩始终都是A，这个原因相信大多数人都不清楚。

新学校的语文老师是一位年轻漂亮的知识女性，为人和善，性格也好。“她是全学校最漂亮的老师”，巴菲特骄傲地回忆，这位最漂亮的老师得到了全校男生一致的暗恋，当然，巴菲特也在其中，这也就说明，为什么巴菲特糟糕的成绩中唯独语文优秀了，因为他要让自己更出色以吸引美女老师的注意。

巴菲特的同学大多都是外交官的孩子，从奥马哈这样的“小城市”转学过来的巴菲特本身就不注重外表的打理，跟这些举止优雅的同学相比就显得更加乡巴佬了。男同学之间交往的最佳方式就是打球，那个时候踢足球和打篮球是比较盛行的，可巴菲特只会打羽毛球，显然很难与其他男同学为伍，渐渐的，老巴就成了孤家寡人。再加上巴菲特身材瘦小，还带着度数很高的近视镜，为运动带来很大的不方便，几乎没有哪个男同学愿意和巴菲特一起玩。

与女同学的日常交往中，巴菲特显得也很吃力。同龄的男生女生之间，女生总是显得更加成熟一些，巴菲特上小学的时候曾经跳过级，跟班上的女生相比就更加少不更事了。其实，很多女孩子都喜欢“大叔”型的男生，年龄可以相当，但一定要够成熟稳重，最好再喜欢运动，比如打球！这些似乎都与巴菲特没有半毛钱关系，他看见女生本就很害羞了，更别说进一步交流。

巴菲特也在等待机会，相信总会有女生看到他的优秀光点。

二十世纪的西方社会最重要的也是非常传统的社交方式就是跳交际舞。当时的中学生也会通过这样的方式与暗恋的他或她展开爱情攻势。跳舞的时候，男生一手搭着女孩的纤细手掌，一手挽着女孩的腰肢，以绅士又有领导风范的角色将女孩引入舞池，翩翩起舞。这是一个有着面部和身体时常不经意间产生摩擦的有趣运动，男孩和女孩的舞步都会经历生疏到熟练的过渡，两人的配合也会越来越和谐美妙，而感情，相信也就自然而然地开始了懵懂。这是一个多么恰当的交友方式啊，可惜，巴菲特错过了。

当霍德华计划带家人搬到华盛顿居住的时候，巴菲特就已经错过了学校组织学生学习跳交际舞的课程，当巴菲特转到这个新学校，发现这里的同学们已经拥有非常娴熟的舞步了，他身边都是“舞”艺超群的能人，也就没有人会搭理这个有些腼腆、有些土气、有些天真的丑小鸭了。

学习不好，连女朋友也没机会结交，上天注定了巴菲特只能去完成他此生赚钱的使命。于是乎，未来的“股神”开始不断用金钱来武装自己的羽翼。再理想的学习成绩也不能当饭吃，再貌美如花的女友也不一定跟你白头偕老，相比之下，还是实实在在的存款更可靠。巴菲特越来越痴迷于赚钱的乐趣之中，投资的欲望也一发不可收拾。他知道，任何投资都是有风险的，可他就是喜欢这种风险的刺激和快感，只有这样的刺激才可能满足他大大的财富梦。

逼出来的大学生涯

1947 年，17 岁的巴菲特高中毕业了，但他一点都不想去读大学，上大学浪费的时间绝对影响巴菲特赚更多的钱，这本就是一个赔本的“买卖”。或许别的学生挤破了脑袋上大学的初衷就是未来能找一份好的工作，赚更多的钱。可并没有哪个学校的哪个专业能够比巴菲特更加热衷于研究赚钱的学问，也没有谁能理解巴菲特从始至终的赚钱的理想有多么执着。

霍德华夫妇可不这么认为，他们看来，学习还是至关重要的，即使儿子再会赚钱，也必须要去读大学！在父母软磨硬泡的攻略下，巴菲特妥协了，他同意去读大学，前提条件是，所有大学费用及相关支出均由霍德华支付。只要儿子能踏实地按照自己的意愿走下去，支付些学费又算的了什么？

说起来，西方发达国家一般在孩子年满 18 周岁之后，就不再支付任何生活费用。其实，巴菲特倒也不是一定要求老爸给他支付学费，他各方面的收入加起来，比那时的教师工资还高很多，区区学费何足挂齿。只不过，要想让巴菲特屈服他计划之外的事情，那是一定要付出一点代价的，即便是亲爸亲妈也不例外。

霍德华也不是怀疑儿子没有生活得更好的条件，只是他不希望巴菲特因为要经营商业性质的工作而放弃读大学，而且，这位负责任的父亲知道，只有一定的学历作为支撑，才有可能跻身美国的上流社会，才有赚得更多财富的可能。而且，美国的教育体制与中国不同，他们上大学不需要参加大学入学考试，也就是不需要参加全国统一的高考，只要高中水平考试合格，相当于中国高中会考顺利通过，就可以交上费用上大学了。

在父亲的“支持”下，巴菲特顺利迈进了全美最顶尖的商学院——宾夕法尼亚大学商学院的大门，并担任该校共和党人俱乐部的主席。

始建于 1740 年的宾夕法尼亚大学算得上是美国最古老的高等学府之一，它是自称为全美第一所现代意义上的综合性大学，是集医学院、商学院等于一体的许多教育创新发源地。直到1791年，学校才正式更名为宾夕法尼亚大学。来自宾夕法尼亚大学的学生中，有40%德裔、西班牙裔、非洲裔或印第安人。宾夕法尼亚大学杰出的校友包括我们今天熟悉的投资大师、慈善家沃伦·巴菲特；地产商、企业家唐纳德·特朗普；思科系统公司创始人莱奥纳德·波萨克；杜邦公司第一任总裁尤金·杜邦；首任加纳总统、非洲独立运动领袖克瓦米·恩克鲁玛；哈佛大学第一位女校长德鲁·吉尔平·福斯特；美国第9任总统、军事家威廉·亨利·哈里森；爱沙尼亚共和国总统托马斯·亨德里克·伊尔韦斯；著名物理学家、中国半导体之母、中国半导体科学事业开拓者之一的“太空材料之母”林兰英等。

在宾夕法尼亚大学商学院，巴菲特主修财务和商业管理，霍德华已经尽可能地为儿子找一个他可能感兴趣的专业了。但巴菲特依然觉得，三尺讲台上那些谆谆教诲一点实用价值都没有，顶着教授头衔的老师口中的各种道理、哲理，在巴菲特的脑海中都是空头理论，根本满足不了他雄心勃勃的财富梦想。为了打发这些无聊的时光，巴菲特学会了打桥牌，也就是我们所熟悉的“玩扑克”。这样的棋牌游戏在从小就玩数字的巴菲特眼里就是小菜一碟，很快，巴菲特就成为了学校的桥牌高手，很多同学纷纷来到巴菲特的寝室请求指点一二，一不小心，巴菲特又成为了佼佼者。

大三的时候，巴菲特实在不能忍受那些空头理论抢占了他发展财路的机会，就算父亲再反对，他也要走出一条属于他巴菲特自己的路。那些没有得到实践检验的大道理，对于巴菲特来说就是一筐废话，根本就不符合巴菲特的胃口。

巴菲特转学了，这次他选择就读于内布拉斯加大学林肯分校，并仅仅用了一年的时间，就获得了该校经济学学士学位。天才就是天才，在撰写毕业论文的时候，巴菲特还不忘玩乐于桥牌之中，居然所有课程都全A通过。

此时，巴菲特的存款已经突破了6000美元大关，虽然他当时对股市的研究仅仅处于“绘制股市行情图”的层面，但这一点也不耽误他赚钱，赚很多的钱。转学到内布拉斯加大学林肯分校的时候，巴菲特出任《林肯》杂志发行部的营业部主任一职，这与其父母有过报社工作经历，以及他本人多年以来的送报经验分不开。在《林肯》杂志发行部，巴菲特依然主抓报刊投递的工作，他手底下有60个报童，负责6个农村地区报纸投递工作。巴菲特毫无保留地将自己做报童时的经验与这些小朋友们分享，在巴菲特看来，他们就是昨天的自己，那些心酸和劳累，他是有切身体会的。因此，巴菲特对报童们的关心深深地捕获了报童们的归属感，他们甚至都视巴菲特为偶像。就是这么简单，巴菲特有了一群铁杆粉丝。

巴菲特明白，要想成为一名德高望重的好领导，首先要当好一名好下属。在未来的很多投资目标中，巴菲特总会对那些从基层开始一点一滴打拼出来的企业经理人，对他们一步一个脚印走出来的奋斗血泪史有着难以言喻的感触。

然而，当好这些报童的头儿也不是一件简单的事，巴菲特就曾经遇到了一次严重的罢工事件。一个被巴菲特很看好的牧师女儿在刚刚胜任报童工作不久之后就提出了辞职，还顺带怂恿了另外三名与其关系要好的男孩子。女孩认为，送报是男生的事情，让女孩来做不合理，为此，巴菲特可没少做这些孩子们的工作，最终他们被攻破了心理防线，服服帖帖地继续做起了报童。

当起了报刊发行部的管理者，巴菲特不再像中学时候自己当报童时那般忙碌，也有了更多合理时间阅读报纸上财经、政治、传媒等领域的新闻，有了自己的想法，巴菲特还会与报社的编辑老师们分享。巴菲特固有的谨慎作风和独特的见解时常让编辑老师眼前一亮，很多新观点甚至都是从这个大三学生口中得来的。

寒暑假及圣诞节，巴菲特还会出现在彭尼连锁店，在这里做销售男式衬衫的服务生。彭尼公司是美国最大的商店和药品商店零售商，那个时候就拥有千余家连锁商店，遍布全美50个州及墨西哥、智利等多个国家，这是一家主营男女服装及儿童服装的专业店面，还销售一定量的中高档家具。销售男式衬衫，让巴菲特每小时可以有75美分进账，当然，巴菲特的目的可不是赚取这少得可怜的薪酬，这份工作赋予他最大的收获就是，巴菲特掌握了企业运行的第一手资料。巴菲特曾自嘲说，75美分的小时工资，让他成了最低工资法案的权威人士。这样的说辞未免有些夸张，但对巴菲特这样既会赚钱又有巨额存款的富有之人来说，还真的提不上桌面来。

巴菲特的业务还包括小学时候就很擅长的售卖二手高尔夫球，他以1200美元的高价将自己收集的220个高尔夫球全部售卖了出去。

每每回忆起大学时光，巴菲特总会停留在曾经就读的内布拉斯加大学林肯分校。那时候，巴菲特与好友特鲁门·伍德租住在佩珀大街上一间装修精致的房子里，二人还合伙投资，购买了一辆1941年产的二手福特小汽车。与伍德同在一个屋檐下生活的那段日子令巴菲特非常轻松，伍德是主动申请照顾巴菲特的，因为他正在与巴菲特的姐姐多丽丝热恋，这个准姐夫可是知道的，小舅子巴菲特是家里的“香饽饽”，犯了错都可以不挨骂的臭小子集全家宠爱于一身，如果想顺利迎娶多丽丝，伍德必须讨好小舅子巴菲特。巴菲特也就堂而皇之地坐享着这份理所当然的照顾。

1950 年，20 岁的巴菲特用了一年时间完成了经济学学士学位，至此，遭受父亲“遏制”的大学生活就算结束了。但，新一轮的争辩又很不自觉地出现，霍德华要求儿子继续学业，一定要攻读硕士学位，这还真是巴菲特的噩梦啊！

攻哈佛遭婉拒

接受教育的十几年中，巴菲特对中规中矩的课程一点都不感兴趣，他只喜欢学习知识，多数时间里，巴菲特认为自己都是在自学，他充分相信，哈佛是唯一能给予他想要的结果的学府。他立志攻读哈佛商学院的研究生，哈佛的声望、威严、良好的人际关系网等深深地吸引着巴菲特。

巴菲特之所以这样重视人际关系，同样也是父亲带给他的强大震撼。就在巴菲特大学毕业之际，霍德华丢掉了国会议员的职务，在金融界那个股票经纪人的职务也未能带来更理想的业绩。霍德华总结：自己很多时候都太固执了，人际关系过于简单，往往为了坚持自己的理想而牺牲了各方面的关系网，让自己越来越孤立。他不希望儿子重蹈覆辙，选择哈佛，是霍德华和巴菲特共同的愿望。

对于报考哈佛，巴菲特一直信心满满，他认为这次读哈佛商学院的研究生，根本就不用自己拿钱交学费，凭借他的聪明才智，奖学金必定能拿在手里，因为巴菲特曾经拿到过约翰·米勒奖学金，并且一切流程非常顺利。据巴菲特回忆：“有一天，我在《内布拉斯加日报》上看到一则消息，‘约翰·米勒奖学金将于今日颁发。申请者请前往商业管理大厦300房间。’你选择得到认可的学校，可以获得500美元的奖学金。我前往300房间，成了到这里来的唯一申请者。三位教授一直在这里干等着。我说道：‘不，不。现在是三点。’于是我什么都不用做，就拿到了奖学金。”

这是一笔意外之财，如果巴菲特没有留意报纸上的这则信息，也就不会拿到500美元的奖学金，或许他们将这项信息刊登在报纸上，本身就没指望得到关注，因为巴菲特很有可能是唯一一个拿到该奖学金的人。瞬间，巴菲特的雪球又壮大了一圈，满载着被哈佛录取的雄心壮志，巴菲特踏上了去往芝加哥的列车。

巴菲特此行，霍德华夫妇一点都不担心，虽然这个儿子生理年龄和心理年龄都比同一批报考的考生小一些，但巴菲特的成绩非常棒，再也不是中学时代那个叛逆的问题学生了，即使没有他这个国会议员的父亲出面，巴菲特也一定可以顺利突围。

哈佛坐落在波士顿，为了方便来自各地区的考生报考，便在各个大城市专门设立了面试的地点，巴菲特此行去的芝加哥就是面试考点之一。为了这次面试，巴菲特做足了准备，他早早地就来到了面试地点，等了一个多小时后才轮到自己接受问话。不过巴菲特这一个小时并不是干坐着，那些如何赢得考官的关注、如何更快地将考官引入自己的优势方面，如何充分留下一个良好的面试印象等等问题，就像过电影一般在巴菲特的脑海里一遍一遍重播着。

终于轮到巴菲特上场了，他以最饱满的状态迈进了面试办公室，礼貌地向几位主考官问好，就在巴菲特准备做自我介绍的时间空挡，一位从哈佛毕业20年的资深“面霸”同样以过电影的速度，将巴菲特的外貌瞬间融合进他的个人资料当中，当看到这个穿着破烂网球鞋、一件不合身的大运动T恤，有过无数次面试经验又深深了解着哈佛文化的主考官开始纠结了，他真的是巴菲特？

不能不说，有时候“自信”太大了未必是件好事！还好这件并不算好事的结果是被巴菲特摊上的，没有被糟糕的结果狠狠拍死，而是寻得了一条更加充满阳光的新路程。原本，巴菲特想借助自己在股票和投资方面的成功经验作为本次面试的优势盾牌顺利通过面试，在等待的过程中，他就反复地想着，一定要将自己投资股市的情况给几位考官老师说一说，无论亲朋好友还是同学老师，太多的人都喜欢听巴菲特的财富故事。可是，他却没有真正领悟哈佛的使命。哈佛是一个培养领袖的地方，从这里毕业的美国总统就有六位，分别为约翰·亚当斯（美国第二任总统）、约翰·昆西·亚当斯、拉瑟福德·海斯、西奥多·罗斯福、富兰克林·罗斯福（连任四届）和约翰·肯尼迪。而且，在哈佛的教授团体中，共有34名获得了诺贝尔奖。可见，这是一个怎样的领袖和天才的摇篮。

很遗憾，巴菲特的主考官没有意识到他将是未来的世界首富，甚至都没等巴菲特开始讲述自己的投资故事就已经在内心深处将他拒绝在了哈佛的门外。

主考官所看到的巴菲特，忸怩、内心脆弱、不成熟、瘦小……“我的样子看起来在16岁左右，而情绪的表现大概是9岁。我和进行面试的哈佛校友待了10分钟，他评估了我的能力，把我拒之门外。”据巴菲特回忆，当年主考官询问了他的年龄、身高、体重等基础问题，似乎这些并不算什么考题，也不能从这些数字中看出一个人的能力，但巴菲特就是输在了这些简单的基础数字上。

19岁的巴菲特，看上去只有16岁大小，他实在太年轻太稚嫩了，1米77的身高居然不到40公斤的体重，让本就瘦小的巴菲特可以同12岁的孩子“一决高下”了。

巴菲特还向主考官介绍了自己的读书经历和学习上的优势，他很快就可以有机会诉说自己的投资经历。当主考官问他有什么特长时，巴菲特激动地说，他喜欢股票投资，并且研究了很多年。这是巴菲特的优势，但在考官的眼里一文不值，或者说完全是个人行为，有失领袖风范。随后，主考官话锋一转，问了巴菲特是否有过团队合作或者是领导团队的经历。如果说哈佛是培养领袖的地方，那么他们收取的学生一定也是按照未来领袖来要求的。可是，巴菲特这些年只专注于怎么多多赚钱了，根本就没有参与到太多的集体活动中，他总不能告诉考官，唯一参加过的集体活动，就是跟几个问题严重的孩子一起偷高尔夫球吧？所以，巴菲特沉默了。

最后，主考官委婉地告诉巴菲特：“巴菲特同学，我觉得你非常优秀，但你太年轻了，只有19岁。根据我多年的经验，哈佛商学院大部分录取的是有多年工作经验的申请人，极少从应届毕业生中录取，除非这个应届毕业生有着非凡的领导能力和发展潜力。因此我建议你先参加工作，积累一些工作经验，过上两三年，再申请，成功的机会更大。”19岁的年纪，16岁的长相，14岁的打扮，12岁的体重，9岁的心理。这就是哈佛主考官对巴菲特的中肯评价。

这次面试，巴菲特压根就没有机会展示自己投资股票的生意经，哈佛考官的一席话，并没有让天真的巴菲特彻底消沉和低落，他的内心深处还是有些许期待和自信的。回家的路上，巴菲特有些郁闷了，本来是可以很顺利得到肯定的，因为他对股票投资如此痴迷和擅长，可当时在这一点上并没有得到充分的发挥。自始至终，巴菲特都相信，只要招生办的老师看到他的简历，那些丰富的经验定能冲出云霄，带给巴菲特祥瑞的结果。

回到家后，巴菲特每天都要跑好几趟传达室，担心错过哈佛的“录取通知书”。大约一个月之后，巴菲特收到了来自哈佛商学院的信，但他只看到了第一行的前半句话，就彻底没有信心继续看下去了。

“亲爱的巴菲特先生：非常抱歉……”

巴菲特被哈佛商学院拒绝了，这是他无论如何也没有预见的结果，此时，他的第一想法便是——如何跟父亲交待？“父亲一直希望我能够攻读哈佛商学院的研究生，母亲也向所有的邻居和亲属们昭告了我报考哈佛研究生肯定能被录取的事情，然而，我连个面试都没有通过。”巴菲特能不伤心吗？

霍德华是一个习惯了失败的人，他的确非常希望儿子能进入哈佛，但即使没有进去也没什么大不了的。其实，巴菲特真正纠结的不是担心家人知晓后的沮丧，而是他自己不能面对如此惨痛的失败。

据悉，每年报考哈佛的学生就超过 22000 人，而哈佛一年级只招收 1700 人，实际招收的人数都没有报考学生人数的零头多。

这次被哈佛拒收，巴菲特决心一定要闯出点名堂来，至少得让哈佛后悔没有录取自己。巴菲特始终没有放弃赚很多钱、变得非常富有的愿望。他那种来自于家族血统的“谨慎为本”让他时刻都保持着清醒和谨慎状态，除非必要，他是绝对不会让他人知道自己的底牌的。很多年之后，华尔街不断窥探巴菲特的动向却终无所获，直到今天，巴菲特都始终尽量让自己的投资行动保持机密。

在巴菲特夸下“30 岁之前要成为百万富翁”的海口不久以后，他就通过一些亲朋好友融资 10.5 万美元，这一大笔融资里面，其实只有巴菲特区区 100 美元。随后，“巴菲特有限公司”成立了，一年之后，巴菲特已经拥有了五家合伙人公司，企业家似乎都已经不适合巴菲特现在的称呼，应该称其为大老板才是。

巴菲特现在已经不需要“抛头露面”了，他唯一的工作内容就是寻找低价小股票，之后便是让这样的股票经历一番价格攀升后再抛出去，以获取利润。这样的投资理念，正是日后巴菲特的恩师格雷厄姆的秘密武器，也为巴菲特创造了巨额利润。

格雷厄姆的幸运

接到哈佛商学院的拒收信函后，巴菲特开始着手寻找其他的学校来完成计划中的研究生。哈佛是不错，但并不是唯一，总会有更适合巴菲特且赏识其才华的学校。巴菲特可不是那种一竿子打倒了就再也起不来的主，再艰难的打工之路他都能走得很坦然，这个小小的拒绝又算得上什么。

有一天，巴菲特在翻阅哥伦比亚大学宣传册的时候，偶然间被两个熟悉的名字吸引住——本杰明·格雷厄姆和戴维·多德。这两个响当当的资深证券分析师，在巴菲特很小的时候就已如雷贯耳，本杰明·格雷厄姆和戴维·多德在证券分析领域的卓越成绩和独到见解是整个业界公认的“宗师”级人物。此时，巴菲特终于发现，原来实力派的商学院教授都在哥伦比亚大学！

当巴菲特知道格雷厄姆就在哥伦比亚大学教书后，便立志要成为格雷厄姆的门生，可这个时候的招生工作已经全面结束，巴菲特报考哥伦比亚大学研究生为时已晚。但巴菲特不想放弃，很多事情只有在尝试之后才能知道是否真的没有机会。

早些年，巴菲特看过格雷厄姆写的《聪明的投资者》，在书中格雷厄姆用最通俗易懂的方式和言语，将股票交易市场的大环境呈现给普通美国公民，大众也因这本书对股票交易市场有所了解，股票并不是由“黑魔法”来操控运行的神秘存在。巴菲特深深地迷恋上了《聪明的投资者》这本书。拜读了《聪明的投资者》之后，巴菲特总结：这本书有些夸张地宣扬价值投资的观念，引导大家在股票市场多多寻找那些被低估的公司，言外之意，就是这些被低估的公司实际价值远远超过了股市为它定下的价格。等于投资者花最少的钱买到性价比最高的商品，之后价值飙升，最终获得丰厚利润。价值投资人需要以低于价值的价格买进股票，这种低于价值的比例至少要达到30%，除此之外还有很多值得投资者拜读的关键因素。这本书为巴菲特建立了一个重要的企业信念，最商业化的投资才是最有智能的投资，投资行为不可被希望与恐惧情绪所左右，也不可以是一时的狂热。

即便知道自己申请读哥伦比亚的研究生为时已晚，但巴菲特还是抱着试试看的想法写了一封申请信。“我在8月写的申请信，离开学只剩一个月，而其实我应该早这么做了。天知道我写了些什么。我可能写的是，我刚刚在奥马哈大学发现了这本册子。手册上面说你和本杰明·格雷厄姆在贵校任教，我认为，你们是站在奥林匹斯山山顶的某个地方，正笑着俯视我们其余的人。如果我能被录取，我会很高兴。我当然知道这不是一次常规的入学申请，这可能是一次非常私人的申请。”巴菲特一五一十地将自己的思绪描述一遍，他不需要任何言语上的规避，他甚至都不去想是否被录取的问题，只是说明自己的想法和意图。

这封诚恳的信件最终被放在主管招生工作的商学院副院长戴维·多德办公桌上，可想而知，这封信留给戴维·多德的印象远远高出面试带来的结果。巴菲特成功了，他终于找到了欣赏他才能的人，而这个人又是他的偶像戴维·多德！

多德的年龄应该比巴菲特父亲霍德华还要年长几岁，他非常欣赏信中巴菲特流露出来的真性情，他也看到了这个年轻的小伙子一定有着非凡的能力。当然，不能否认有一种可能就是多德被巴菲特的信函里所描述的言语感动了，但作为格雷厄姆的副手，他们都渴望拥有更多在商业和投资领域有着超群天分的学生，哥伦比亚不是哈佛，格雷厄姆和多德也没有培养领袖的乐趣，他们传授给学生的只是投资、赚钱的一种专业本领。而巴菲特，正是他们最欣赏的那种学生。

巴菲特顺利地成了哥伦比亚大学商学院的一名研究生，他拜师于著名投资学理论学家本杰明·格雷厄姆，主修金融学。在校期间，巴菲特大力推荐恩师的《聪明的投资者》一书，在巴菲特看来，这是一本每位成功投资者必读之物，其中，第八章涉及到投资人如何面对反复无常的股市，而第二十章则讲了投资人如何以低价入股等安全问题，这两章所阐述的内容堪称世间唯一投资宝典。作为哥伦比亚大学商学院最优秀的学生之一，巴菲特也给校友们推荐了早期投资大师费雪的著作。

在格雷厄姆门下，巴菲特如鱼得水。1951 年，21 岁的巴菲特以优异的成绩获得了哥伦比亚大学硕士学位。毕业之后，他自告奋勇要无偿服务于恩师的投资公司——格雷厄姆·纽曼，但是，格雷厄姆没有接受巴菲特的请求，外界对此曾有疑惑，难道巴菲特并不是格雷厄姆的得意门生？难道巴菲特所获得的那些优异成绩都是其成名之后填补的空白？难道格雷厄姆和他著作的那些书籍也打算借助巴菲特的名号在书海中重新洗牌？

太多的疑惑顷刻间被勾勒得透明，巴菲特再次接受了被拒绝的事实，他只剩下放宽心了。或许此时的自己真的不适合到格雷厄姆的公司工作吧。拿着哥伦比亚大学商学院硕士学位证，巴菲特回到了家乡，在父亲的公司——巴菲特·佛克公司担任投资业务员。业余时间，巴菲特还担任奥马哈大学成人教育部的投资课程教学工作。巴菲特的一次课上，只有四名学生很捧场地坐在座位上听课。巴菲特并没有讲课，而是非常抱歉地跟同学们说了对不起，因为他的教学没能吸引更多的学生，这个结果都是他不够优秀、课堂内容无吸引性造成的。

回忆起第一次上课的情形，巴菲特笑着说，当时教室里的学生中，年龄最小的也比巴菲特的年龄大一圈，一个长着高中生面孔的 21 岁大男孩为一群年过四十的中年人讲投资，几乎让所有学生都不敢相信这是事实。巴菲特当时并没有“将错就错”，他坦然地面对那些错愕的表情，依然忘我地投入到授课的气场中。仅一句话，巴菲特就震住了在场的所有学生，没有人再嘲笑这滑稽的氛围，所有人都陶醉于巴菲特的课堂内容中来，两分钟后，他赢得了全班同学的尊重。

投资和赚钱，始终是巴菲特不忘本的终极目标，但他也不是每一次都能成功的。“想我最差的决定是在二十岁那年到加油站工作，我的净值大约损失了20%，我估计到今天那个加油站让我损失了八亿美元，如果伯克夏的股价下滑，我想我心里可能会舒服一点，因为这表示到加油站工作的损失就可以降低一些。”二十几年前的一次股东大会上，巴菲特这样总结。

做投资，就必须熟悉各种金融业务。那时候的信息传递并没有现在这般发达、便捷，想要更多学习和了解行情，最好的途径就是大量阅读金融方面的书籍。在霍德华的公司担任投资业务员的那几年，巴菲特时常跑到内州首府林肯区，查阅保险公司统计史及其他相关资料。巴菲特珍惜每一次搜寻到的文字信息，他会非常认真地阅读所有文字，仿佛这些说辞一旦错过就再也没有机会重新来过一般。

的确，投资是一种投机行为，风险系数极高，如果因失误而造成极大的损失，是存在那种永远也无法翻身的结果的。阅读资料时，巴菲特坦言：“我逐页详读这些资料，我不读经纪人报告之类的东西，而是直接读数据，我越看越兴奋，我发现Kansas寿险公司的本益比只有三倍，西方保险证券公司更只有一倍，我的钱一直不够，但我不喜欢借钱，所以我太早卖掉某些股票，好转而投资另一档股票，早期的我受到刺激太多，现在的我则是刺激不够，我买过一家无烟煤公司，也买过一家空气涡轮公司，还买过不只一家轨道街车公司。”此时的巴菲特还没有真正理解价值投资的奥妙，他还没有更多的存款供他奢侈地购买高价股。或许，他只有买低价股的实力，只是，这种做法无论是环境促使还是自身条件不允许，价值投资都是一件百利而无一害的赚钱方式。

在巴菲特的字典里，这种尽可能购买超低价股票的行为被叫做“雪茄烟屁股式的投资法”，意思是说，如果你买了烟屁股，下一步就是把它卖掉，因为已经吸不了几口了。

现在的巴菲特还没有进入到格雷厄姆公司工作，这可能是几年之后的事情。如果说巴菲特并没有像传说中那样成为格雷厄姆最得意的门生，早前巴菲特冲着格雷厄姆的名号直奔哥伦比亚大学商学院的做法是一种“投机”行为的话，巴菲特却用几十年的真实案例刷新了这个世界的疑虑，收下巴菲特是哥伦比亚大学的荣幸，成为巴菲特的老师，同样是格雷厄姆的幸运。

价值投资与复合式增长

巴菲特的投资观是价值投资，在他就读于哥伦比亚大学期间，一次在本森图书馆书架上浏览到一本叫做《赚到1000美元的1000种方式》的书籍，深深地吸引了巴菲特的眼球。这本书引领着巴菲特走进了价值投资，也解开了巴菲特多年以来通过那些技术分析、数量分析都没有起到作用和效果的谜团。这是一个真正能帮助巴菲特进行投资的体系，也是未来那些追随巴菲特的股东们眼中的神器。它，到底有着怎样的鬼斧神工？

如果按照书名《赚到1000美元的1000种方式》来分析，这本书就是在教给读者一种金钱复合式增长的绝密必杀技。将这一千种方法挨个尝试一遍，那可是100万美元的财富值呢。用巴菲特的话说，这本书就像一道闪电劈开了他的投资谜团，瞬间大彻大悟！

书的封面是一个矢量人物眼睁睁地看着眼前那一大堆钱币，

书一开篇就告诉读者，“机会正在敲门”，你开不开门？没有人跟钱过意不去，尤其是选择读这本书的人更是对钱情有独钟。于是乎，人们就开始慢慢品读起来。“在美国的历史上，从来没有哪个时候，像目前这样有利于人们凭借少量资金自己创业”。“对于以往的机会，我们都已经听得太多……为什么呢？昨日的机会，与今天那些勇敢、智慧的人面前的机会相比，根本不可同日而语！有大量财富等待人们去创造，这将令阿斯特和洛克菲勒那些人不值一提”……书中的很多词句都令巴菲特神清气爽。是啊，机会在敲门，巴菲特准备开门了。

巴菲特快速而又仔细地阅读着书中的每一字句，连标点符号都不马虎。书，向我们提供的是灵魂性的指引，甚至摒弃了很多无用功，让成功离我们更近一些。这些告诫是让读者采取行动的：“如果不开始动手去做，你就不可能获得成功。开始赚钱的方式就是着手去做……在这个国度里，有成千上万的人想赚大钱却没有赚到，这是因为他们总在等待什么发生。”该书的作者如是说道。

书中介绍的1000种赚钱方法涵盖了各行各业的各个行当，只有你想不到的，没有这本书写不到的。比如饲养山羊制造奶酪、开设洋娃娃修理店等等。赚钱的方法，这本书已经给读者介绍了很多，接下来就是企业家们如何开始创造赚钱的机会了！

令巴菲特比较感兴趣的法子是体重计。巴菲特认为，如果有那么一个体重计摆在自己面前，他每天至少会称上50次体重。这个数字或许有些夸张，但足以证明体重计是百姓生活必需品之一，是不可或缺的存在。“体重计易于掌握。我可以买一台体重计，然后用赚到的钱买更多的体重计。很快我就会拥有20台体重计，而每个人每天会称50次体重。我觉得这就是赚钱之道。金钱的复合增长——还有什么比这更好的吗？”巴菲特总结说。

应该说，这本书的真正引导在于“复合式增长”。你可以通过投资或者经营赚到1000美元作为起步基金，按照每年10%的增长幅度，5年后这笔起步基金就会超过1600美元，直到25年后即可超过10800美元……随着时间的拉伸，这笔最基础的1000美元就会逐渐膨胀。如同巴菲特的财富雪球一般，他从来没有嫌弃过雪球中任意一片雪花的渺小，正是无数个渺小才能汇聚成今天巨大的财富雪球。

复合式增长教会了巴菲特用不同的视角来看待同样的数字，这视角又受着时间的约束。比如，今天的1美元与十年后的10美元相比或许价值更高，也可以理解为金钱发生了“贬值”。这种全新的思维模式将“现在”与“未来”紧密联系在一起。如果真的让十年后的10美元等价于今天的1美元，这样的事是巴菲特所不能接受的，他必须要赚钱，而不是保值，甚至赔钱。

能有效配合“复合式增长”渠道的赚钱机会，就是借助价值投资！

可以说，所有的价值投资策略都衍生自巴菲特的恩师本杰明·格雷厄姆的思想。纽约证券分析协会强调：“格雷厄姆对于投资的意义就像欧几里得对于几何学、达尔文对于生物进化论一样的重要。”巴菲特对于老师格雷厄姆简直佩服得五体投地，可以说，除了霍德华，格雷厄姆对巴菲特的影响最大。这个从诞生就开始影响全球投资界的奠基人，又是如何获得这份殊荣的呢？

格雷厄姆于1894年出生于伦敦，整整年长爱徒巴菲特3个生肖轮回。他是跟随着赶“淘金潮”时髦的父母迁到纽约的。9岁那年，格雷厄姆的父亲不幸去世了，格雷厄姆兄弟姐妹三人都寄养在叔叔家。格雷厄姆的叔叔原本经营着不错的进口陶瓷生意，后来却因为经营不善破产了，导致叔叔一家人外带着格雷厄姆三兄妹绝望地挣扎在生活的最低线。困境中，格雷厄姆的母亲尝试了商业投机，但却没有赚到钱。

格雷厄姆 13 岁时，母亲买了少量的美国钢铁股票，她是以保障金形式买入的，而且还向其经纪人借了一部分资金，最后也全打了水漂。母亲的尝试给格雷厄姆上了一堂生动、真实的“失败”课，他甚至对股票市场敬而远之，在格雷厄姆看来，股市太危险了。20 岁时，格雷厄姆来到了华尔街，他在这里的第一位老板这样警告说：“年轻人，一旦做投机买卖，就一定会输钱，请永远记住这一点。”这句忠告，牢牢地刻在了格雷厄姆的生命里，并始终影响着格雷厄姆的所有思想。

把钱花在有价值的投资领域，关注那些内在价值超过评估价值数倍的行业成为格雷厄姆价值投资理念的核心宗旨。如果抛开一切因素还不得不去风投的话，那就一定要将目光盯在风险套利的事业上。

格雷厄姆有着迅速、精细计算的思维，有着敏锐、独到的慧眼，他能轻而易举地识别出某个目标，它的市场价格和内在价值分别是多少。他的这种投资方式在哥伦比亚大学授课过程中，毫无保留地教给了学生们，这种价值投资法不是秘密，却是比秘密更难以复制的成功法则。

格雷厄姆一直从事于金融投资领域，可他对金钱似乎没有那么沉重的欲望，他就是一名学者，他此生最大的追求莫过于玩明白数字游戏，看着那些被他玩转了的数字一步一步得到证实成为理论依据。格雷厄姆的著作《聪明的投资者》一书堪称世界典范，是继《赚到1000美元的1000种方式》之后再次颠覆巴菲特价值观的又一部传奇作品。或许在格雷厄姆的一生之中，发表了很多作品和言论，教诲了很多学生和投资伙伴，但真正帮他打响价值投资这一品牌的只有巴菲特。自然，巴菲特独爱这一种方式的理由显而易见，它能让他的雪球更快地变大。

4

巴菲特的两个女人

巴菲特的爱情经

巴菲特给外界的印象，是那种喜欢始终如一，不喜欢更换“套餐”的人，甚至有时候会让人觉得他刻板、单一，过于沉寂。就是这样一个很古板低调的男子，年少轻狂之时也是经历了一番惊涛骇浪的，很多年过去了，浪花依旧在。

21 岁那年，巴菲特从哥伦比亚大学获得了硕士学位，这个从五六岁开始就懂得赚钱的“财迷”在这一年遇到了白首一生的人——苏珊·汤普森，她是巴菲特父亲的故交、作为奥马哈市著名的部长和心理学教授的女儿。苏珊有着一双炯炯有神的明亮双眸，黝黑的发质映衬着白皙的肌肤，始终都保持微笑的姣好面容吸引了不少男孩子的倾慕，巴菲特正是这样深深被苏珊吸引着的其中一个。

可是，人家苏珊已经有男朋友了，这位幸运的小白马王子正是联合太平洋公司邮件搬运员的儿子密尔顿·布朗。两小无猜的他们早在少年时代便开始了清纯的恋情，苏珊和密尔顿真的很般配，堪称男才女貌，即使月老见了恐怕也不忍心拆散。就是这样一对命中注定白头偕老的一对佳人，没有被月老拆散却被巴菲特拆散了，我们不禁要问，老巴是怎样做到的？

苏珊曾就读于伊利诺伊州小镇艾文斯坦的西北大学，这所学府风景优美，就坐落在景色宜人的密歇根湖附近，这也是巴菲特姐姐就读的大学。巧合的是，巴菲特的妹妹罗伯塔与苏珊住在同一间宿舍，二人还是无话不谈的好闺蜜。

苏珊从小就体弱多病，因此得到来自家人、亲友和同学们无微不至的关怀，这种长期以来的被照顾的感觉渐渐根植在苏珊的内心深处，成为了一种难以改变的习惯。多年之后，当苏珊已为人妇为人母时，依然以这样的姿态自居着，现在看来，或许正是她无法承担起照顾巴菲特的“责任”，才让两人的婚姻走到了尽头。

当然，苏珊也懂得“回赠”，她天生就有一副菩萨心肠，她会关心身边的每一个朋友，常挂在嘴边的一句话就是：“你还好吗？”意思是：“你的灵魂还安宁吗？”正是苏珊这种爱人如己的性格以及小鸟依人的状态，深深地吸引并感染着巴菲特，让这个在所有人眼里都没有情调的家伙开始慢慢陶醉。

巴菲特开始展开了他的爱情攻势，只不过，巴菲特父亲和苏珊父亲的“老交情”并没有派上用场，苏珊对巴菲特并不“感冒”，也难怪，人家有小白马王子密尔顿·布朗。巴菲特没有过恋爱经历，他以前的生活和思维几乎都围绕着数字游戏转圈圈，这在苏珊的价值观里面俨然成了无趣又荒诞至极的东西。巴菲特开始频繁地邀请父亲去汤普森叔叔家做客。每一次，当热情洋溢的巴菲特心里揣着数十只七上八下的小兔子来到苏珊家的时候，苏珊都会避而远之。总是巴菲特前脚刚迈进门，苏珊就以迅雷不及掩耳的速度从后门溜出去了。

不能不说，这对于情窦初开的巴菲特来说，是一种莫大的伤害。还好巴菲特是一颗顽强的石子，你越是不搭理他，他越是加倍努力将你吸引。

既然频繁出入苏珊家里不能让苏珊另眼相看，巴菲特决定开展第二轮爱情攻势。这次，他的对象是苏珊的父亲老汤普森。汤普森外表看不出有什么与众不同的地方，但有一个最大的爱好，就是尤为欣赏聪明绝顶的年轻人，并且对这样的年轻人另眼相待。巴菲特本就足够聪明，在与汤普森的多次接触中，都会给他讲一些自己投资上的独特见地，还会描绘自己一定会变得非常富有的愿望。这些对苏珊毫不起作用的言辞和理想深得汤普森的欢喜，他实在太爱这个年轻人了。

苏珊是个非常孝顺的孩子，在家族里，最尊敬自己的父亲，甚至对父亲说的话都言听计从。在汤普森叔叔的助力之下，巴菲特的爱情渐渐有了转机。最开始，苏珊并不喜欢与巴菲特约会，总会找各种理由缩短约会的时间，甚至故意撒娇要脾气，目的就是想让巴菲特主动放弃。随着二人接触时间的拉长，苏珊的潜意识里已经开始向巴菲特的方向倾斜了，她渐渐发现，这个古板又单调的“数字男”也不是自己最初印象中那么一无是处，他很幽默，还会讲一些很有趣的故事。有些很平常的事情经巴菲特一描述，都会变得更加新颖，令人陶醉。

巴菲特毕竟从小就开始揣摩数字，那种对数字的敏感，对事情思考的缜密程度是他人所不能及的，苏珊也是中产阶级家庭中长大的孩子，并不是那种傻傻的花痴，她知道自己将要托付终身的男人必定要十分优秀才行。

巴菲特的光芒一点点地映射到苏珊的心里，他经常很认真地和苏珊讲："有一天，我会变得非常富有。"这样的话在热恋中的苏珊耳朵里频繁地出现，但她并没有在意，哪个年轻人没有自己的理想和抱负呢？她真的没有想到，巴菲特终于做到了他对苏珊的承诺，在世界富豪排名中，股神巴菲特可是拥有多次第一排名！

苏珊与巴菲特的恋情很快升温，已经到了不能自拔、分不清彼此的程度。苏珊的姑妈回忆说："他们彼此疯狂地迷恋着，他们互相坐在对方的大腿上接吻，这真是太可怕了。"在还比较传统的年代，这样如胶似漆黏在一起的恋人，往往都会屏蔽周遭的一切。

巴菲特那么钟情于苏珊，难道就是因为她漂亮，小鸟依人？或者说，最开始的时候追求苏珊费了一番周折，才让巴菲特决心将苏珊纳为己有？让低调刻板的巴菲特爱得热烈的苏珊，具有深刻的理解力，这种理解力正是巴菲特所需要的，也使巴菲特和苏珊二人在爱情面前，也依然友谊长青。

巴菲特的母亲是一位完美主义者，巴菲特很小的时候就发现，每当母亲的完美计划没有顺利实现的时候，他自己总会被炮筒瞄准炸成炮灰，母亲那时候的爆发毫无征兆，那种歇斯底里来得太过突然，总是会让小巴菲特招架不住。即便他很无辜，甚至不清楚发生了什么事情使母亲雷霆大怒，一脸无辜的表情也逃脱不了毫无保留的臭骂。母亲这样的脾气始终没有得到改善，当巴菲特有了自己的儿子之后，外祖母依然会像当初数落巴菲特一样数落小孙子。

据巴菲特回忆，一次儿子给他祖母打电话，祖母居然数落了他两个多小时，电话挂断的一刹那，孩子委屈的泪水像断了线的珠子一样噼里啪啦往下掉。巴菲特深刻地体会着儿子此刻的心境，他也无能为力，只得语重心长地跟儿子说："你终于知道我每天过的是怎样的生活了。"

一个人的童年经历往往会影响他一生的选择和生活，巴菲特也是一样的，童年来自于母亲数不胜数突如其来的责骂，让他越发地想要寻求一份安宁的避风港湾，当任何风浪来临，不是谩骂而是理解和并肩迎接。苏珊，恰到好处地走进了巴菲特的生命里，她的蕙质兰心、漫溢的心灵都是抚平巴菲特内心创伤的良药。在这个被世界瞩目的男人眼里，苏珊更像是一个优秀的心理医生，将巴菲特心灵上的荆棘连根拔起，抚平了伤口，留下了慰藉。巴菲特曾说，他一直是个孤独的人，直到遇到苏珊才有所改变。

1952 年，巴菲特与苏珊幸福地牵手走过红毯。婚后，苏珊就结束了在美国西北大学的学业，全职当起了巴菲特太太。苏珊对巴菲特的照顾更像是对待一个孩子，巴菲特也习惯了对苏珊的依赖，苏珊的角色不仅仅是巴菲特的心理医生，还是他的财务总监和全职保姆，既要帮他打理账款还得照顾孩子们。可以说，除了生意上的事情，巴菲特将一切都交给了苏珊。

婚姻并没有将巴菲特的爱情带到尽头，他依然无比热爱着苏珊。每一次与苏珊四目相对，巴菲特的脸都会特别的明亮。苏珊喜欢用她纤细的手指划过巴菲特的发间，喜欢紧紧拥着他聆听热情的心跳，喜欢堆满笑容为他整理衣衫和领带，喜欢坐在他的腿上热情激吻……苏珊喜欢做的事情也正是巴菲特想要拥有的，此刻，巴菲特远离了母亲的责骂，远离了生意线上罪恶的跳动，整个世界，似乎只有这对新婚小夫妻的甜蜜。

巴菲特这一生，始终都离不开来自苏珊的慰藉和温暖，他从来都没有后悔过将自己的前半生与这个叫苏珊的女人共同度过，她总是第一时间领会他的想法和意图，并且毫无保留地对他付出整个青春与生命。

吝啬的铁公鸡

尽管巴菲特对苏珊的爱令整个世界为之动容，尽管这个高傲的男子在她面前显得那么娇小可人，尽管巴菲特将全部事情都放心地交由她处理，但，苏珊所改变不了的，正是巴菲特骨子里面的谨慎和吝啬，是的，在苏珊的眼里，丈夫就是一个彻头彻尾的“铁公鸡”。这一点，苏珊在嫁给巴菲特不久之后就深有感触。

那时候，苏珊刚刚嫁给巴菲特，新婚之时连蜜月都没有共度，也没有自己的房产。巴菲特从家里搬出来，和苏珊租住在一个三居室，他们的房租只有65美元/月，这非常符合巴菲特节约成本的个性。只是，与当初的那个承诺“我会变得非常富有”相差悬殊，不过苏珊当时就没有当真，这时候她还处于热恋之中，自然不介意这些浮华之事。

1953年，他们的大女儿苏茜诞生了，这是一个漂亮的洋娃娃，完全继承了母亲姣好面容的优良基因，此时，苏珊已经在这个时常有老鼠光临的破旧房屋生活了三年。巴菲特并没有因为女儿的降生而计划更换住所，他的全部心思都在赚钱上面，他怎么能因儿女情长而分心呢？而且，他有苏珊，这是他最放心的选择。

这个时候，曾经拒绝巴菲特入自己公司的恩师格雷厄姆邀请他来公司任职，然而，这次却轮到了巴菲特说“不”。巴菲特放弃了“接班人”的机会，他决心自立门户，带着妻女，一家人杀回了奥马哈镇，住在原来的老房子里面，在这里，巴菲特即将开始自己的辉煌人生！

创业初期，巴菲特更加节俭了，连给女儿摆一张小床他都觉得太奢侈。没办法，苏珊只好在抽屉上铺了厚厚的褥子，让乖巧的女儿睡在里面。或许我们可以理解，巴菲特为了节约才没有给女儿营造更好的睡眠环境，可后来他们的生活质量渐渐好转起来，巴菲特依然不愿意掏腰包给女儿买一张小床，他宁愿向邻居借一张婴儿床也不愿意花钱去买。

这样的吝啬之人居然就是我们现在的首富股神的前身？真是很难让人相信，但这就是事实。巴菲特很好地将自己的这份节俭传承给了自己的三个儿女，如今看来，真正富有的人是不会对外言说自己富有的，他们只会跟自己不停地许愿——你要努力，你要富有！

巴菲特这种“要富有”的愿望从来都不是说着玩的，二十世纪八十年代，他的财富已经跻身全美前十，而巴菲特的名字也在那个时候成为很多人茶余饭后讨论的故事主人公，当然，更多的还是有关他的“人性、差钱”的话题。

有一次在机场，巴菲特的良师益友格雷厄姆向巴菲特借 10 美分用来打电话，区区 10 美分，巴菲特还用得着犹豫吗？应该直接甩出去送给格雷厄姆，令人无法理解的是，巴菲特不仅没有那么慷慨，甚至把兜里仅有的25美分“整钱”换成了两个10美分和一个5美分的“零钱”，理由就是，他要借给格雷厄姆的是10美分，那么剩下的15美分还是要放回腰包里面的。而那个时候的格雷厄姆已经是《华盛顿邮报》的董事长了。

这就是真实的巴菲特，一个货真价实的“吝啬富豪”，别说给别人花自己的钱，就算是借，而且基数只有10美分，也都会让巴菲特觉得不舒服、不情愿，估计格雷厄姆心里也在暗骂巴菲特是个十足的“守财者”。

对于关系如此亲密的挚友格雷厄姆都如此，更何况那些生活中的过客？当然，格雷厄姆是了解巴菲特的，当巴菲特还是他学生的时候，格雷厄姆就知道这个整日里穿着一件大T恤，连网球鞋破了好多洞也不舍得花钱再买一双的“清贫”学生，是绝对的一毛不拔的“铁公鸡”。

事实验证了格雷厄姆的预言，所有跟钱有关的话题在巴菲特这里都是被屏蔽了的，即使他亲生的孩子也不例外。当年，巴菲特收购伯克希尔公司的时候，曾对自己、老婆苏珊以及三个子女豪伊、苏茜、皮特以众人的名义进行分别记名持有。在中国，父母的钱基本上都是为了孩子而赚取或积攒的，但在巴菲特的家庭中，自己赚的钱就是自己的！如果孩子们额外需要零花钱，那是需要通过签署所谓的“君子协议”之后才能履行的，这个协议上面明确标注着违约条款及索赔责任。

即便有这个“君子协议”存在，巴菲特依然对孩子们索要钱财摆出了一副若即若离的样子，很多时候他都像对待陌生人一样对待孩子们。但凡巴菲特觉得这个借款可以不支付的话，无论哪个孩子都无法得到他格外的“施舍”。除非，这个钱跟控制体重有关。

巴菲特非常在意孩子们的体重，他只愿意拿金钱作为勒令孩子们控制体重的唯一交易平台，如果金钱能帮助他们减轻或控制好体重的话，在巴菲特的价值观里才算有点意义。对于大儿子豪伊，巴菲特给他规定的标准体重是182.5磅，也就是大约82.8公斤，如果豪伊没能很好地将自己的体重控制在这个值以下，他将不得不将自己所经营的农场收入的26%交给父亲巴菲特。即使豪伊很好地控制了体重，他依然要支付巴菲特22%的经营收入，不过，4%的差额对豪伊来说，并不是很难，而对于巴菲特来说，无论哪种结果都是不吃亏的。将赚钱的魔爪伸向自己的儿子，巴菲特还真是无孔不入呢！

巴菲特的妹妹艾丽丝感慨道：“在这笔交易上，巴菲特怎样都不会吃亏。他要么拿到更多钱，要么拥有一个更苗条的儿子。”

男孩子都这般“苛刻”要求，女儿苏茜自然也无例外可言。苏茜记得她三十多岁的时候，已经是孩子的妈妈了，按理说，体重多一点少一点真的没那么重要，因为本身她也不是很胖很臃肿的类型，估计是受到老爸这么多年以来的“严加管教”习以为常了，苏茜也会因为体重多出来那么几斤而辗转难眠。

巴菲特为了帮助女儿顺利减下体重，跟苏茜签下协议，如果她能顺利减到父亲给她规定的体重，就允许她毫无限制地疯狂购物三十天，对于女人来说，她的衣服和鞋子永远都是不够穿的，尤其是一些重要的场合，总是“没有”衣服可穿。这样的协议条款简直太诱惑人了，苏茜怎么舍得拒签呢？当然，巴菲特也是有硬性要求的，他要求女儿一旦减肥成功，绝对不能在一年之内反弹，倘若违约，苏茜就需要全额为当初的“任性”买单。

女儿苏茜极为认真地跟父亲签署了这份“君子协议”，她毫不犹豫地接受了这次血拼的机会，疯狂了一个月之后，家里的餐桌上堆满了苏茜的购衣小票，将近5万美元之多，那种奢侈的购物之感，才是真正的首富女儿该有的，想想自己那么多年以来的节约，还真是委屈了这个身份呢。可随后的日子里，苏茜却陷入了深深的惶恐之中，她不是不担心违约后父亲那张铁面无私的面孔，毕竟在这样的“君子协议”之下，她早已不是先例。

苏茜首先想到了父亲的老师兼好友格雷厄姆，她必须为自己的后路打算，万一呢，万一一年之后自己“违约”了怎么办，拿什么支付巨额的购衣小票？格雷厄姆就是苏茜的救兵和挡箭牌。除此之外，苏茜还为自己设想了一个更为奏效的违约理由，那就是怀孕。倘若一年之后，苏茜再度成为准妈妈，老爹巴菲特也不能拿出一年前的协议找女儿算账，要知道，她肚子里可是流淌着巴菲特家族血统的小外孙。还真是有其父必有其女，怎么说也是巴菲特的女儿，单用聪慧来形容可是不够的。

别以为老巴对自己孩子是苛刻的，要知道，这份“君子协议”也不是一般人能够签署得了的。

巴菲特的任何投资，都是一个生意的开始，包括生活中所涉及到金钱的话题。老巴的确够吝啬、够小气，甚至非常不近人情，但他一直都在用投资的手段绘制着他的生命和生活。外人看到的或许是巴菲特对亲人们展露出来的“守财”表现，殊不知，他的所作所为每一次都是一个毫无风险的双赢结果。

从大儿子身上，要么可以赢得多一些钱，要么让儿子拥有更健康的体魄；对于女儿也是一样，要么看着女儿开心地消费，要么一分钱不损失地收回成本。其实，哪个父亲能不愿意看着孩子们健康快乐呢，巴菲特只是用他的模式尽可能地扮演了一个父亲的角色而已。他也在用这样“君子协议”的方式教导孩子们如何做人做事，作为父亲，老巴的“吝啬”也颇具良苦用心了。

慈善“不归路”

如果设想，巴菲特这个“守财者”“吝啬鬼”会将自己大部分钱财用于做慈善事业，恐怕没有人会相信，包括巴菲特自己也不会相信！

与丈夫不同，苏珊是一个彻彻底底的再世“观世音菩萨”，她将自己的爱普渡给了所有她认为需要援助的人，也是苏珊，将巴菲特的心智一点点牵引到慈善的事业上，让这个玩世不恭的世界首富，渐渐融入到慈善中，并慢慢融化。

随着家庭生活质量的逐渐提高，苏珊的个人世界也开始丰富起来，当孩子们一天天地长大和独立，这个看起来有些“精神洁癖”的母亲也就不再为他们操更多的心思了。这时候的巴菲特夫人，喜欢将大部分时间丢给一家法式西餐厅，不是品咖啡，而是参与到歌舞表演之中，担任主唱。也许，大多数人看来，“巴菲特夫人”这个角色已经非常棒了，干嘛还要去餐厅“打工”呢？

的确，唱歌是苏珊一直以来未能实现的愿望，认识巴菲特之前，她是一名在校大学生；认识巴菲特之后，她当起了全职太太；有了孩子之后，巴菲特整日忙于事业，苏珊既当爹又当妈，哪有心思考虑自己的梦想？只有此时，老公事业有成，儿女们长大成人，而她，也终于有了圆梦的时间和精力。

1975 年，苏珊开始流连于一些私人聚会，她愿意在这样的场合里充当歌手的角色，之后就是一些非常正式的登台表演。苏珊穿着华丽，身材依然足够魔鬼，迷人的眼神搭配着玲珑剔透的洞察力，深深地吸引着台下观众的灵魂。她是在用聪慧的洞察力和发自内心的爱做着她所热爱的歌唱事业，那种美好的画面自然而然地将观众聚焦在一起，并跟着苏珊的妙音徐徐回放。

1997 年，苏珊录制了一张 CD 专辑《唱歌，我的最爱》，里面收藏了很多她最喜欢的歌曲，包括《进来避雨》、《我们的归属在哪里》、《把小丑带来》。在苏珊的圆梦计划里，她得到了很多人的帮助，这些人抛开了她是“巴菲特夫人”这个角色，全身心地投入到专辑的整个策划和实施中。伴随着 CD 专辑，还有一本苏珊自己写的小册子，里面满满都是她对帮助过她的人所要表达的爱和感谢。其中一部分内容如：“非常感谢你，大卫·斯瑞克，感谢你对我的关爱和鼓励（大卫·斯瑞克是整张专辑的制作人）；谢谢你，皮特，我们一起工作的日子给我带来很多的欢乐；谢谢霍华德，你帮我拍的照片是那么漂亮（整张专辑中的所有图片都是霍华德拍摄的）。”

苏珊还喜欢旅行，在她晚年的生命里，80% 以上的时间都用于“四海为家”，在她游历旅程中，也将自己的慈善事业发扬光大了。她曾自嘲说，自己就是一个居无定所的“老年吉普赛人”。她这样说，外人自然都是当笑话来听的，这样一尊玉佛，别人想请回家都难，怎么能居无定所呢？

苏珊，将自己最好的年华都奉献给了巴菲特和孩子们，当初，他们很贫穷的时候很幸福，但巴菲特离其“变得富有”的愿望越来越近的时候，夫妻之间的感情却默默地开始淡化了。巴菲特甚至都没有觉察到，苏珊开始忙碌于各种社交场合，奔波于各种旅行团的时候，他们的感情已经出现缝隙，谁也没有相互撕扯，但缝隙却越来越大，最后“天各一方”分居了。

苏珊的朋友圈里，流行着这样一句话：“在多数人是黑白电视机的时候，苏珊已经成为了彩色电视机，而刻板的巴菲特正是那些不入流的黑白电视机之一。”悬殊的生存方式或许也是阻隔二人距离的因素之一。苏珊的穿着始终很朴素，但是优雅的气质，所彰显出的也是奥妙多姿的身段以及那张始终没有苍老的面容。相反，巴菲特从小就不注重穿着打扮，他的衣服鞋袜总是穿坏了也不肯换新的，有时，苏珊实在看不下去了，会偷偷地给巴菲特买上几件新衣服，被巴菲特知道后，要么扔在衣橱里当古董，要么时间来得及就去退掉。

对于“为什么不穿看上去更有些档次和品位的衣装”这个问题，巴菲特笑着回答：“我并不是不穿，只是名贵的服装穿到我身上也就显得便宜了。”

有一种说法认为，贫穷没有改变巴菲特夫妇的深厚感情、拆散这对终成眷属的有情人，但富有却做了贫穷没有做到的事！其实不然，从苏珊认识巴菲特之日起，她就知道二人的各种习惯截然不同。感情就是这样，当惊涛骇浪都阻止不了甜蜜之时，一切相斥也变成了相吸，而细水长流地慢慢品味之后，那种最初的温暖也渐渐结冰。没有贫穷和富有，苏珊和巴菲特也未必能长相厮守下去。他们都是那种个性鲜明的人，谁又能为了谁而彻底放弃自己呢？

苏珊曾经是做过努力的，她尝试着将巴菲特带进自己那个丰富多彩的生活圈子里。苏珊经常活动的一个美食俱乐部，里面都是一些夫妻组合参加的，每个月选出一个主题，大家一起应和着参与其中。每个主题都与饮食有关，比如这个月品尝瑞典牛丸，下个月把胃口留给法国油煎薄饼。巴菲特非常不喜欢这样的聚会，这简直耽误了他赚钱的大好时光。当然，他也知道夫人的良苦用心，所以每次都强颜欢笑参加了俱乐部的活动，只是，巴菲特的很多做法在这样的场合显得有些格格不入。

巴菲特不会跟大家一样品尝每个月主题的美味，而是坚持吃汉堡，且有百吃不厌的架势。时间久了，苏珊也失去了“玩”下去的信心。真的，苏珊当巴菲特像孩子一样哄着、惯着，如今也有些受够了。她不想再做全职保姆，每天照顾一家老小而放弃自己的梦想和追求，苏珊付出了太多太多。

所以，苏珊频繁地赴约宴会，在公众面前唱歌，甚至录制专辑，这些与巴菲特生命都不相干的事业渐渐夺走了股神的挚爱，天真的巴菲特甚至会可爱地说出：“亲爱的，尽量去做让你高兴的事情吧。”

此时此刻，巴菲特已经允诺了当初对苏珊的承诺，他真的变得非常富有了。作为此生的挚爱，苏珊拥有着巴菲特公司价值30亿美元的股票，这足以支付苏菲圆梦计划中的任何支出。1977年开始，经历了银婚的巴菲特夫妇开始尝试名副其实的“分居”。45岁的苏珊独自搬到了旧金山居住，但苏珊认为，这并不是真正意义上的分居，他们至少还保持着夫妻的名分，而苏珊，将一直不会放弃抚慰巴菲特心灵的职责。他们仍然会经常参加一些朋友聚会，一些社交场合也会搭配出场，甚至一起旅行，每个月至少有一次长久的见面。

每次谈到分居，巴菲特总会很自然地表露：“这样很好啊，她本就是一个自由的人!”简简单单的一句话，给了这个女子一生功不可没的肯定。

巴菲特与苏珊之间有着一种无须言表的默契，无论谁早一些离开，另一个人都将拥有两个人所有的财富。这也就意味着，倘若巴菲特的生命比苏珊早些走完，原本就持有伯克希尔公司30%股份的苏珊将完全有效控制伯克希尔，届时，苏珊将过一把世界巨富之一的瘾，虽然苏珊不屑于这些。

在苏珊的主张之下，无论双方谁最终掌管伯克希尔，该公司的股票都将通过巴菲特基金会而归于慈善机构，最终再流向社会。这个基金会的年增长率也是非常可观的，始终保持在30%左右的增长范围。这可是将来社会上一笔不小的收入呢。

可见，分居并没有彻底拆散苏珊和巴菲特，他们的爱的激情或许早已不在，但感情却依旧徘徊在二人身边。2004年，72岁高龄的苏珊因病逝世。妻子的离世对巴菲特的人生带来了很大的触动，这位“一毛不拔”的铁公鸡居然对慈善有了兴趣。苏珊走了，但她的慈善事业还要继续，这些工作，巴菲特顺理成章地接了手，这次，是他自愿的，他要将这份光辉的事业变得更加璀璨。巴菲特宣布，将自己所持有股票中的85%全部捐献给慈善基金会。

2006年，盖茨夫妇负责的美琳达·盖茨基金会第一个收到“85%财富”的那一大部分，约有370亿美元之多，几乎占了巴菲特捐赠资金的5/6，这份来自于伯克希尔·哈撒韦公司的一千万B股，在一年之后的价值就飙升至433.5亿美元。巴菲特还承诺，从2006年起，每年的7月份他都会将伯克希尔·哈撒韦公司全部款项的5%支付给美琳达·盖茨基金会作为善款。

除了美琳达·盖茨基金会，苏珊的“苏珊·汤普森·巴菲特基金会”和巴菲特三个孩子分别创建的基金会成了巴菲特“五家基金援助计划”的一部分，只是，他们四家基金会的钱加起来也就是盖茨基金会的一个零头而已。如今的巴菲特已经85岁高龄，他的慈善之路似乎才刚刚开始不久。

第二任妻子的蝶变

众所周知，巴菲特有过两任妻子，一个是青梅竹马的原配苏珊·汤普森，一个是同居了几十年终修成正果的“小三”艾丝翠·孟克斯。巴菲特曾经十分巧妙地形容二人，一个是抚慰自己心灵的红颜知己，一个是照顾自己饮食起居的厅堂助理。我们接下来要说的，就是这个“厨房助理”艾丝翠·孟克斯。

孟克斯在很多年前就曾做过巴菲特家厨房的“管家”，那个时候正值英格兰新任驻美大使彼得杰伊来奥马哈做访问，应邀到巴菲特家赴宴，这次宴会的很多美食都出自孟克斯之手。孟克斯最擅长的食物都是高糖类，如肉汁、煮玉米、炸鸡、土豆泥、热的奶油巧克力圣代。孟克斯也不清楚，这些食物是否符合英格兰驻美大使的口味，但这些都是巴菲特最爱的食物总是没错的！

事实上，孟克斯这个“厨房助理”是苏珊“引狼入室”而来的，孟克斯是她的一位好友。

曾经有那么一段时间，苏珊有一种离开巴菲特的冲动，尤其当她在旧金山小住数日后，更加深了她离开巴菲特的念头。

那时候，苏珊的状况并不好，对生活充满了厌倦，那种状态放在中国，或许会被定义为“更年期综合症”，苏珊自己也感受到了来自身体内外的那种无以言表的煎熬，她实在太糟糕了，时常会做一些比较疯狂的事情，比如凌晨四点开车前往新婚之夜的瓦胡，直到清晨才拖着疲惫的身躯包裹在震耳欲聋的车载音乐中回到住处；她还会将自己对婚姻的无奈和失望向朋友们倾诉，她知道，这些话绝对不能进入巴菲特的耳中，否则这个成功的男人会极度崩溃。苏珊厌倦了和巴菲特的婚姻生活状态，但她依然爱着巴菲特，或者二人都已经超越了爱情和亲情，完全住进了对方的世界。

在苏珊最“脆弱”的时候，巴菲特的事业正如日中天。那年，巴菲特47岁，实现了他46岁之前所有的愿望。当时巴菲特的身价高达7200万美元；在他手里经营的公司总市价突破了1.4亿美元；他的报纸媒体连续两届荣获新闻领域最高奖项；他成为奥马哈市最有影响力的人物；他全权掌握三家公司并成功参与买卖多家公司的股票。成功的风向标朝着巴菲特努力的方向迅速前行着，只有苏珊，离巴菲特的世界越来越远。

巴菲特的生活没有发生任何改变，赚钱依旧是他最亢奋的事情，他深知苏珊与他的距离始终都在，但他一直相信，能够彼此尊重对方的差异依然可以很好生活在一起的夫妻是没有尽头的。可是这次，他下错了赌注。

苏珊的很多朋友都建议她去旧金山度假，或许可以调整一下她烦闷抑郁的生活状态。苏珊接受了朋友们的建议，在旧金山小住一些日子后，她开始陶醉于这片景色宜人、艺术氛围浓厚、建筑格调有文化品位的城市。苏珊决定，要在这片土壤上拥有自己的一席清澈。

回到了奥马哈，苏珊做了两件事。首先来到她曾经做过主唱的咖啡屋，找到昔日好朋友艾丝翠·孟克斯，孟克斯是这里的领班兼调酒师，一些比较重要的人物莅临时还客串一下主厨，这足以证明孟克斯的厨艺非比寻常。苏珊此行的目的是想孟克斯能够去替她照顾巴菲特的饮食起居，也就是巴菲特的“厨房助理”。

随后，苏珊与巴菲特进行了一次长谈，并告诉他自己想要租一个贵族山格拉姆西塔的时尚小屋，这样便可以经常去往旧金山游玩、度假，也不用担心住所不合心意。其实，苏珊连有过老鼠光顾的破旧屋子都住过，还会对别的更好的屋舍那么多挑剔吗？这也就是安慰一下巴菲特，不让他担心自己的居住环境罢了。

这次长谈，巴菲特听进去的内容不多，但他还是尊重了苏珊的想法和决定。苏珊说，他们不是分居更不是离婚，他们还拥有着彼此，那个叫旧金山的地方可以找到苏珊的自我，而跟着自己生活了25年的妻子，其理想就是去体验一下充满艺术、音乐和剧院的城市生活。巴菲特有拒绝的理由吗？他没有！

苏珊走了，留下了巴菲特，还硬塞给他一个“厨房助理”孟克斯。很快，“厨房助理”的身份就更换成为“巴菲特的全职主妇”。孟克斯不是唯一一个以“礼物”形式赠送给巴菲特的女人，接近巴菲特的女人有很多，她们可以肆无忌惮地“勾引”巴菲特，完全是受命于苏珊。我们不禁要问，苏珊的心思还真是难以捉摸，有几个女人愿意将老公拱手让给别人，而且，还一起给自己制造那么多的敌人？

孟克斯的厨艺精湛，能煲出一手出色的美味汤品，最终赢得了巴菲特的爱。或者也可以说，巴菲特离不开这个主妇了。很快，孟克斯搬进了巴菲特的老房子，二人过起了同居生活。

苏珊并没有因为孟克斯抢占了自己的位置而憎恨她，她们的朋友关系还是很亲密要好，她们甚至以姐妹相称，还做好了和谐的分工。比如，孟克斯负责巴菲特每日的饮食起居，苏珊则保留着在巴菲特公司的董事席位，并陪同巴菲特参加一些重要的社交活动。每每巴菲特穿着孟克斯熨得板板整整的西装，牵着苏珊的手出席一些重要的场合时，他心里都是无比的骄傲，而绝非炫耀。

也是啊，小三和原配能相处得如此和谐的恐怕不多见，巴菲特什么也没有损失，反而生活得更加惬意。在巴菲特、苏珊和孟克斯三人之间，每个人都拥有了自己想要的一切，每逢节日赠送礼物，巴菲特习惯性地在贺卡上署名：巴菲特、苏珊和孟克斯。巴菲特的亲人和朋友，也包括合作伙伴及下属，几乎全世界的人都习惯了巴菲特这样的状态：巴菲特在晚会的主席台上发表讲话，台下并肩坐着他的妻子和他的同居女友。巴菲特的女儿也欣然接受了父亲的这位生活伴侣。

能够认识巴菲特，是孟克斯此生最大的荣幸了，要知道，当时她只是一个法国酒吧的服务人员而已，能够走进股神的生活甚至生命，是孟克斯的福气和造化。孟克斯并无他求和非分之想，她只想做好自己，照顾好巴菲特，保持好和苏珊以及孩子们的关系就好。

刚认识巴菲特的时候，孟克斯只有30岁，还是一个非常阳光、热情的年轻女性，她周身的正能量完全感染了巴菲特，让巴菲特的生活也充满了阳光和宁静。巴菲特离不开孟克斯正如离不开苏珊一样，这两个女人，一个安抚了巴菲特的心灵，一个安抚了巴菲特的肠胃。

巴菲特喜欢吃热狗、汉堡包、冰激凌、爆米花等高热量高脂肪的食物，孟克斯总是变换着口味做给他品尝；晚饭后，巴菲特喜欢吃一块厚厚的香草冰激凌，涂上很多巧克力和麦乳精。孟克斯并不会严厉地阻止他，虽然已经成为老年人的巴菲特应该食用一些更健康的食物，孟克斯也习惯了宠爱巴菲特，像照顾一个孩子一样照顾着股神。

孟克斯笑着说："巴菲特的血管里流淌的不是血，而是可乐，先是百事可乐，然后是可口可乐，一种樱桃可乐更是他的最爱，他每天至少喝5筒樱桃可乐，即便早餐时也不例外。"这个时候的巴菲特同样微笑着澄清："只有这样，才能满足自己每天2800大卡的必需热量，让自己不至于在未来25年内早早饿死。"

善良的孟克斯总会在冰箱里面装上很多可乐，把他们居住的环境打理得井井有条，这种美好，总会让巴菲特在上班前离家的那几分钟，有种跳几支踢踏舞的想法。这对一个饕餮老人来说应该算是夸张的，谁让巴菲特有着一颗不老的童心呢。

2006年，76岁的巴菲特选择在自己的生日这天举办人生的第二场婚礼，迎娶新娘孟克斯。这个与他共同生活了30余年的女人，他终于可以给她一个正式的名分了，虽然孟克斯不在乎这些，她已经拥有了巴菲特。

巴菲特的女儿亲自为父亲主持了这场短暂的仅仅15分钟的婚礼，在接受《纽约时报》采访时，她表示出了一个女儿对父亲莫大的欣慰："我们真的很感谢她，她爱我父亲，一直照顾他，即使他一文不名，孟克斯还是会跟他在一起。"

与第一任妻子苏珊相比，第二任妻子孟克斯更加宁静些，作为巴菲特晚年生活中最重要的女人，孟克斯极少出现在公众面前，她喜欢默默无闻地陪伴在巴菲特身边，支持心爱的男人直到终老。

5

巴菲特发财有高招

合伙人公司

1956年，对巴菲特来说是一个标志性的年份，这一年，他拒绝了良师益友格雷厄姆让他接班管理其公司的邀请，因为他要开始自己的事业了。作为一个从五六岁开始就从事“做生意”的人来说，21年的打工生涯足以让其具备创业的“根本”。

那么，到底要做些什么样的“生意”呢？

在这些思考“干些什么”的日子，巴菲特的家人们陆陆续续出现在他面前，请他在投资生意方面指点一二，正是这些来自亲友们的信任，促成了“巴菲特公司”的最终诞生。这是一个合伙人公司，也就是公司体制中最原始的一种形态。

这类合伙人公司有着几类典型的特征：

首先是生命有限，即成立容易解散也容易，只要涉及到的几个合伙人签订合伙协议，这个所谓的公司也就随即成立。倘若有新的合伙人想要加入该公司，或者原合伙人中有人因各种原因而退伙的话，都将导致该合伙人公司解散。

其次，合伙人对公司承担的责任为有限和无限两种，巴菲特最初成立的合伙人公司均属于无限责任公司。就是说，公司债权人对公司的债务承担无限连带责任，即七个人组建的合伙人公司。倘若走到了破产的地步，除一人外其余六人无偿还债务能力，那么有偿还能力的那一个人既要支付自己的那部分，还要将其余六个人的债务一并缴清。当然，这个伟大的“偿还者”也是有权利向那六个人追缴欠款的。

第三，合伙人公司具有相互代理的职能，合伙公司的经营活动，由合伙人共同决定，合伙人有执行和监督的权利。合伙人可以推举负责人，合伙负责人和其他人员的经营活动，由全体合伙人承担民事责任。换言之，每个合伙人代表合伙公司所发生的经济行为对所有合伙人均有约束力。这样导致的结果就是，合伙人之间容易发生纠纷。

第四，公司财产是共有的。合伙人投入的财产，由合伙人统一管理和使用，不经其他合伙人同意，任何一位合伙人不得将合伙财产移为他用。只提供劳务，不提供资本的合伙人仅分享一部分利润，而无权分享合伙财产。

最后，公司利益共享。合伙公司在生产经营活动中所取得、积累的财产，归合伙人共有。如有亏损则亦由合伙人共同承担。损益分配的比例，应在合伙协议中明确规定；未经规定的可按合伙人出资比例分摊，或平均分摊。以劳务抵作资本的合伙人，除另有规定者外，一般不分摊损失。

巴菲特给自己合伙人公司的定位，还有别于以上五个特征，最明显的区别就在于，关于公司所有财务，巴菲特一个人负责投资选择，其他的合伙人无权问责。这一点，注定巴菲特的合伙人公司成员一定都是完全信任他的。为了顺利、快速成立公司，巴菲特选择了无比信赖自己的亲人和朋友作为合作伙伴。

1956 年 5 月 1 日，巴菲特的合伙人公司成立了，他的第一位合伙人是外祖父老汤普森，他支持了巴菲特 25000 美元，这个最疼爱巴菲特的老人几乎将全部存款都交付于外孙；第二个支持巴菲特工作的是姐姐多丽丝·巴菲特和姐夫杜鲁门·伍德，他们夫妻二人给巴菲特拿出来 10000 美元；第三位合伙人是巴菲特的姑姑艾丽斯，这是一个视巴菲特如亲生孩子般宠爱的长辈，她一直未曾婚育，在巴菲特初中的时候还有过一段“巴菲特监护人”职务经历，姑姑是看着巴菲特长大的，自然也是无比的信任；第四个合伙者是巴菲特曾经的室友查克·彼得森，这也是一位非常了解巴菲特投资胜券的好朋友，他将自己仅有的 5000 美元全部交给了巴菲特，并且说，“我真的很了解他有多聪明、多诚实，而且多么有能力”，“我会一直信任他，除非有事实来反证。”如果在中国，查克·彼得森绝对可以被评为“中国好室友”称号，因为他不仅自己完全相信和支持巴菲特，还动员自己的母亲伊丽莎白女士成为巴菲特的第五位合伙人，这个慈祥的老太太将丈夫去世后留给自己的 25000 美元存款全部奉献给了巴菲特。第六个合伙成员是巴菲特的“发小”丹·莫奈，他与巴菲特可谓是两小无猜，当时没有多少存款的他将自己仅有的 5000 美元全部支援给了巴菲特。最后一位也就是第七个合伙人当然就是巴菲特自己了，那个时候的巴菲特的雪球已经挺大了，但他只是象征性地拿出来100美元作为合伙人公司的成本，他的股份的其余部分将来自通过经营基金挣的钱中收取的费用。“实际上，我是从管理合伙公司中获得杠杆作用的。我有的是主意，而不是资本。”他如是说。

巴菲特对每一个公司股东都坦言：“我将像经营自己的钱一样经营这个公司。我会承担相应的损失，也应获得我相应的利润，但我不会告诉你们我是怎样经营的。”

在这个拥有105100美元资金的巴菲特合伙人公司，没人知道他是靠什么赚钱和赚多少钱，除了巴菲特本人，其他股东没有任何决策权，在公司的收益报告归档之前，巴菲特的投资者没有人会知道他都做了些什么。

巴菲特并不会因为公司的钱仅有100美元是自己的，而大手大脚地进行各种支出，他那种“低成本运营”的方式已经成为一种良好的习惯，即使要进行一些必要的市场营销活动支出及房屋租金费用等，他也是尽可能控制在最低价格的边缘。一些消息称，巴菲特当时的营销活动主要是游说当地的医生加入到自己的合伙人公司里。至于为什么是“医生”这个人群，可能就是因为这个职业比较稳定，存款也比较丰厚吧。再者，或许巴菲特认为，医生整日里忙着看病救人，根本没心思参与自己的经营，也就不会给自己制造更多的压力，“花别人的钱干自己的事”何乐而不为呢？

巴菲特为公司制定了一款比较特别的收费公式：“4%以上的收益我拿一半，4%以下的我收1/4。因此，如果不赔不赚，我就会亏钱。而且我赔偿损失的责任并不局限于我的资本，它是无限责任的。”此时的巴菲特，已经26岁了，并且是两个孩子的父亲，其财富雪球里面至少拥有14万美元，在那个时期很多人的眼中，拥有这个数字的存款意味着可以“颐养天年”了，但是巴菲特没有这么做，因为他还要变得更加富有。

愿者上“钩”

关于合伙人公司，巴菲特自然是希望越来越多的人加入其中的，如果财富是按百分比递增的，那么基数越大效益就会越高。随着第一个合伙人公司业务的顺利开展，亲友们也都品尝到了每年年底来自巴菲特赠予的美味盛宴——每年的最后一天，巴菲特会发表年度成果总结，他在这一天对外办公，意味着合伙的股东们可以知晓自己投入的资金目前的最新状况，并自主决定下一年或增加或减少或赎回资金。

通过巴菲特的“4%运营法则”，公司里的每个合伙人可以赚到合伙人公司利润中不高于4%的所有部分，余下的利润由巴菲特和合伙人分成：75%归合伙人，25%归巴菲特。假定巴菲特投资业绩平平或很差，那么他会什么也得不到。所以，巴菲特一定不会让公司业绩变得很差，这是给每一位合伙人吃下的最有效的定心丸，也许其他公司成员投入的是自己存款的一部分或全部，而每年除了来自合伙人公司的利润外，还有其正常工作或其他投资的收入，只有巴菲特所有的收入都将来自于合伙人公司，对于巴菲特，公司的存在价值和盈利是必须的。

1956年的一个仲夏之日，整个奥马哈都吹着一股燥热的风，巴菲特的周身同样弥漫着火辣辣的热气，对于公司业务及范围的持续扩展，老巴估计也是着急上火了。就在让人有些抓狂和想发脾气的时候，一个叫做荷马·道奇的男子出现在巴菲特面前，给巴菲特的事业带来了一股清爽的希望。

荷马·道奇是格雷厄姆的好朋友，美国佛蒙特州诺威奇大学的校长兼物理学教授，他是通过格雷厄姆知道“巴菲特”这个名字的，对于这个与金钱如此亲密的年轻人，道奇特别欣赏，他不能让这种缘分仅仅停留在“听说过”这个层面。道奇为了与巴菲特顺理成章地见上一面，策划了一次1500英里之多的独木舟旅行，并在旅行后机缘巧合地来到奥马哈，目的只有一个，认识巴菲特，并且让他帮助自己管理一部分存款。

巴菲特接受了这位新合伙人的请求，帮助道奇及其家人管理家庭存款12万美元，在之后的一次采访中，巴菲特回忆说：“道奇告诉我，我想请你管理我的钱，我说，我做的只是家族成员的合伙企业，他说，我想和你合伙，于是我就这么和道奇与他的太太小孩与孙子攀上了关系。”就这样，巴菲特、道奇、道奇的妻子、孩子和孙子们共同成立了第二个合伙人公司。直到道奇去世，巴菲特在1956~1983的27年间，将这12万美元膨胀到了数千万美元之多，道奇的儿子说：“我父亲当时看出巴菲特精于金融分析，但是他的才能绝对不止于此。”

巴菲特是道奇见识到的最具有天赋异禀的热爱投资的专家，巴菲特的所有投资过程和金融与运营管理都炉火纯青，他能言善道且头脑超级理性，给外人的感觉，仿佛能看见巴菲特的大脑是如何运转和工作的。

与荷马·道奇及其家人设立合伙人公司期间，巴菲特与道奇的儿子诺顿·道奇关系最为友好。诺顿是马里兰大学社会经济学专家教授，在合伙人公司有1/3的资金是他捐赠的。对于他而言，这样的投入是极具价值的事情。在诺顿的价值观里，更加崇尚艺术和一切与才华相关联的事物。同父亲一样，诺顿也是一位旅行爱好者，当他在苏联的旅途中得知一些有抱负有才华的艺术家因为少了些政治上的觉悟而使得光芒泯灭时，诺顿用自己的钱买下了他们的作品并进行公益宣传，最后将价值2000万元的艺术品全部捐献给了鲁特格斯大学，这些艺术品最后有一个统一的名字叫做“巴菲特收藏品”，可见诺顿与巴菲特个人之间的感情有多么深厚。

越来越多的人看好巴菲特，都愿意将自己的钱交给他做金融管理，即使一切无从知晓，单每年年底的个人利润公布已经足够振奋人心。二十世纪六十年代初期，一个叫做劳伦斯·特奇的投资商人找到巴菲特，将自己的30万美元支票交由巴菲特管理。随支票附赠的便签上悠然地写着几个字：“把我算做你的合伙人!”作为一个在投资领域驰骋沙场不亚于巴菲特的人来说，他将这次选择巴菲特管理30万美元的事情看成是一件重要的投资，他甚至将巴菲特形容为他那个时代最伟大的投资人。特奇后来成为了美国哥伦比亚广播公司的董事长，但他对巴菲特的信赖和支持从没有以任何角色的更换而改变。

合伙人创立初期，巴菲特会与股东们一起在雇佣契约上签字，多数股东都是非常配合地履行作为股东的“职责”，然而也有一少部分投资者不愿意这么做。约翰·瑞恩写道：“当我第一次见到巴菲特时，我做出了相反的决定，当时我想为我的钱找一个好的投资方向。在合伙公司创业的最早期，他连个办公的地方都没有，只得在离卧室不远处的过道里操作公司的业务——没有秘书、没有计算器。当我发现股票的经营状况不为人所知时，我决定不在雇佣契约上签字。”

来自合伙人公司的拒绝，巴菲特经历了很多。一次，他去拜访一名叫做奇欧的邻居，希望这位当时任某公司的高管的人物能够加入到巴菲特的战团中来，但遭到了奇欧的婉言谢绝。在未来的日子里，相信奇欧一定后悔当初的拒绝，因为巴菲特的财富增长，他作为邻居一定也是看在眼里的。

但那个时候的奇欧不得不拒绝巴菲特，在接受一次采访的时候，奇欧坦诚地说：“当时我有五个孩子，每天都得出门上班，巴菲特有三个孩子，却成天待在家里，他有个有趣的嗜好，收集模型火车，我们家的孩子常常大军压境般地到他家去玩。有一天，巴菲特突然跑过来找我，有没有想过该如何教育这些孩子，我告诉他我打算努力工作，然后再看看怎么做，巴菲特说，如果我给他五千美元，他会为我做的更好，我太太和我讨论了好久，但我们觉得，我们连这家伙靠什么谋生都不清楚，怎么能把五千美元交给他呢？从那时起，我们就开始后悔不已，我是说，如果当时我把那一点点钱交给他，现在说不定我已经拥有一所大学了。”

世界上没有卖后悔药的，奇欧不得不通过自己的努力让妻儿们的生活更好一些，据说，奇欧经过一系列的并购，最终成为可口可乐公司的一员，经过不懈的努力，最后还成为了可口可乐公司的历任总裁之一。

不同的合伙人有不同的思想，巴菲特需要的是那些愿意完全相信他的合伙人，同样，巴菲特也会把更多的财富给予那些信赖者。在巴菲特看来，愿意和自己投资也等于合伙人在拿他下赌注，赌赢了，这辈子衣食无忧；赌输了，也不至于倾家荡产。那些愿意将自己财富交给巴菲特管理的人们，最终都变得富有了，跟着巴菲特的财富雪球一起拼命地翻滚着。

巴菲特从来不会勉强谁一定要参与到自己的合伙人公司中来，当然，他也没有什么权力要求人家这样做，对于这种“愿者上钩”的行当，谁又能说清楚未来的结果呢。

“无”边际效应

二十世纪二三十年代，美国证券市场上有很多公司通过不公开向投资者提供相关信息等手段来获得巨额利润，这样疯狂的做法最终导致了 1929 年 10 月的股市大崩盘，使所有投资者饱受了巨大的利益损失。这次事件发生在巴菲特出生之前，但影响却是无时无刻不存在的，为了避免惨剧再次发生，美国国会在 1933 年通过了证券法，在 1934 年通过了证券交易法，以此在证券交易中要求公允地公开企业交易情况、证券情况等，一切以投资者的利益为首要保护对象。

美国证券交易委员会在国会及证券交易法的支持和保护之下严格地履行着自己的职责，切实保护投资者利益不受侵害，同时监督着证券法规的实施情况，旨在加强信息的充分披露、保护市场上公众投资利益不被玩忽职守和虚假信息所损害。这就要求，美国所有的证券发行无论以何种形式出现都必须在委员会注册；所有证券交易所都在委员会监管之下；所有投资公司、投资顾问、柜台交易经纪人、做市商及所有在投资领域里从事经营的机构和个人都必须接受委员会监督管理。

然而，巴菲特却是一个例外。

巴菲特也属于投资顾问，或者还可以称之为金融管理咨询师，他可以在合法拥有100个合伙人的同时，无需向美国证券交易委员会进行任何登记和备份。这或许算得上是巴菲特的“绿色通道”吧。

巴菲特的合伙人公司发展速度，在各方面都具有前瞻性的美国来说也是很迅速的，渐渐地，巴菲特不会再随意游说某个人加入自己的合伙人公司，他开始鼓励人们非正式地组建一个团队，然后再以一个“单个投资者”的身份加入到合伙人公司里。慢慢地，在巴菲特的运作下，可以成功实现将投资者的投入全部放在一个资金池里面进行整合运营。这样的运营模式被巴菲特称为“充满质疑性却又非常奏效的投资战略”。

巴菲特始终牢记着“要变得非常富有”的理想，他以拥有更多的资金基数、以赚取越来越多的利润来鞭策自己不断努力“向钱”。他开始越来越忙碌，有时候焦急会肆无忌惮地摧残他那与生俱来的“谨慎为本”的生意经，从而让他在焦急的时候也会显得火烧火燎。长时间忙碌与奔波导致了一些病痛爬上巴菲特的身心，如果很长的时间都奔波在路上得不到好的休息，巴菲特的背痛就会加重，让他不得不暂缓出行。可这样的被迫休息一定会阻碍他赚钱的速度和数量的，他开始尝试各种办法减轻忙碌的背痛，但事实证明，唯一有效减轻病痛的方式就是休息！显然，对于拼命赚钱的巴菲特来说，这是不现实的。

经济学领域有一个常见的词汇叫做“边际”，它在很多人的意识里显得很模糊、神秘，有些像巴菲特的投资范畴，让他人丈二和尚摸不着头脑，其实，大家看到的也都是表象，巴菲特真正的操作可是“无”边际的。至此，巴菲特这个名字已经被人们誉为了“神”的象征，“和沃伦·巴菲特一起投资，你会变得和他一样富有!”这样的心声开始走出奥马哈、走出美国，甚至已经开始走向全世界。

如果此时的你，想与巴菲特结伴，一起创造更多的财富，恐怕你要准备好通行证了。规则不再如最初那般简易，没有足够的资金作为筹码，估计连见上巴菲特一面的机会都是奢侈。1960 年的时候，那些所谓的合伙人至少要带着 8000 美元才能有机会跨进巴菲特合伙人公司的门槛，所有人都是主动并且带着央求的口吻与巴菲特恳谈，希望这位财富之神能够不嫌弃与己共舞。

人们的从众心理和赚钱的欲望总是不相为谋地向巴菲特走去，说来也奇怪，那些人浑然不知巴菲特做的是什么，如何将资金无限扩大的，他们甚至都认为，巴菲特这种无限是无边际的，然后就是心甘情愿地掏钱给他。这应该就是神的魅力所在吧!

投资者们慢慢地演变成了巴菲特的热衷者，也可以说是“巴粉儿”，他们不再对偶像所做的事情心存怀疑或不断抱怨，如果一些人想要撤资，往往都会被他人耻笑，而这个人自己也会觉得十分对不起巴菲特。其实，那就是他的钱，他拿走自己的钱没有什么不对，只能说，老巴的影响力太震撼了。

当认识的与不认识的人都跑来请求巴菲特帮忙管理他们的钱财时，巴菲特有一种满腔被赋予重任的斗志，很多年之后，这种心潮澎湃之感都不会消失，也许，这就是我们所熟知的“激情”。在金钱面前，无比热血沸腾的人数不胜数，但没有几个人能如巴菲特这般富有“神韵”。在未来的生意场上，巴菲特开始习惯这种竞相追逐的画面，他能够很好地驾驭这种你来我往的关系，游刃有余中，一边得到了他想要的财富，一边又轻松帮助别人实现财富积累，曾经那些发自内心的要对别人的命运加以负责的恐惧也因此被抚平了。

巴菲特的身边一直有着苏珊，这可是他最骄傲的“知心姐姐”了，苏珊总会用正确的方法安抚巴菲特时常焦躁不安的心，经历多了，巴菲特也慢慢习惯了。巴菲特开始充满了力量，他不是那种脆弱不堪一击的瓷器，他要成为金融领域里永不言弃的钢铁侠。

1961 年 5 月 16 日，距离成立第 1 家合伙人公司整整五年的时间，巴菲特又成立了第 11 家合伙人公司，这个公司是专门为好朋友迪克和玛丽·霍兰德而成立的，也是巴菲特合伙人公司中最后一个“闭门弟子”。发生了什么事情，促使巴菲特转变经营策略放弃继续设立合伙人公司的决定呢？

最直接的影响因素应该就是来自于合伙人对资金的不放心。

1959 年，巴菲特的几个合伙人公司的业绩都很可观，甚至超出市场 6 个百分点，到了 1960 年，公司的净产值接近 200 万美元，超过市场约 30 个百分点，这种超越市场利润增长速度之高的投资就是巴菲特的复合型增长，可能不是唯一，但一定是最引人关注的模式，至少在巴菲特的手里运作得让世人刮目相看。打个比方说，对于巴菲特的合伙人公司，今天的 1000 美元在四年后就会变成 2407 美元；但在他人的公司，这些钱四年之后最多是今天的 1.3 倍。巴菲特神秘地获得了来自于市场的高额回报，却承担着最小的整体风险。

巴菲特将收取的“管理费”再次投入到资金池里进行循环投资，1960 年，他已经拥有了近 25 万美元的利润，合伙人公司超过 13% 的资产都属于巴菲特一人。因为有了巴菲特，合伙人公司股东们的财富也在迅速膨胀，人类就是这样一种奇怪的生物，很多贫穷或是保守的时代都是安宁的，但富有总能恰到好处地出现并拆散原有的信任与和谐。巴菲特的股东们开始对他的投资心生芥蒂。而这，是巴菲特最不想看到也是最不可避免的事情。

400万美元的资金池，11个合伙人公司，超过100个投资者……这些记载着传奇的“大事记”赫然地印刻在巴菲特的生命历程中。有合伙人开玩笑地说：“老巴，你都可以退休了。”巴菲特总会以微笑表示回答。是啊，这么多的财富足以颐养天年了，但在巴菲特的心里，他还要更加富有才行。

勤俭、谨慎、低成本，这些正能量的保守词汇都是巴菲特从不离身的经营之道。在巴菲特的身上根本看不到铜锈味熏染出来的富豪本性，他依然会自己处理钱财和所有普通职员的工作，比如报税、打字、存档。我们看到的，是一个不一样的神！

“雪茄式战术”

雪茄，曾经是一种身份象征，它的存在，昭示着云顶端的艳阳最亮的那点光源，巴菲特，就是这点最亮的光源，他对合伙人公司的运营即被称为雪茄式战术。

从最初的游说他人入股投资，到后来的主动恳请加入合伙，巴菲特短短几年间就赢得了业界的好口碑。巴菲特既没有出色的投资业绩，也没有能让人吸引、信任的地方，除了令人诧异的自信外并没有他人看得见的过人之处，而他那令人惊艳的极具特色的商业运作模式也是他人无孔可探的秘密。

巴菲特当初拒绝老师的邀请，并不是因为老师曾婉拒他的加入的负气之举，格雷厄姆一直都是巴菲特最敬仰的前辈之一，很多年之后他们又是无话不谈的挚友。巴菲特的很多决策和经商理念也来自于格雷厄姆，就像巴菲特的合伙人公司。几乎没有任何可参考的资料来解释巴菲特合伙人公司到底是怎样管理和运营的，但从老巴其他方面的决策上似乎可以了解一些他在做合伙人公司期间的投资之道，我们称之为雪茄战术。

雪茄战术是基于格雷厄姆的价值投资之上，又植入了巴菲特运营特色的一款专为巴式企业量身打造出的个性化战略战术。具体表现为购买价格低于有形资产的股票，在价格增长一定额度之后转手卖出以获得利润。那么，如何在繁花似锦的股海中挑选出那些性价比非凡高的价值投资选项，就是巴菲特个人魅力的体现了。

巴菲特投资运营情况的保密度是极高的，似乎没有谁能窥探得到其中的奥妙，就像前文中所说的，只有那些有勇气敢于品食“螃蟹”之人才能真正跟着“神人”巴菲特一起变得富有。任何成功的作为都不是一朝一夕就能知晓的，投资者跟随着巴菲特，就如想品尝雪茄一样，既紧紧跟随不落后，又不能焦急吮吸第二口，巴菲特和雪茄的魅力正是在于他们那种从容不迫的精神。

一般来说，挑选雪茄是一件非常谨慎和耗时的工程，巴菲特选择投资对象的时候也是一样的谨慎。和众多奢侈品一样，好的雪茄需要更奢华的装备来搭配，巴菲特的合伙人公司在运营的后期，也不是一般人拿一点点象征意思的资金就能搭伙的。当然，巴菲特一直很谦虚低调，他称自己的雪茄战术充其量是捡到了别人丢在地上的烟尾部分，然后美美地吸上一口。

很多年前有一家美国国民火灾保险公司也发行过股票，但在二十世纪二十年代左右，这个公司的全部股票被分销给了内布拉斯加的农场主们。美国国民火灾保险公司的股票可以说没有任何价值，也就没有太多农场主将它当回事记着。银行家阿曼森花费50美元/股的价格将这些散落在民间的价值一点点收集起来，那些昔日的农场主果真没有看到这些股票的价值，况且，这些股票已停止上市很多年了，留在手里除了压箱底接灰外一点用处都没有，难得有人愿意自掏腰包买去，农场主们又何必跟钱过意不去？所以，能出手的就全部出手了。

巴菲特听说后，运用他超强的大脑缜密地思索了一番，认为这绝对是一个顶好的超强价值股，先不说未来的价值能达到多少，就是每一股的单价就足以颠覆老巴概念里的低价股了。于是，巴菲特的一个铁杆朋友自告奋勇地披荆斩棘，挨个村落、农场去拜访，最开始以30美元/股收购美国国民火灾保险公司股票。后来，一些农场主意识到，先是有银行家花50美元/股买这些“过期”股票，后是投资家也来买，难道这是什么宝贝不成？

农场主毕竟不是经济学者，更没有巴菲特的头脑，就算他们意识到这些股票远比他们想象的值钱，但还没有认识到，美国国民火灾保险公司的股票早已咸鱼翻身！当巴菲特的朋友以100美元/股提价购买时，所有闲散在农场主手中的美国国民火灾保险公司股票差不多都囤积到巴菲特的手里了。被巴菲特及其合伙人购买到手里的那10%股票最终为他们赢得了超过10万美元的利润。

巴菲特所看到的，正是表层难以刷新的内在价值，而老巴购买的，也正是这些内在价值远远大于市场估值的股票。桑伯恩地图公司股票是巴菲特投资成功案例的又一典范。

桑伯恩地图公司从事出版以及美国所有城市详细地图的不断

修正工作，比如奥马哈城的地图可以详细到对每一处的建筑都做出了仔细准确的说明，所以这份地图的质量可能会达到23公斤左右。几十年以来的经营，桑伯恩地图公司差不多也垄断了整个行业，公司每年实现的利润也可以安全地不受到经济衰退的影响，甚至不需要任何市场运作就能轻而易举地实现年利润的稳定到账。

20世纪50年代的时候，保险业推出了一款名为“梳理”的新型竞争性方法，这对桑伯恩地图公司造成了硕大的冲击，使该公司的税后利润从30年代的50万美元/年，直线下降到10美元以下，桑伯恩地图公司这个规模大、具有稳定赚钱能力的行业标杆，一下子从浪尖被拍在了沙滩上。

落寞的地图公司拥有市值大概65美元/股左右的股票，但交易的时候却低至45美元/股。真是此一时彼一时啊，桑伯恩地图公司就这么灰飞烟灭了。巴菲特认为这也是一个值得投资的价值股，于是，在1958至1959年间，他大量买入桑伯恩地图公司股票，他坚信格雷厄姆的箴言：“股票迟早会上升回归到自己的价值。”事实验证了格雷厄姆的预言和巴菲特的坚持，就在巴菲特购买完桑伯恩地图公司股票一年之后，他就从这些股票中赚到了超过50%以上的利润。

不难看出，巴菲特合伙人公司在早期的运作中，最注重“价值”二字。

首先，所购入的股票价格一定要廉价，确保低成本买入才能在高价格售出后赚取高收益；其次，一定要坚持，买卖过程中，尤其是股票的价格波动都是很大的，如果操之过急，很有可能在刚刚有些回暖时就出手，导致投资者的资金积蓄在半山腰上就搁浅了。倘若是巴菲特，他就会选择坚持和等待，当股价上升至波峰时再准确出手。不是每一个投资者都有巴菲特那种静下来的耐心和准确的把握，所以，也就不是每一个投资者的投资都有完满的结局；再次，巴菲特一直坚守着格雷厄姆的“真理”——永远不要只想卖一笔好价钱，有如此诱人的买入价，即便是中等的售价也能获利丰厚。

格雷厄姆的这句话成了现代投资哲学的里程碑，他对整个世界的贡献是巨大的。他史无前例地将股票的内在价值运用到投资理念之中，让巴菲特这样聪明的投资者财富剧增；他热衷于购买股价远远跌破账面价值的股票，起初让所有投资者认为是天方夜谭的神话，在二十世纪七十年代以前的美国股市中初见端倪。在格雷厄姆之前，股民购买股票的唯一依据是股票的走势及炒作性新闻，只有那些经营“有善”的公司才有机会被股民青睐。

在格雷厄姆之后，以巴菲特为代表的一代股神开始拓荒价值投资，巴菲特在老师格雷厄姆推崇的价值投资基础之上将“巴式”投资策略修改了一下——只购买优质企业的股票，垃圾公司再便宜也不买，并且买入之后长期持有，靠复利赢取最大利润。这种策略被称之为“雪茄战术”，或许在巴菲特神话之后还会有另一个奇迹诞生，不可否认的是，投资思想在不断进步中。

6

“神机”来自“妙算”

从无限到有限

1961 年至 1962 年间，巴菲特做了一件大事，他将手里 11 个合伙人公司进行整编，合并成了一个合伙企业，这个新晋级的单个实体名为巴菲特有限责任合伙公司。从无限到有限，巴菲特晋级的速度还真是神速。

1961 年，巴菲特公司的投资回报率为 46%，同时期的道琼斯工业平均指数仅有 22%；1962 年，巴菲特公司净资产达到 720 万美元。巴菲特用了六年的时间来超越格雷厄姆·纽曼，用金钱与数字的完美组合诠释了中国的那句古话：“青出于蓝而胜于蓝。”1926 年，本杰明·格雷厄姆和杰罗姆·纽曼合伙投资组建了格雷厄姆·纽曼公司，在公司里，格雷厄姆负责最核心的分析和投资策略，纽曼负责处理与投资有关的各种具体事务。巴菲特研究生毕业之后本打算来这个老师组建的公司上班的，但是却不知为何被拒绝了，后来格雷厄姆邀请巴菲特来任职也被拒绝了，最终格雷厄姆·纽曼公司在本杰明·格雷厄姆退休之后解散了。

格雷厄姆·纽曼公司在二十世纪五六十年代算得上是美国比较成功的投资公司之一，在行业内也具有一定标杆性作用，不管是公司的超越还是个人的超越，巴菲特的成功都是有目共睹的。

在巴菲特的追随者中，有一个叫比尔·斯科特的青年，他从事美国国家银行的信托管理工作，很多年前被巴菲特的一篇有关保险公司方面的文章吸引后，便立志要成为巴菲特的“跟屁虫”，甚至参加巴菲特的投资课程，就是想让巴菲特看到自己。斯科特的想法很直接，他就是想要“巴结”巴菲特，直到能成为巴菲特手下一员大将为止。巴菲特每周日的早上会给斯科特“上课”，他们讨论有关股票的话题，通过交往，斯科特还真的成功“巴结”上了巴菲特，老巴还给了他一份薪资不错的工作。斯科特的主要工作职责就是竭尽全力将资金引入到巴菲特的合伙公司里来，这个年轻小伙子工作积极性还是蛮高的，很快就成为了巴菲特合伙公司旗下的一员猛将。

巴菲特在很多个像斯科特这样的成员努力下，仅仅用6年的时间，就将自己和苏珊在合伙公司的股份提升至了100万美元以上，在巴菲特合伙企业里面，14%是属于他们夫妻二人的。

1962年，股市破裂，从三月中旬至六月底直线下滑，股票的价格几乎贬值到巴菲特印象中的最低值，巴菲特现在已经将所有的合伙人公司合并成一个合伙企业了，这个资金池里已经相当丰满了，但市场不称心如意，一大笔等待投资的现金就暂时搁浅在巴菲特的手里，不过，巴菲特的“资金组合”并未在这种低迷时期受到创伤。“和通常的较为常规的股票投资方法相比，显示出我们的方法风险相对更低。”巴菲特在给合伙人的信中这样描述危机时候的“巴式”冷静法。

当然，在这种整个市场都不景气的时候，巴菲特也是很难赚到钱的，与大环境比较，是不是也可以理解，赔得最少就是赚得最多？1962 年上半年，巴菲特合伙企业支付给合伙人的红利比以往下降了 7.5 个百分点，同时期的道琼斯指数损失率却高达 21.7 个百分点，可以正面理解为，巴菲特的公司在整个美国经济最不景气的时候还能赚得市场的 14 个百分点。

巴菲特说，他时刻保持一种参与竞赛之中的精神状态，他在透过股票与整个世界竞赛。通过大量来自于格雷厄姆准确先进思想的整合，巴菲特的“再加工”水平越来越高深莫测了，他最经典的一句整合名言是：“当其他人贪婪的时候你要胆怯，而当其他人胆怯的时候你要贪婪。”

此刻，巴菲特到了该贪婪的时候了！

巴菲特的“贪婪”崛起于他整合后的有限责任合伙公司。

有限责任合伙公司是把公司股东的有限责任与合伙固有的经营灵活性紧密联系在一起，它适用于一般新兴的合伙形式，也是传统合伙制度的一种重大革命性改变。我们并没有绝对的考证，是否巴菲特的“有限责任合伙”为世界首创，但能清楚地知道，直到二十世纪的九十年代初期，这个词汇才新兴于美国，巴菲特的灵感整整超前了世界 30 年。

发生在二十世纪六七十年代的美国存贷款危机，让许多放出去的贷款无法收回，很大一批金融机构宣告破产，在清理这些破产企业的债权债务时，发现多数金融机构在其从事的经营活动中都有着严重的违规行为，为它们提供会计和法律服务的会计师事务所和律师事务所也由此被追究了失职责任。因为涉及到的律师事务所和会计事务所全部都是“合伙”的，所以导致很多并未参与到经营活动中来的合伙人也要承担连带责任，这样的“不公平”引起了整个市场的负能量剧增。

尤其在很多有限责任公司与“合伙”公司享受一样的税收待遇，却可以免于个人责任的鲜明对比之下，“合伙”显得更加不公平。这样的现象催化了有限责任合伙企业的滋生速度，想必，这也是巴菲特最初整合公司的初衷吧。

巴菲特秘密地管理着整个公司，他必须要将所有的优势集中在自己的手中，整合这个有限责任合伙公司，巴菲特最重要的思想在于：规定了合伙人仍对债务承担无限责任，对本人负责的业务或过错所导致的合伙债务承担无限责任，对其他合伙人的过错造成的债务不负无限连带责任。这样大大减少了公司的投资风险性，在对外责任承担的问题上，公司的前身与现在都是承担无限连带责任的，后者的变化主要在于个人原因导致的债务偿还责权方面，这种更为“公平”的模式还是非常受欢迎的，至少巴菲特的 11 个公司都顺利通过了此次合并。

狡兔“四”窟

中国有一句古成语叫“狡兔三窟”，意思是说狡猾的兔子会准备好几个藏身的窝，比喻隐蔽的地方或方法多，做好了充分的准备才有可能免去“死亡”的危险。比兔子聪明的大有人在，巴菲特就是其中之一，在到处都充斥着风险的股市里面，巴菲特谨慎地为自己营造出四个“避风港湾”，四条腿走路，总是跑得最快也最安全。

关于巴菲特的合伙人公司，不管是最初的无限责任还是后期的有限责任，老巴只坚持做股票投资生意，在1957年至1969年的十三年时间里，巴菲特的平均收益率高达30.4%，远远超出道琼斯指数8.6%的年平均收益率近22个百分点。最重要的一点是，道琼斯工业指数在这十三年里有过5次下跌，而巴菲特始终没有任何亏损。在这个领域里，巴菲特已经成为了大家心目中所敬仰的“神”。

很多投资者可能在最初的投资生意上获利颇丰，但一段时日过后就很难再有佳绩了，最主要的因素就是他们只擅长一种或两种投资操作模式，倘若其中之一表现不好的话极易造成满盘皆输。而巴菲特的狡兔“四”窟十分安全地保证了他的投资生意，即便一类表现不佳，至少还有其他三类表现良好的投资收益来弥补，使得整体效益始终保持最佳状态。在股市的“NBA赛场”上，巴菲特绝对堪称是中投、远投、突破、防守抢篮板、传球等俱佳的全能型超级选手。

股神巴菲特年年立于市场不败之地的奥秘当属他的四类投资组合，被广为流传的“巴菲特狡兔‘四’窟”分别为：绝对低估型普通型投资、相对低估普通型投资、套利型投资以及控制型投资。

“绝对低估型普通型投资”，这类绝招关键点在于“低估”，巴菲特的做法就是按照公司整体而言股票价值被低估，按照定量分析的标准来确定是否低估，与此同时，较为浪费精力的就是对质的因素进行定性分析。很多公司的股票在表面上很难看出其内在价值有多大，根本没有任何的入口让你去窥探它是否会有更好的起色。

往往这类股票是不被看好的，对于很多股民中的高手来说它不具备任何吸引力，在整个市场就是一个微乎其微的三类角色。为了增加在市场上的影响力，“绝对低估型普通型”股票打出杀手锏——股价超便宜，这在一方面就预示着该公司的股价远远低于其内在价值。但这也不是绝对的，至少巴菲特在评定这类股票的时候会认真地对它进行定量分析，这是老巴数类分析中最基本的一种。

所谓的定量分析就是对某社会现象的数量特征、关系及变化所进行的一种分析，投资分析师会使用相应的数学模块对公司可量化数据进行分析，此类分析的主要对象是资金平衡表、损益表、留存收益表等财务类报表。通过分析再最终对公司经营给予评价并做出投资判断。定量分析之后就是定性分析。定性分析主要研究的是公司的“质”，即通过归纳演绎、分析综合、抽象概括等方法对已知材料进行思维再造，达到去其糟粕取其精华的效果以揭示研究对象的内在规律。

定性分析是整个分析环节中最重要的一个步骤，大家都喜欢管理好、行业佳的公司股票，尤其喜欢这样公司中那些对价值管理不当，随时准备“冬眠”的股东将大把大把价值股拱手让出来，而这样的“礼尚往来”能有多少价值，还需要投资者独具慧眼才行。投资这样的股票，巴菲特会做两手准备：其一，借助外力推动股价上涨来赚取利润；其二，通过低价买入大量或全部的股票从而坐拥“定价权”的高位来统领市场。

两种方式中通常前者的安全性比较高，针对于后者，万一全部买入后没有享受到“定价权”，恐怕大量的低价股就这般砸在手里了。1964 年的上半年，巴菲特就拥有过三家公司绝对的最大股东权，并在下半年的时间里增加了三家企业的控股数量，最终三家企业都很给力，让巴菲特及其合伙人小赚一笔。在整个操作过程中，巴菲特是极其谨慎的，因为三家公司中有两家让巴菲特比较被动地投资，那么在第三家公司上，巴菲特就必须用尽可能小的动作参与其中。原本，巴菲特是很难主动对这三家企业出手的，不是不敢，而是比较谨慎，倘若被苦苦相逼，巴菲特也是会毫不吝啬地站出来的。

狡兔“四”窟中的老二“相对低估普通型投资”，主要指那些比相同综合品质证券价格更低廉的证券。这类投资的关键词应该是“相对”，也就是说，看一个备选股票的价格及价值比例，需要选择一个同等的股票进行比较，才能判定备选的股票是否符合购买条件。用巴菲特的话总结就是，如果你选定的股票是苹果，那么你作比较的也一定是另一个苹果，绝对不能随意找菠萝、橘子来做比较，那样的异类就不存在“相对性”。

这同样是一件劳神劳力的工作，需要巴菲特的团队足够了解行业或者数量较多的公司情况，倘若因为不熟悉情况而无法做出准确的选择，那么老巴不会再坚持，他会忍痛割爱选择放弃。大多时候，巴菲特已经可以很准确地把握这类投资，他已经掌握一种比较娴熟的技术应对来自于市场总体估值水平变化的风险。很多投资者会有疑虑，有比较地选择还会有什么风险吗？觉得价格不够低廉完全可以不选择啊？

其实，大家都知道，股市上哪有没有风险的选择？我们打个比方，以市盈率（股票的市盈率 = 股票价格 ÷ 每股收益 × %。投资者通常选择用市盈率来估量备选股票的投资价值，或者用该指标在不同公司的股票之间进行比较。一般认为，如果一家公司股票的市盈率过高，那么该股票的价格具有泡沫，价值被高估）10倍的价格购入一些股票，另一些质地较差的公司股价市盈率为15倍，后来某些事件的发生致使后者的市盈率下滑到10倍，对投资者来说就是绝对的风险存在。与“绝对低估型投资”和“套利型投资”相比显得没有任何保护屏障，所以在选择时也是不可盲目的。

狡兔的第三窟是“套利型投资”。这类投资具有一定的时间流程性，多数为公司行为导致的出售、合并、重组以及拆分等。选择什么样的公司股票主要因素在于该公司公开公告宣布的行为，而不是有关这些公司的小道消息和“谣言”。所以，直到公司公布公告之后，巴菲特才会选择是否进行套利交易。这类股票的风险之处在于，交易的过程中是否会出现影响预期进展不能实现的恶性事件，比如政府的反垄断行为、来自于股东的反对而导致的交易失败、因税收和法规限制不能进行的交易等。

“套利型投资”多少存在着一些机缘巧合，幸运的时候就可以多占一些便宜，只是，这个便宜相当有限。而可以期待的是这类投资的预测盈利在几类投资中算是最高的，即便持股的时间很短暂，或者偶尔会有那么零星的小损失，总体而言，它的年盈利率还是相当可观的。尤其在整个股市环境呈下跌趋势之时，套利型投资可以成为巴菲特战胜市场的加速器。

巴菲特的第四类法宝是从“绝对低估型股票投资”发展起来的为数不多的“控制型投资”，也就是可以拥有话语权、定价权的那种投资。这类投资最大的优势在于其绝对低廉的买入价格，且买入后，这种低廉的价格还会持续很长时间直至投资者全部买进，再在市场上重新打包。拥有一定的话语权后，股票的价值就只受公司价值的影响，而非来自于市场的左右。巴菲特的公司始终保持成功的秘诀就在于灵活配置狡兔“四”窟，俗称“巴式组合投资”。

这样的组合给巴菲特合伙人公司带来了多年以来连续大幅上升的整体收益——当收益的百分比从20跨越到40再超越了60甚至更高，铁一样的事实验证了巴菲特选择四条腿走路的根本原因：“任何一个给定年份的业绩都取决于很多变量，其中有些变量我们根本无法控制也无法预知。我们认为所有各类投资都是好的投资，我们非常高兴我们可以依赖于几类投资而不是只依赖一种投资。同时进行几类投资，让我们可以在各类投资内部辨别出更多投资机会，也减少了由于我们排除单独一类投资而完全退出投资的风险。”在1964年致合伙人的信中，巴菲特这样总结。

买公司来赚钱

当股神巴菲特告诉正在股海中遨游的你，真正赚钱的不是炒股票而是炒公司，你会惊讶吗？是的，这就是巴菲特总结出的经验，也注定了他最终的抉择。1965年，巴菲特通过自己的合伙人企业，获得了一部分伯克希尔·哈撒韦公司的股票，当时买入价格还不到8美元/股，算得上是巴菲特众多低价股中价值最高的一类了。

当时的伯克希尔·哈撒韦公司是座落在马萨诸塞州新贝德福

德市的一家纺织厂，当时公司只有1400万美元的净资产，巴菲特花7.56美元/股的价格购买了30952股该公司股票，差不多拥有70%的公司股权。这是一家主要生产精纺棉织品的纺织公司，包括玻璃纱、手帕布料、衬衫衣料和棉绸缎；机织的毛织品；还有人造丝、尼龙制品、涤纶制品以及其他一些合成化纤。后来在经营越发困难的阶段开始尝试加大合成化纤及毛纺织品的生产量，但效益依然不见起色，直到遇见巴菲特，伯克希尔便被披上了“保险”的外衣。

1967年，伯克希尔收购了奥马哈市的国民保险公司，自此开始涉足保险业。起初主要承保汽车险，随后逐渐开展多元化的经营渠道和范围，慢慢踏上了巴菲特的经营轨迹。到了1969年，伯克希尔公司收购了《太阳报》报社、布莱克印刷公司以及位于罗克福德市的伊利诺斯国民银行与信托公司。

当时的棉纺织品生产行业存在严重的供需不平衡现象，即行业产品生产极其过剩，巴菲特必须给伯克希尔迅速“换装”才能咸鱼翻身。巴菲特一方面转行到保险领域，一方面提高公司原有的混纺毛织品产量。当一种商品在行业市场内占有足够多的份量，尤其是在运筹帷幄的巴菲特掌控前提下，这种商品也就成为了“专利”。

巴菲特给伯克希尔公司“换装”采取渐进方针，两方面甚至更多方面一起并进可是巴菲特最拿手的战略战术。此时，巴菲特还为伯克希尔公司的毛纺织品设计了最新适合行情的市场营销计划，成立专门销售家庭手工缝制毛纺织品的家用织物部门，至于生产环节，伯克希尔已经很少涉及了。另一方面的保险业绩，大概有80%的保费收入都来自于车险业务。

除了纺织和车险，巴菲特收购的报社和银行也交上来一份不错的“考卷”——《太阳报》报社在内布拉斯加州的奥马哈地区出版了5种周报，发行量约为50000份；伊利诺斯国民银行的储蓄额由1968年度的9900万美元升至9955万美元。

伯克希尔成了巴菲特不能割舍的情愫，购买伯克希尔让巴菲特发现，最赚钱的不是买股票而是买公司。炒股赚钱的方式无外乎就是寻找那些被股市看扁了的股票，通过大量囤积这类低价股，待市场刷新其价格后再抛出去获利，不论公募资金还是私募资金都摆脱不掉这样单调乏味的获利方式。通常情况下，市场也会与投资者唱反调，熊市中股价停留在一个不上不下的水平线上，你的投资人都要赎回去了，而你期待上涨的股价还安详沉睡中；牛市中股价又迟迟不跌，待到花儿谢了、手中资金闲置发霉也找不到一个合适的低价好股。

巴菲特28岁进入私募基金的第三年时，他想明白了一件事——等着市场刷新股票的价值，莫不如自己来主宰整个价值领域，即大量买入某一公司的低价股，成为最大股东后重新扭转公司运营局面，也就是花买股票的钱买个公司玩玩。这样的做法与赌场有些相似，赌客总赢不过东家，股票总赚不过公司。

伯克希尔已然成为股神成功的代名词，1996年，伯克希尔收购了美国最大的直销保险商GEICO公司，1998年公司旗下又多了一员大将——在美国、加拿大和其他国家运营着6000家特许商店，经营特色汉堡、热狗、各种牛奶甜点和饮料等食品的国际王后奶品公司。2013年，伯克希尔公司与3G资本达共同出资280亿美元收购了世界最大番茄酱制造商亨氏集团。

伯克希尔借助巴菲特之手并购的企业远不止这些，他收购的所有企业都是“有利可图”的。比如亨氏，一旦巴菲特统领了番茄酱行业，那么唾手可及的岂止是食品安全问题遮掩下潜在的商机那么简单？

据悉，番茄酱业务占据了亨氏集团总营收的45%左右，而新老板巴菲特在并购亨氏之前，早就对番茄酱做足了市场调研，亨氏番茄酱堪称世界第一！

2014年3月，伯克希尔用160万股Graham B类股“兑换”了其旗下一家子公司，这家公司的资产包里面有迈阿密的电视台WPLG、一定数量的伯克希尔股票和现金。

巴菲特买下了伯克希尔，伯克希尔又帮助他买下了更多的公司一起帮他“滚雪球”，这就是一次怎么看怎么赚钱的买卖，可在投资领域里，怎么就流传出“巴菲特收购伯克希尔被指为最大的错误”这样的流言蜚语呢？

时间还要追溯到1962年，那时候的巴菲特还只是购买了一些伯克希尔公司的股票，两年后，伯克希尔公司的总裁斯坦顿找到巴菲特，声称要以11.5美元/股的价格回收巴菲特手里的那些伯克希尔公司的股票，巴菲特想，这是一个不错的买卖，从7美元/股到11.5美元/股，每股就净赚4.5美元。可是，巴菲特万万没有想到，他与斯坦顿的那份“君子协议”压根就没有起到正面的作用。

仅仅过了三周，伯克希尔公司股票竟以11.375美元/股的价格投标了，这次，巴菲特的亏可吃大了，但反悔也不现实，覆水难收的教训至今让巴菲特回忆起来都很惨痛，他与斯坦顿的这次交易也成了巴菲特鲜少握手成交的生意之一。

在巴菲特的心里，斯坦顿就是一个小人角色，不管他以什么样的心思进行这次谈判，就算他有不得已的苦衷，他也注定得罪了这位“玩得起就输得起”的股神。巴菲特动员亲友团大量购买伯克希尔公司股票，终于在1965年，他成功获取了伯克希尔公司的控制权，并非常“解恨”地开除了斯坦顿。

这样的做法或许有些“小家子气”，但当时的巴菲特毕竟也只有三十来岁，年轻气盛的小富豪蒙受了这么大的“冤屈”怎能不发泄出去？这次冲动的“收购”事件施加给巴菲特的代价便是被动地接手伯克希尔——这个走在破产边缘的纺织品企业。巴菲特一直都很坦率地承认，这是一次“冲动的投资”，收购伯克希尔就是一个2000亿美元的错误（当时收购的全部花销大约为2000亿美元，如果当初用这个钱去投资前景良好的企业，依巴菲特的精湛手法，至少会在这个基础上多盈利2000亿美元的）。多年以后，巴菲特用两句经典的总结来概括这桩错误的投资生意：“如果你不小心投资了一桩糟糕的生意，尽快出局。”“如果你想成为一个好的公司管理者，购买一桩好的生意。”

不过还好，在巴菲特的经营有道之下，伯克希尔·哈撒韦公司每年都为他和他的股东们带来丰厚的投资回报，当初那个“冲动的错误”如今看来也是苦寒中的梅花散发着诱人的芬芳。伯克希尔·哈撒韦公司也成了行业里“经济复原梦想股票”的象征。最原始的那个濒临破产的小纺织厂也摇身变成了当下拥有众多子公司的强大母体，巴菲特并没有任何停下“收购”的欲望。

2014年3月，股神巴菲特表示，伯克希尔还要继续并持续收购大型业务，而并非单一地增加持股。他在一次采访时这样告诉世界：“从经营伯克希尔·哈撒韦的长远角度来说，我们希望增加获利能力，强劲的获利能力。”在股神的字典里，强劲的获利能力就是持股，持股的目的就是为了长期投资。

巴菲特现在很忙，他将不停歇地寻找具有“大型收购目标”性能的“大象”，为伯克希尔，更为了他的财富雪球。

冷静退场，熊追上来了

1969年，巴菲特做了一个惊人的抉择，当时，正值所有投资家都看好大环境之时，巴菲特却选择了隐退，他理性地解散了合伙人公司，这个成果辉煌的企业，这个运营十几年来始终保持平均30%以上成长率的行业标杆，在众目仰望的高度戛然而止！

据巴菲特说，他是因为再也找不到所谓真正有价值的筹码了，在他看来，要是没有可低于市值又“价值连城”的低价股，那么这个行业就没有发展的必要性。这时，巴菲特还不到四十岁，他的财富整个世界屈指可数。他最后一次写给曾经无比信赖他，一路相随最后的合伙人们一封信，他说：“我对现况一筹莫展，当游戏不再遵循你的规则进行时，批评新方法不正确，新方法一定会出错等等，都是人之常情，但是有一点我却十分清楚，我绝不会放弃一个我曾经用过又熟悉其逻辑的方法（即使我发现他很难运用于现实状况），我宁可放弃丰厚而且显然非常好赚的利润，也不愿意采用一个我不完全了解，也没有成功实行过的方法，因为这很可能会导致资金的重大损失。”

巴菲特一直被认为是吝啬的，他自已也不否认，任何商人，如果不懂得吝啬的话是学不会敛财的。不过，巴菲特的吝啬相当有度：在同亲友团创办合伙企业期间，他会按事先约定好的分成标准将利润合理分给合伙的投资者们；在收购并开始经营伯克希尔公司期间，他依然按照持有公司股份的比例将利润分配给股东们。所有跟着巴菲特一路走来的人们，都见证了1957年、1962年、1969年这几年股市低迷期，即便熊市来临，巴菲特也未曾损失过丝毫。在老巴的投资组合管理历史上，他一手创造出了世间奇迹。

对于老巴解散合伙人公司这个令股市震荡的壮举，也有声音指向巴菲特多年积攒下来的来自于股东们的压力。正因为所有人都对股市看好，给他的投资带来了很大的压力性障碍。而且合伙人公司的股东越来越多，这在当时的市场上，其规模已经壮大到必须注册成一家投资公司了，显然，巴菲特并不想这样走上“正轨”，因为他不希望别人走进自己的领域，他的地盘只能他自己说了算。当然，从这些细节上我们不难看出，巴菲特的羽翼已经非常丰满，他不再需要用别人的钱来给自己赚钱了。

老巴在对解散前的合伙人公司进行资产清算时，尽可能把每个人“喂饱”，他希望这次解体能在不伤害任何人和不引起任何纠纷的情况下顺利地迅速达成。他给每一位成员列出了一道双向选择题：或者继续持有迪佛斯菲尔德零售公司（该公司是巴菲特在1966年的时候，通过合伙人企业购买下来的一家公司，连同一家叫做柯恩的公司在内，巴菲特一共花费了5000万美元来获得持有两家公司80%股票的权利）或伯克希尔公司的股票，依然享有按照比例获得利润的权利；或者拿手中的股票等额换取现金。在这两个选择的基础上，巴菲特还给出了一道相当可观的“必答题”——这位老东家会主动协助股东们在债券领域继续赚钱。巴菲特的一位故友比尔·瑞恩，就在他的协助下于1970年7月15日成立了红杉基金会。

红杉基金会运营得相当成功，在成立之初便开始进行股票投资，并且很多股票的投资选择与伯克希尔方向一致，红杉资本大概有25%左右的资金是用来购买伯克希尔公司股票的。

整个股市，果然像巴菲特的选择一样，预言了整个格局的动荡。拥有100多名股东的巴菲特合伙人公司于1969年12月解散之后，长期混乱中的股市最终在1973年彻底崩盘。料事如神的巴菲特，其此番变革性的动作恰恰上演了异常现实版的莎士比亚之《冬天的童话》，这部戏剧里最经典的一句台词便是，“退场，熊追上来了。”

巴菲特果真有那么神？能够及早预见还没有发生的事件？

有分析人士认为，巴菲特合伙人公司一直都是市场环境下最大的载体，它甚至已经主宰了整个领域的命运，一百多号人，说散了就散了。一些负面的声音开始指向巴菲特和伯克希尔。认为巴菲特合伙人公司的解体导致了市场更加混乱。巴菲特太“狡猾”了，自己弄浑了水后跳上了岸，让池子里的其他人几乎全部淹死，然后呢，他再重新统领江湖！

巴菲特对投资环境及形势的告诫，以及他及时退出股票市场的时间，通过这样的分析是不是显得是经过了严密计算而精挑细选的？通过一组数字，我们大家也就心照不宣了：当巴菲特合伙公司解散时，伯克希尔公司的股票已发行了983582股，而当时的巴菲特合伙公司就拥有其中的691441股，占70%以上。

解散了合伙人公司，巴菲特的全部心思就都放在了伯克希尔身上，当时，伯克希尔的市值已经达到了1.5亿美元，巴菲特个人大概拥有250万美元的资产，其他资产也都隐藏在巴菲特的掌控之中。公司解散十年后，巴菲特再次写给合伙人一封信，信中，巴菲特主要表达了对昔日合伙人对自己掌管业务主动权的深深谢意。他诚恳地说道：“我的经营行为从不为像知晓结果后对我决策的批评、对于不合逻辑的结论的讨论或是谁对我的经营方式不信任想取而代之等事情所累。你们一直放手让我去做，没有在背后对我指手画脚，该出什么牌，如何抓牢牌，或是说些其他人做得多么多么好的风凉话。对此我深表感谢，你们所得到的结果也充分反映了你们的态度和行为是正确的。如果你们认为事情不是这样的话，那么你们低估了你们对我的鼓励所产生的深远影响，也低估了人类所付出的最大努力和成功之间是相通的。”

从个位数到三位数，巴菲特在合伙人公司成立并运营的十几年时间里，无时不刻不在精心运作着这个企业，合伙人公司及伯克希尔都包含着巴菲特在动机、管理方面的天赋以及对人性的深刻理解。巴菲特在投资方面的天赋一直被世人们敬仰，其中最主要的内容包括三个方面以及它们之间的相互影响：

其一是金融。巴菲特深知，投资最重要的目的是获利，所以，就需要将资金合理使用，让钱来生钱。巴菲特不希望其他人参与到自己的决策之中，主要还是他人没有自己冷静和谨慎，在投资环节上，倘若一次失误极有可能造成满盘皆输的局面，所以，莫不如自己来掌握一切主动权。

其二是经济学。这一点毋庸置疑，巴菲特从小就是玩数字长大的，大学和研究生期间更加获得了经济学、金融学方面的先进理论和现实操练，他对整个经济前景和发展历程都有着十分敏锐的思考。他擅长“放长线钓大鱼”，不会拘泥于眼前的微小利益而错误判断。巴菲特甚至可以被称为一名优秀的心理学家，他总能准确地把握住消费者的心理动向，并且极为有优势地控制竞争局面，这又为他“神”的身份增添了一份可能性保障。

其三是有关于管理及人际关系方面的优势。巴菲特一直在营造着自己的人格魅力，并运用足够的理性思维去促成自己与他人的相互理解。他谨慎地建设着可靠的人力成本，同时不忘做好自己的商业信誉，这些都成了巴菲特无形财富中最重要的因素。

很多个优势集中在巴菲特一人身上，最终塑造出了神一般的化身！

7

一个好汉三个帮

从分散到集中

从合伙人公司到伯克希尔，巴菲特的运营管理呈献给股东的更多的是多条腿走路，就像他具有典范作用的狡兔“四”窟，总能将自己保护得很好。巴菲特将格雷厄姆的价值投资法，结合安全边际法绘制了属于自己的边框，塑造出了一个成功的作品——巴菲特式分散投资法。

早期的投资，巴菲特采用的就是相对更安全的分散投资方式，这种方法与格雷厄姆较为成功的安全边际概念有很大的雷同之处，但真正运用到实际投资上，巴菲特认为还应该因地制宜。安全边际并不是绝对的“安全”，即便投资者手里握着绝对的安全边际，证券中的单一角色也是很有可能发生偏差的，只能说，这类投资的数量增加后，其获利的几率会高于亏损的几率，亏损几率低并不等于不会亏损，所以，安全边际只是在一定环境下相对安全而已，尤其在保险行业尤为清晰。格雷厄姆在谈到经营纽曼公司时也曾说过，他们的投资也会存在分散现象，最多的一次投资了100多种不同的股票。

一直以来，巴菲特都习惯性地将钱分散在不同的篮子里边，也很少出现应接不暇或者难以招架的局面，或许是成功来得很顺利，这让巴菲特有些好奇，如果打破“常规”，又会有怎样不同的结局？

1959年，巴菲特开始大胆地尝鲜。他先是破例投资一家公司，使总投资额达到其合伙人公司资金池的35%之多。要知道，这样的做法是从未进行过的，此举同样引起了股东们的恐慌，即便他们对巴菲特的决策判断放100%的心，但心脏还是不由自主地狂跳了一番。通常，巴菲特对于某单只股票所投资的额度不会超过总资产的25%，极少数特殊情况下可能会达到40%，从分散开始走向集中，巴菲特的投资怎会有如此大的变化？

巴菲特的这种从分散向集中的靠拢，也是经过充分思量的，他本就是那种对每个决策一定要有多个理由支撑才能下定论的人。让巴菲特放心将三分之一的总资产出手的这家公司在某种定义上也可以称之为“投资公司”，它有着40只高质量的证券。“我们买入这家公司的价格相对其持有的证券资产及其自身营运资产的内在价值，折扣非常之高。”巴菲特解释说。

这样说来，让巴菲特敢于将“鸡蛋”统统放在一个篮子里面，至少需要满足两个同时存在的条件才行。

首先需要保证的是这个篮子足够结实。比如这个公司之所以“结实”，主要取自于它自身拥有大约40只高质量证券。这种少中居多，集中内悬着分散本质的投资技巧与格雷厄姆的安全边际法不谋而合；同时，这类公司的“结实”情况还要参考其自身强大的品牌及独具特色的产品及其提供的服务，比如美国运通、可口可乐等都有着卓越的品质，使之拥有更为宽阔的“护城河”。

其次，这类公司的股价要绝对便宜，也就是其内在价值一定要比市值估量得高很多才行。还是以美国运通为例，1963年时，美国运通爆出“色拉油丑闻”，使其股价迅速下跌，巴菲特合伙人公司在此时紧紧把握住了投资机遇，将资金池里40%的总额都用在了购买美国运通身上。

随着巴菲特的“随心所欲”，其合伙人公司的很多决策也在发生着翻天覆地的变化，当然，那么多的股东不可能无动于衷，鉴于大家的反响，巴菲特在接下来招募合伙人的时候，明确地讲明入伙的最新“基本原则”：“我们并不像大多数投资管理机构那样分散投资。相反，如果一项投资满足以下两个条件，我们可能将基金资产的40%投资于这一项投资上：一、依据的事实和推理的过程正确的概率非常高；二、因各种因素变化导致投资内在价值大幅波动的概率非常低。”

分散投资、集中投资，无论哪一种，或者说两者结合运用，这都不是巴菲特绝对的菜。从投资学的角度分析，好公司的“好买点”并不常出现，“好买点”终变成“好卖点”也就更难上加难了。倘若欲赚得更多利润，那就必须将大赌注压在高频率的时间上，“大”与“高”缺一不可，否则前功尽弃。有这样一个案例，就是投资者没有做好准备工作便出手，最终酿成悲剧。当时，一位投资者很有眼光地看好了一只价值股，但不知道他当时出于一种什么样的考虑，只买了100股，没多久，这只价值股就翻了100倍，这位投资者肠子都悔青了，悲愤地跳楼轻生了。

所以说，投资是一件非常谨慎又大胆的事，没有勇气的人还是谨慎进入为妙，这一点上，我们非常推崇股神巴菲特谨慎为本的生意经。1993年，股神给股东的一封信中这样说：

“当然，有些投资策略，比如多年来我们在套利活动中的努力需要广泛的多样化。如果在单个交易中存在巨大风险，那么通过使它成为许多相互独立的交易中的一笔就应当可以降低总风险。因此，你可以有意识地进行风险投资——实际上这种投资很有可能导致损失或伤害，如果你权衡可能性后相信盈利会大大超过损失，而且你能够把握一组相似但毫不相关的投资机会，大多数风险资本家采取这种策略。”

“另一方面，如果你对投资略知一二，能够理解企业的经济状况，并找到5~10家具有重要长期竞争优势的、价格合理的公司，那么传统意义上的多样化对你就毫无意义了。它只会伤害你的成果并增加你的风险。我不明白，为什么那样的投资者选择将钱投到一家在他喜欢的公司中排在第20位的公司，而不是简单地将钱增加到他的首要选择——那些他最了解，目前风险最小，而且有最大利润潜力的公司。”

从巴菲特写给股东的信中我们看到，他除了一些非常规性投资，如并购、套利等采取分散投资策略外，在常规性投资上大多采取集中投资策略。“我们的投资仅集中在几家杰出的公司身上，我们是集中投资者。”巴菲特说。

集中投资对投资者的要求也很高，它要求投资者对投资标准和投资机会具备超级严格和精准的条件性鉴别。除此之外，投资者还必须有长期持股的耐心和极强心理素质，在很容易出现大幅波动的投资上，具备绝对的承受能力。

投资，是一件高难度操作性工作，它和所有可选择性时间一样存在利弊关系，老巴就总会不厌其烦地跟股东们强调："多元化投资就像诺亚方舟一般，每种动物带两只上船，结果最后变成了一个动物园。这样投资的风险虽然降低了，但收益率也同时降低了，不是最佳的投资策略。我一直奉行少而精的原则，我认为大多数投资者对所投资企业的了解不透彻，自然不敢只投一家企业而要进行多元投资。但投资的公司一多，投资者对每家企业的了解相对减少，充其量只能监测所投企业的业绩。"

可以说，诺亚方舟是坚固性最强的船，但其跑速并不是最快的。言外之意，老巴是想告诉投资者们，"多元化只是起了保护的作用，我们采取的策略是防止我们陷入标准的分散投资教条。"

如果你足够聪明、足够智慧，你对公司的经济状况一目了然，并且很容易就找得到10家甚至更多家有优势可长期竞争并且股价很合理的公司，那么投资者，你不必纠结于投资分散性了，如果分散开，只会降低利益的获取程度，其风险性更高。

老巴并不反对分散投资，怎么说也是从分散一点点走过来的，他反对的是过度分散。投资就像弹簧，张弛有度才能派上用场，过度松弛或过度紧绷都会被当成"报废品"丢进垃圾站。在投资是分散还是集中的区间，巴菲特总能拿捏准确。如果说格雷厄姆是投资学史上的鼻祖，那么不可否认，巴菲特绝对是去其糟粕取其精华，运用最得当的投资大家。

成长股投资

巴菲特曾说：他的血管里，85%流的是格雷厄姆的血，15%流淌的是菲利普·费雪的血液。

格雷厄姆的价值投资对巴菲特影响深远，而影响巴菲特的除了格雷厄姆还有主张“成长股”的投资家菲利普·费雪。

费雪比巴菲特年长23岁，也就是说，当巴菲特开始玩股票的时候，费雪已经轻车熟路了。在巴菲特开始做股票投资的时候，他读了一本《怎样选择成长股》一书，该书正是费雪的杰作。这本书对巴菲特的投资理念触动很大，他决定亲自拜访菲利普·费雪。

仅第一次见面，巴菲特就被费雪的一席投资理念折服，俨然成为菲利普·费雪的铁杆粉丝。“运用费雪的投资技巧，可以了解这一行，也有助于做出一个聪明的投资决定。我是一个费雪著作的狂热读者，我想知道他所说过的一切东西。”巴菲特对费雪的评价绝不亚于恩师格雷厄姆。如果说格雷厄姆是巴菲特走进投资的引路人，那么费雪就是协助巴菲特在投资实践上奋力向上的助推力。

实践中，巴菲特逐渐将格雷厄姆的价值投资与费雪的成长股长期投资完美结合于一体，从而形成了独具特色的“巴式”投资策略。巴菲特的完美结合超越了格雷厄姆，也超越了费雪，但他并没有因为自己的成功而泯灭两位老师对金融界做出的巨大贡献，二者都是巴菲特此生最重要的良师益友。费雪在巴菲特的生命里同样重要，“如果我只学习格雷厄姆一个人的思想，就不会像今天这么富有。”巴菲特感叹地说。

菲利普·费雪也是从小就对数字和投资特别敏感的人，很小的时候，费雪就知道股票市场的存在以及股价变动都可为赚钱带来量变的机会。读小学时，一天放学后，费雪去看望与他关系最为亲密的祖母，恰逢祖母与一位投资家谈论美国工商业未来的市场和竞争这类话题，还谈论到股票是否会受此影响。费雪被他们的谈话深深吸引住了，这远比童话故事更加引人入胜，在费雪的眼前，瞬间呈现出一个全新的世界！之后不久，13 岁的费雪开始尝试做股票买卖投资。

费雪那个当医生的老爸不喜欢儿子的这个新工作，他认为这就是一种变相的赌博，根本不是一个正经八百的行当。二十世纪二十年代，正是美股最狂热的时候，费雪通过理性的投资选择小赚了一笔，即便没有父亲的鼓励，费雪还是可以从最亲爱的祖母那里得到支持，祖母对费雪投资生涯有着巨大且积极的影响。

1928 年，费雪从斯坦福大学商学院获得硕士学位之后，顺利地应聘到三藩市国安盎格国民银行成为了一名证券分析师，从此开始了投资生涯。费雪在投资领域方面的预测及判断，在他刚刚从事证券投资工作一年之后就脱颖而出了。当时，美股仍在持续增长中，但费雪却看到了暴涨之后的低迷，这是怎样的一双慧眼啊！费雪向银行高级主管提交了一份《25 年来最严重的大空头市场将展开》的分析报告，这是一份令众多分析师都叹为观止的预测，对很多人的投资判断都起到了重要的决策作用。多年以后再回忆过往，费雪甚至还会谦虚地说，当初的预测显得太不成熟了。“我免不了被股市的魅力所惑。于是我到处寻找一些还算便宜的股票，以及值得投资的对象，因为它们还没涨到位。”费雪选择那些仍处于增长状态的股票进行投资，希望在成长到波峰之时出售获利。这应该就是“成长股投资策略”的最初模型吧。

当时，菲利普·费雪看好了三只价格低于上市公司市盈率的股票，这三只低 P/E 股分别是一家火车头公司，一家广告公司和一家出租车公司，购买这三种股票，费雪共花费几千美元。但在美股最终崩溃之时，费雪也未能幸免于难，尽管费雪预测无线电股将暴跌，但是他持有的 3 只股票亦好不了多少。直到 1932 年，美股毫无翻身之地，费雪亦损失惨重。

作为证券分析师，费雪无疑是相当优秀的，不乏一些金融行业跑来挖墙脚，但美股的崩盘带给整个行业的代价都是极其惨痛，费雪一度经历过跳槽、择业、就业、失业的几度轮回。当他从分析师过渡到文书作业员，最终无法再忍受熙熙攘攘的嘈杂。费雪决定自己创业，做起了投资顾问，并创立了费雪投资管理咨询公司，这时候的费雪刚刚 24 岁，与巴菲特创业时的年纪相仿，给自己打工三四年之后，费雪开始平步青云，一切都似乎在他预测之中顺利进展着。

1954 ~ 1969 年，堪称费雪人生中最辉煌的 15 年。1955 年买进的德州仪器股票 7 年之间升了 14 倍，虽然中间经历过一段起起落落，但后来还是达到了比 1955 年的价格高出 30 倍的历史之最。1960 年下半年，费雪开始了对摩托罗拉的投资，这也是他持股最长时间的一个投资目标。21 年，摩托罗拉升了 19 倍，平均每年增长 15.5% 。

纵观费雪投资的各个产业，我们可以体会一个成功的投资者如何以最有用的方式，找到他知之甚详的出色公司，他绝对属于那种“高风险”的质量分析家，他与格雷厄姆恰恰相反，费雪侧重“可以增加公司内在价值的分析，发展前景、管理能力”。费雪给投资者的建议是购买那些具有成长价值期望的股票，投资者一定要在买进之前进行深入的市场调研分析，并且进行投资组合集中化投资，即只买进一种或很少种类的股票。

菲利普·费雪的一生都在为“成长型股票”奋发图强，每时每刻都关心着、寻找着那些可以在几年之内就增值数倍的成长型股票，即使过渡时间较长，只要价值增长快且利润巨大同样也是费雪不二的选择。费雪对成长型股票的情有独钟使他成为这一领域中最具有代表性的标杆人物，堪称成长型投资大师，深受金融投资人及许多基金经理人推崇。

费雪绝对是那种战神级别的投资大家，直到离世的前四年才“退休”。他的成长型投资告诉我们，其基本论点是：超额利润的创造、利润必须相对成长。这就要求投资者在选择目标时擦亮慧眼，将那些潜能保持在水平线之上的有咸鱼翻身之能力或通过良好的运作一举成名的公司从大市场中挑出来。投资者也可以向注重研发和营销策略的有能力的公司看齐，共同勾勒金融领域的经营之道。

投资，最终的目的是获取利润，在费雪的价值观里，利润是一定要相对增长的，这一点，短期维持容易，想要长期固有几乎不可能。因为没有哪家公司能永远维持自身的利润，除非公司能同时分析成本结构，了解过程中每个步骤所耗费的成本，以及落实会计制度与成本分析。

满足了以上两点的股票才算得上是“优良普通股”，投资者想要购买这样的“优良普通股”还要注意“十五个投资要点”及“投资人十不原则”，这在菲利普·费雪思想里是必不可少的关键。

这“十五个投资要点”包括：1. 这家公司的产品或服务有没有充分的市場潜力——至少几年内营业额能大幅成长？2. 管理阶层是否决心开发新产品或制程，在目前有吸引力的产品线成长潜力利用殆尽之际，进一步提升总销售潜力？3. 和公司的规模相比，这家公司的研发努力，有多大的效果？4. 公司有没有高人一等的销售组织？5. 公司的利润率高不高？6. 公司做了什么事，以维持或改善利润率？7. 公司的劳资和人事关系好不好？8. 公司的高阶主管关系很好吗？9. 公司管理阶层深度够吗？10. 公司的成本分析和会计纪录做得好吗？11. 是不是有其它的经营层面，尤其是本行业较为独特的地方，投资人能得到重要的线索，晓得一家公司相对于竞争同业，可能多突出？12. 公司有没有短期或长期的盈余展望？13. 在可预见的将来，这家公司是否会因为成长而必须发行股票，以取得足够资金，使得发行在外的股票增加，现有持股人的利益将预期的成长而大幅受损？14. 管理阶层是否报喜不报忧？15. 管理阶层的诚信正直态度是否无庸置疑？

“投资人十不原则”包括：1. 不买处于创业阶段的公司；2. 不要因为一只好股票在未上市交易，就弃之不顾；3. 不要因为你喜欢某公司年报的格调，就去买该公司的股票；4. 不要因为一家公司的本益比高，便表示未来的盈余成长已大致反映在价格上；5. 不要锱铢计较；6. 不要过度强调分散投资；7. 不要担心在战争阴影笼罩下买进股票；8. 不要忘了你的吉尔伯特和沙利文；9. 买进真正优秀的成长股时，除了考虑价格，不要忘了时机因素；10. 不要随群众起舞。

作为一名一流的投资大师，费雪显得异常低调，几乎从不接受任何访问，以至于在一般投资者中并不知名，但是1959年他的名著《怎样选择成长股》一经出版，随即成为广大投资者必备的教科书。“成长股”这一概念也随着该书的畅销成了投资者耳熟能详的名词，追寻“成长股”的“成长型投资”更是自此成为了美国股市多年以来的主流投资理念之一，亦成了巴菲特生命里的15%！

若无芒格，何来股神？

在巴菲特的生命历程里，分别有三个人扮演着重要角色，前两个人是格雷厄姆和费雪，第三个人毋庸置疑，正是查理·芒格。

巴菲特说过，他血液里面85%是格雷厄姆的，15%是费雪的。他也说过，是芒格让他得以从猩猩迅速进化成为人类，倘若没有芒格，巴菲特不可能那么富有，更不可能成为一代股神！中国有句古话说“师傅领进门，修行在个人”！是格雷厄姆和费雪将巴菲特带进了股海，但最终让巴菲特得以蜕变的人是芒格。微软创始人比尔·盖茨也认为：“如果没有芒格的辅佐，巴菲特恐怕很难做得这么好！”

芒格年长巴菲特6岁，与巴菲特都是奥马哈小城的“老乡”，两家仅隔着几条街而已。他们似乎注定了生命中有着不可分离的纽带，早年在巴菲特家族的百货商店里就有过不错的交情，那时候的芒格在百货商店兼职，巴菲特也从祖父的店里谋得了赚钱的机会，只是，他们也没有想到，多年之后的感情会被世界传为一段佳话。

说巴菲特和芒格有着千丝万缕的情结，是因为他们二人经历的人生有太多的相似之处，也可以说是重叠。当然，这个重叠可不是“机缘巧合”就能一带而过的。

芒格在大学期间修的是数学专业，太平洋战争过后，他成为了一名气象分析员，他的梦想很单纯——一堆孩子、一幢房子、房子里有很多书，还有足够的财富可以过上自由的生活。这在充满战争的年代算得上十分奢侈的梦境了。二战过后，芒格在家族影响之下再次走进校园，成为了一名哈佛法学院的研究生。同样有过两段婚姻的芒格认定此生最失败的就是婚姻。比巴菲特付出更多情感的芒格甚至还经历过“白发人送黑发人”。30 岁那年，芒格的儿子泰迪被查出患有白血病，眼看着儿子在病床上慢慢地向死神走去，而他，却毫无回天之术，就连哭泣都只能背着所有眼睛，独自一人躲在墙角里悲伤。

走过人生的阴霾，芒格选择用创业抚慰自己，他与合伙人在美国洛杉矶成立了一家律师事务所，从此开始了生命意义上的峰回路转。虽然头顶着哈佛的光环，但遍地开花的律师事务所并不能让芒格实现变得富有的梦想，他不得不想办法做点别的来赚钱。不久，芒格看好了建筑行业，成立了一家小型建筑公司，生意做得还算顺风顺水，也让芒格赚得了人生第一桶金。尽管只有 140 万美元，但在当时的社会环境下，也是一笔不小的数目！

1959 年，查理·芒格的父亲去世了，他再次回到故乡奥马哈城，也开始了与巴菲特共叙“钱”缘。芒格的名字在巴菲特的耳朵里回响了很多年，这次终于有机会再次见面，不过，似乎也只能称得上是一次“初见”。巴菲特在奥马哈做着不好不坏的投资生意，请老相识芒格共进一次晚餐叙叙旧，分享了一些成就和心得，纵然二人都有一见如故的感觉，但还是没有挑明一起做生意的念头。

芒格拿着做建筑工程赚的钱与另一个通过玩牌认识的朋友一起干起了证券公司，从1962到1971年，这个证券公司在芒格的精心打理之下实现了均值28.3%的年收益率，这个数字足以证明芒格在投资领域的天赋。

投资得当就能顺利地使“钱生钱”，由于律师事务所和建筑公司的工作都没有投资赚钱让他感觉痛快，查理·芒格毅然放弃了以前的事业，正式专职做起了投资生意。二十世纪七十年代的美国股市，恰逢暗流涌动的“天灾人祸”，巴菲特选择这个时候解散其合伙人公司，而同时期的芒格却在这场股市暴风雪中付出了可想而知的代价——有那么两三年持续亏损近三成，这等于把芒格前十年努力赚得的财富吃空了一大半。

面对股市的灾难，有的公司破产，有的经理人轻生，像芒格这样顶着压力坚持下来的还为数不多。“坚持就是胜利”这句话说得很有道理，芒格坚持持股不动，终于在1975年迎来75%的盈利反弹。经过大洗牌的股市，让芒格充分认识到，财富坐上“过山车”是一件多么刺激的事情。

芒格开窍了，不再坚持为了财富单枪匹马驰骋沙场，他需要一个合作伙伴共同担当利弊，此时的芒格也是投资界的佼佼者，数不胜数的成功案例将他塑造得一派大家风范，能入得了芒格之眼的只有巴菲特。于是，芒格在1975年的时候清算了自己的合伙人公司，把大部分资金投入到伯克希尔·哈撒韦公司之中，开始了与巴菲特数十年的“黄金搭档”。

在巴菲特家族中，芒格也是有着不可或缺的地位。巴菲特的儿子霍华德坦言，在他认识的人当中，芒格的智商是超越父亲巴菲特的，如果说巴菲特能排得上第二位，那敢排在第一位的只能是查理·芒格。

自1978年起，芒格就一直担任着伯克希尔公司的副董事长一职。这对“黄金搭档”的第一笔合作项目便是收购蓝筹印花公司。这是一家总部位于加利福尼亚州洛杉矶市的发行礼品赠券的公司，主要合作对象是一些超市和加油站，公司把礼品赠券提供给商家，商家再以促销等活动形式分发给消费者，消费者拿着赠券再去蓝筹印花公司兑换礼品，基本上就是这么个运作流程。

这个公司看上去并没有多大的影响力，为何能同时被巴菲特和芒格双双认可呢？

原来，商家为了购买赠券及礼品，事先是要往蓝筹印花公司的账面上存入一定资金的，这笔资金没有任何成本就可以由公司自由支配，这在巴菲特的概念里就是一种浮存金，浮存金可以理解为是任何一种低成本的、在一定时间内可以自由支配的现金形式的负债。而蓝筹印花公司在经历了一系列并购、重组、改组之后，最终无法再继续撑下去，被巴菲特收了，未尝不是一件好事。蓝筹印花公司对芒格和巴菲特而言，就是第一件合作后的“战利品”，两人在这场收购中共斥资4000万美元，3年过后，这笔投资膨胀到10亿美元。随后，巴菲特与芒格又一起收购了喜诗糖果，购买了联合棉花商店、伊利诺伊国民银行，并创立了新美国基金……

他们彼此都认为对方很“合拍”，芒格也在潜移默化地影响着巴菲特。格雷厄姆曾教导巴菲特“最好的赚钱办法是投资廉价股”，但芒格却坚信，纯粹的廉价股早已不复存在，如果一家公司的盈利足够好，即便股价高一点，也是值得购买的。此外，芒格有别于格雷厄姆思想的还包括，他更重视公司管理层面的整体素质。在芒格看来，有抱负又善于管理的领导者是公司未来明朗的根本，倘若公司的管理水平足够他们欣赏，那么即使花高于账面价值2~3倍的价格来收购，也是赚了很大“便宜”的。

芒格对投资理念的更新与再造，渐渐形成了伯克希尔的“猎头”模式，同样得到了巴菲特中肯的评价：“他把我推向了另一个方向。我以非同寻常的速度从猩猩进化到人类。”自从有了芒格，巴菲特再也不是那个只钟情于“地摊货”的“小商贩”，那些大打折扣的“奢侈品”更能吸引巴菲特的注意力，同样深深吸引股神的还有芒格那优效的人格魅力。2008年，巴菲特拿出18亿美元，以8港元/股的价格购买了十分之一比亚迪的股份，当时，芒格给予巴菲特的建议就是：“你不投资比亚迪，将会错过一个比尔·盖茨！”

六年之后，比亚迪的股价接近42港元/股，是巴菲特当年收购价格的五倍以上。合作了几十年，芒格从未将任何“条件”写进书面合约之中，他们唯一的赌注便是彼此的信任。

芒格若是挑起大梁，绝对不会逊色于巴菲特，但他心甘情愿做着巴菲特的“绿叶”，一辈子不离不弃地守护着这位股神，他成了巴菲特财富雪球幕后的大英雄。

巴菲特喜欢选择比自己聪明的伙伴来合作，这样，在犯下严重损失错误时，合伙人不会“事后诸葛亮”，也不会负气离去，甚至会将自己的钱财投放到合作项目中来，努力为他卖命又不计报酬，符合巴菲特这样要求的人恐怕世间只有芒格一人。

芒格对巴菲特的肯定也是透明的，他说过：我与巴菲特工作这么多年，他这个人的优点之一是他总是自觉地从决策树的角度思考问题，并从数学的排列与组合的角度思考问题。这才是真正的合伙人关系——彼此仰慕不失分寸，相互信赖从不埋怨，贫穷富贵不离不弃！

习惯的力量

习惯就是一把双刃剑，用得好，可以使人平步青云；用不好，则可摧毁人生。习惯给予人类的潜能力量是巨大的，而巴菲特，正是将“赚钱”培养成了自己的习惯，并顺利成就巨大的财富。

刚从哥伦比亚校门迈出来的巴菲特，是完全携带着格雷厄姆的“价值投资”基因的，即便在随后的一些实际操盘过程中向费雪的“成长型投资”倾斜了一些，巴菲特依然坚持了几十年的“廉价货”买卖，直到芒格的出现，扭转了巴菲特这个钟情于地摊货的习惯。只是，老巴再强大，改变这个习惯也用了二十多年——一个足以塑造人物形象和各种习惯的漫长时间。

一直以来，巴菲特都是在实践的基础上不断完善自我，塑造良好习惯。

一个人养成了好习惯之后，他的那些自觉行为会渐渐成为他的品德，并在做人做事方面表现出来，逐渐形成健康的人格。巴菲特的个人形象在奥马哈，甚至在全美国公民的心里都是至高无上的“神”，他们称老巴是“除了父亲之外最值得尊敬的男人”，这样高的评价自然来源于其巨大的财富价值。巴菲特坦言：习惯的力量造就了其巨额财富。巴菲特赚钱的速度和数量让所有股民望尘莫及，大家也只有憧憬和追随了。有人说：“谁选择了巴菲特，谁就坐上了发财的火箭。”

让我们细数数“火箭”在发射过程中甩出来的那些数字：1957年，巴菲特掌管的资金有50万美元；1962年这个数字达到了720万美元；1964年，老巴掌管资金突破2200万美元；1967年实现了6500万美元……后来，巴菲特在股票飙升最快的时候选择了隐退，并有效避免了股市的血雨腥风。1972年开始，巴菲特在美股风暴洗盘过后发现了太多的廉价股票，从报刊业到可口可乐，巴菲特的成功遍布了整个世界。

其实，股神的投资策略看上去并不难，但却很少有人能够复制成功。究其根本，决定命运的不是知识、不是智慧、不是思维，而是习惯。

习惯这个东西已经根深蒂固在人们的生命当中难以拔出，从语言、饮食、生活、学习……太多方面的习惯一旦养成就很难改变，尤其养成时间越长，改变的速度越慢，甚至无法改变。

当然，我们不能说巴菲特之前只买廉价股不可行，从创造的财富来看，廉价股造就了巴菲特的富有，但巴菲特不是说了吗，如果没有芒格帮他改掉这个投资习惯，他不能如现在这般富有。人类之所以善待“习惯”，是因为它造就了自己！

巴菲特改掉投资廉价股的习惯用了整整25年。漫长的时间里，巴菲特总结出改变老习惯、形成新习惯的“三大难”。

首先是，认识到“必须要改变老习惯”这个问题本身就很难。

巴菲特坦言，购买伯克希尔的控制权是他此生第一个重大失误，造成失误的因素就是当时伯克希尔的股票实在太廉价了，廉价得让巴菲特甚至要倾其所有来进行投资，老巴也有经不住“诱惑”的时候。可能，购买廉价股在很多年前是赚钱的好方法，但在与时俱进的过程中逐渐失去了原有的功力，效率自然放缓。尤其是在购入了伯克希尔控制权之后，巴菲特充分认识到原有的投资习惯越来越不理想了。“以一般的价格买入一家非同一般的好公司，远远胜过用非同一般的好价格买下一家一般的公司。”巴菲特开诚布公地说，芒格很早就认识到的问题，他的反应却迟到了25年。

其次，改变老习惯的过程极其艰难。芒格说过：“巴菲特的投资思维确实有些轻微的阻塞，因为他在导师格雷厄姆的投资模式下做了很多年投资，而且赚了很多钱。想要从这种非常成功的投资模式转换到新的投资模式中来实在是非常困难。”

巴菲特当然也深知“积习难改”的道理！他在1967年写给合伙人的信中讲了这样一个故事：“第一次世界大战后，有两个来自立陶宛的女孩住在他的庄园里。罗素先生家里每天一日三餐，餐桌上的食物非常丰富，两个女孩吃都吃不完。可是，每天晚上，关灯睡觉之后，两个女孩就会悄悄溜出房间，从邻居家偷些蔬菜，藏在她们的房间里。罗素爵士对两个女孩解释说，在她们国家立陶宛处于战争期间时，这种偷菜的行为是很合情合理的，但是，到了英国乡村再这么做，就不太合适了。两个女孩点头表示同意，却继续天天晚上出去偷菜。最终他只能得出这样的观点：这两个立陶宛女孩的行为，尽管在自己邻居的眼里看来非常奇怪不可理解，但是其实和老洛克菲勒的行为没什么两样。”

习惯养成不是一蹴而就的，同样，改掉一个固有的习惯也不是一朝一夕的事情，巴菲特这样的智慧人物改掉一个固有投资习惯都用了二十多年，平常人就更不敢奢望有多快了。芒格就是巴菲特投资生涯的一个变音符。“如同格雷厄姆教导我挑选廉价股，芒格不断告诫我不要只买进便宜货，这是他对我最大的影响，让我摆脱了格雷厄姆观点的局限，这就是芒格思想的力量，他拓展了我的视野。”巴菲特表示，自己很多看法慢慢地转向了芒格的观点。

第三个困难是比较可怕的，因为很多老习惯成功改掉后，往往会出现“旧病复发”的情况，老巴也不例外。2015 年巴菲特已经 85 岁高龄了，他对于芒格的“以一个一般的价格买入一家非同一般的公司，远远好过于以一个非同一般的价格买入一家一般的公司”投资观念演练得相当娴熟，可很多时候仍然会情不自禁地瞄一瞄充满诱惑和冲击力的廉价股。

“尽管，芒格观点背后的逻辑很有说服力，我有时还会回到我寻找便宜货的老习惯，这种收购企业寻找便宜货的结果介于低得可以忍受和糟糕得无法忍受之间。幸运的是，我犯下错误往往是在收购小企业的时候。我们收购大企业的结果一直都相当不错，少数几笔大型收购的结果可以说非常不错。”巴菲特对于自己的“弱点”心知肚明，如此谨慎和优雅的男人，总是在各个方面都折射出令人仰望的尊重。

对于巴菲特来说，这个习惯的改变实在是痛苦极了，但却非常值得，为什么巴菲特的财富远远超过了格雷厄姆和费雪？就是因为芒格“强制”改变了巴菲特原有的投资廉价股习惯。巴菲特说：“如果我只学习格雷厄姆，就不会这么富有。”错误的坏习惯必须改，要么习惯干掉你，要么你干掉习惯。最终决定你命运的内在因素只有一个：习惯。

让赚钱成为一种习惯，是股神的生命真谛，也是所有追随者的目标。总结巴菲特的投资习惯，即五大理财金律横空出世。

金律之一是学习。这主要指的是关于投资方法及理论研究的学习能力，虽然“实践是检验真理的唯一标准”，但没有理论支撑的实践总是站不住脚的，再牛的投资大家，也不能仅凭借自己的经验行事。就连股神巴菲特，也是深刻钻研着几位老师的著作，再结合自己的习惯进行投资选择的。

金律之二是总结。包括经验总结、成功总结、失败教训总结、他人财富积累的总结等等。在动荡不安的投资市场中，每一次交易无论是成功还是失败，都值得投资者们用来分析和总结。巴菲特在他60余年的投资生涯中，总结出了很多珍贵的投资经验：如永远保住本金、别被收益蒙骗、重视未来业绩、坚持投资能对竞争者构成巨大“屏障”的公司、把鸡蛋放在不同的篮子里、坚持长期投资等等，事实证明，这些经验使他购买的股票在30年间上涨了2000倍，而标准普尔500家指数内的股票平均才上涨了近50倍。多年来，在《福布斯》一年一度的全球富豪榜上，巴菲特一直稳居前三名。

第三条金律也是巴菲特三大投资法则之一，“保住本金”。本金是种子，没有种子便无法播种，更无法收获。但往往在投资过程中因为失误的决策而导致重大的损失，这就要求投资者有足够的心理准备承担一切来自于失败的教训，不要因为本金的损失而放弃梦想的追逐。美国超级投机家乔治·索罗斯说过：如果你自以为是成功的，那么你将会丧失使你成功的过程。正所谓“留得青山在，不怕没柴烧”，留得住本金，就是你再次崛起的筹码。在投资前设定止损线、严格遵守投资纪律、将风险控制在可以控制的范围、购买一定量的保险化解可能发生的风险，通过这些方式，达到“永远保住本金”的目的，是每一个投资者需要谨记的。

金律四是“投资要趁早”。不能因为现在正忙着什么而将赚钱的机会留在明天，因为明天的你还有明天要做的重要之事。尤其对于金融而言，今天的 1 元钱并不等价于明天的 1 元钱，今天的 100 元也有可能因为通货膨胀率 4% 的情况下 10 年后变成 148 元。所以，投资要趁早，挣钱可是不给你拖泥带水的时间。

金律五也是老巴最坚定的一个投资策略，即坚持长期持股。

股神说，如果可能，对于那些他认为可赚的股票，他愿意一辈子持有下去。长期持股是一件做得了一时，做不得一世的投资手段，但凡股市有所波动，都会有一大批经历过“过山车”的股民选择出手，他们很容易受到市场、消息或从众心理、波段操作的影响，轻易就抛弃自己精心挑选的股票、基金、保险等其他理财产品。从某种意义上说，长期投资是一种对自己的肯定。你是否可以抛开一切，忠诚于自己的选择，坚持自己的判断。要知道，股神巴菲特为“吉列”苦等 16 年，最终才迎来超过 800% 的高额回报。因为他坚信一个很简单的道理，每天一早醒来全世界会有 25 亿男人要刮胡子。

8

赚钱是个技术活

经济护城河

中国的古代，有一种由人工开凿出来的河流，对城池的保护有着重要意义，因此得名“护城河”，有保民护城之意。作为城墙的屏障，护城河具有高度防御作用，一方面维护城内安全，另一方面阻止攻城者或动物的进入。中国古代人能够对水如此妙用，在没有硝烟的股战中，这位股神又是通过什么来保护财富不受侵蚀的呢？

巴菲特有一个保护其财产不受损失或者尽可能减少损失的屏障，也被行业称之为“巴菲特的投资哲学中心”——经济护城河，它能够保护股神所选择的公司长时间保持较高水平的投资收益率，使财富值稳居世界之巅。

美国有一家专门为投资者提供财经资讯、基金及股票分析和评级，同时还提供方便、实用、功能卓著的分析应用软件工具的服务公司，名叫晨星。这个成立至今已有30多年的公司堪称投资研究的“创新先锋号”，因为该公司在很多投资产品上总结和创新出来的方法甚至成了业内的行业标准，如晨星评级、投资风格箱、分类评级等，专业又简单易用的软件帮助投资者做出框架明智的投资决策。该公司曾经归纳总结出五种常见的“护城河”，而这些几乎为世界首创的论断却很早就体现在了巴菲特的决策之中，让人不禁感叹，神，果然与人不同。

晨星公司总结出来的五种适用于投资者的“护城河”分别为：有效规模，即自然垄断；转换成本高，企业数据库软件和服务就是典型的例子；成本优势，即能够比竞争对手以更低廉的价格出售产品；无形资产，可分为政府特许权及品牌；网络效应，形容当使用人数愈多，服务或产品的价值就愈大。那么，股神巴菲特所购买的股票，哪些与之不谋而合呢？

自从有了市场的存在，也就有了垄断的发生，有一定有效规模的公司控制市场实行垄断的就是自然垄断。

自然垄断算不上是新鲜词汇，但使用频率却微乎其微。直到1980年代之后发生的一些意识转变，使“自然垄断”开始越来越被行业熟知和利用。其概念也从“由于资源条件的分布集中而无法竞争或不适宜竞争所形成的垄断”升级为“使平均成本上升，只要单一企业生产所有产品的成本小于多个企业分别生产这些产品的成本之和，由单一企业垄断市场的社会成本依然最小，该行业就是自然垄断行业”。在现代法学中，自然垄断也指“由于市场的自然条件而产生的垄断，经营这些部门如果进行竞争，则可能导致社会资源的浪费或者市场秩序的混乱”。

如果说原始的“自然垄断”太过于强势，那么现代意义的“自然垄断”就实现了弱化的升级，这是经济社会进步的一种自然客观反映。想要实现自然垄断，就要求当事公司有巨大的经济规模，就是说，需要足够多的钱砸出你的身份和地位才行。这笔钱的花销更多是在垄断开始之后的初期阶段，因为公司必须有高额固定资本支出行为才行。

不是任何行业都能因为有钱就可以任性地实行垄断，比如受监管的公用事业、报纸、铁路、管道等基础设施和传媒行业，都是相对而言比较容易实现自然垄断的选择。

2009 年，巴菲特收购了美国伯灵顿北方圣太菲铁路，实现了自然垄断。这一年 11 月 3 日，巴菲特以伯克希尔名义宣布，以 260 亿美元收购美国伯灵顿北方圣太菲铁路运输公司（BNSF）77% 股份，实现 100% 控股。每股 100 美元的收购价格比前一交易日收盘价 76. 07 高出 30. 4%，这使得伯灵顿北方市值定为 340 亿美元，这次收购组成分别为 60% 现金和 40% 股票。

伯灵顿北方总部位于克萨斯州沃思堡，被认为是美国最好的铁路运营商。该公司在美国 28 个州和加拿大 2 个省管理 5. 1 万公里的铁路。虽然目前业务还没有伸向中国，但与中国铁道部、国家粮食局及中铁集装箱运输有限责任公司（CRCTC）等都有良好沟通。美国伯灵顿北方圣太菲铁路运输公司被收购之前，一度以 180. 2 亿美元的销售额雄踞美国铁路公司头把交椅。但后来的表现却每况愈下，逐渐落后于竞争者。最终走上了被收购的境地。

毫不骄傲地说，伯灵顿北方圣太菲铁路运输公司能够被巴菲特收入旗下，是该公司并购道路上最好的一个结果，任何一方都实现名利双收的典范。

提到“高转换成本”，股神巴菲特算得上是佼佼者了。转换成本高主要体现在企业数据库软件和服务上面，这些复杂和昂贵的程序一方面更换成本高，一方面确实是企业的必需品，所以，驾驭了转换成本就等于创造了财富。

国际商业机器公司（International Business Machines Corporation，以下简称 IBM），总部坐落于美国纽约州阿蒙克市。这是一家创立于 1911 年，有着一百多年历史的信息技术和业务解决方案的公司，也是全球高科技领域的佼佼者。

IBM 创立伊始，其业务主要是商用打印机，随着业务的发展和公司规模的逐渐壮大，业务范围逐渐转向文字处理领域，之后便是计算机的相关服务。2011 年，他买入了 110 万美元的 IBM 股份。

选择 IBM，巴菲特看重的是其 IT 咨询、软件产品业务的增长稳定性，就像人类离不开食物和水源一样，企业想要生存下去，就不可能离开 IT 产品，而能提供出最好 IT 产品的当属 IBM。巴菲特买入 IBM 股份的时候，该公司的估值还真是低得足够诱惑，还有重要的是，现在的巴菲特更加注重买入公司管理层的综合水平，IBM 无疑是佼佼者中的佼佼者。创新，是美国的血液，也是巴菲特的精髓，IBM 就像新鲜的血液一样，不断流入巴菲特的投资生命中。

足够优势的成本是投资的“护身符”，它在保证你比竞争者更低廉的价格出售产品的同时，保证了你的收益绝不会比对手低，这就是成本优势的可爱之处。倘若你能超越竞争对手出售价格卖出产品，那么你一定是赚的。

自2005年以来，巴菲特始终保持沃尔玛股票的持有量。这是一家将提高成本优势植入到企业文化中的跨国商超，在中国的宣传口号最经典的便是“天天平价”。沃尔玛为什么能做到“天天平价”？很好地控制成本是其最主要的致胜因素，沃尔玛专注于成本控制，对资源有效分配也足够审慎，它还有自己的物流仓储系统，能够对一些供货商和工人支付足以垄断的条款。这些看似平常的“节约”成本行为，细水长流般融入企业成本里，长此以往便营造出了一个铁律成本优势。

还有很多对财富有保护意义的无形资产，如政府特许权和品牌自身优势都是加速“钱生钱”的有益菌。2000年，巴菲特买入的穆迪股份就是由政府授予特许权进行经营和管理的一家企业。穆迪与标普、惠誉并称为评级机构的三巨头，由他们做出的信用评级都被写在数不胜数的合同、法规、投资要求里，代表着行业的标准。

穆迪投资者服务公司创立于1909年，始建之初主要为铁路债券做出信用评估，随着业务的不断发展，服务范围扩大到工业事业及政府公共事业方面。一直以来，长期持有穆迪股权的巴菲特都能获利可观。从2000年至2009年，巴菲特已经将持有穆迪股票数量提升至4800万股。随着经济危机的到来，巴菲特开始陆续出售穆迪股份，即便这样，巴菲特依然是穆迪最大的股东。

说到无形资产中的品牌，可口可乐一定是最具代表性了。巴菲特自1998年开始持有可口可乐公司股票，至今未出售一股，可见这个漫天广告塑造出来的品牌hold住了消费者，也hold住了股神。

每一个选择都是界定于成功与失败之间的铁索桥，有些是命中注定赚钱的，有的则需要看投资者的幸运程度。无论投资者选择与否，作为产品本身的优势都将成为它胜败的筹码。但世界上，很少有企业能为长期持有其股份的投资者连年创造递增的财富。

巴菲特的铁杆粉丝兼黄金搭档芒格曾指出："在美国，如果一个人或机构把绝大部分财富长线投资于3家优良的国内企业，几乎肯定能致富。"在芒格看来，巴菲特的投资精髓和价值都来自于其精明的头脑、理性的思维决断、丰富的理论联系时间以及驾驭市场行情的洞察。那些想要复制股神成功经验的投资者们，恐怕要加把劲来研学股神的智慧了。

不可复制的品质

巴菲特在给投资者的书信中，总会将"经济护城河"的话题摆在最前面，足以证明，"攻城容易守城难"在没有硝烟的股票战场上也是不能忽略的关键问题。"守城"一定要有策略，这个策略除了战略战术运用之外，还包括"惹不起躲得起"的能力，用股神的话说，就是"我们不一定要具备恶龙的本领，只要躲开它远一点就可以做得很好了"。

这个"躲"可是相当有个性化技巧的，俗称个性或者品质。言外之意，作为守城者，你一定要具备独特个性的品质，让攻城者或者其他对你虎视眈眈的人都无可模拟、无法复制。

那么，什么才算是个性化的品质呢？

品质，主要指人的行为和作风所展现出来的思想、品性、认识等实质。个性化品质就多了一层神秘面纱，它是一种脱离了世俗、非一般大众化的实质，是在大众基础上所增加的独特、另类、独具一格的存在，更是证券市场上一种“稀缺物资”，那些或资源稀缺、或品牌稀缺、或技术稀缺的产品，与我们伟大股神的“躲得起的本领”有着异曲同工之妙——即难以复制。

“经济护城河”存在的目的是将一切威胁经济的有害因子全部隔绝在河对岸。“你们不要忘记，经营企业如同守城，应当先考虑挖一条深沟，以便将盗贼隔绝在城堡之外。”巴菲特形象的描述，将投资者关心的问题言简意赅地解释给了大家，但他似乎没有说明如何发现或者建造护城河，只是将护城河的防御作用“神”化了。

巴菲特告诉投资者，经济护城河是企业能常年保持竞争优势的结构性特征，是其竞争对手难以复制的品质。与管理上的出类拔萃相比，护城河更依赖于手中抓到的底牌是什么，而不是怎么出牌。他坚信，可口可乐、美国捷运、吉列等公司都具备宽阔的护城河，就像他认定了这几家公司具有个性化的品质一样，因为在大环境的市场下，这些公司都属于“稀缺资源”。

所谓“物以稀为贵”说的就是这个意思：越是量少质优的商品，越能卖得上好价钱，使出售者获得更可观的收益。在经济护城河中，这样稀缺的品质就是企业能常年保持竞争优势的结构性特征，是其他对手难以复制的精髓。

1999年的时候，巴菲特就曾经对投资者说过：“投资的关键不是确定某个产业对社会的影响力有多大，或者这个产业将会增长多少，而是要确定任何所选择的一家企业的竞争优势，而且更重要的是确定这种优势的持续性。”

在激烈竞争的市场环境下，企业需要拥有多大的筹码，才能保持竞争优势的长期持续？对此，巴菲特的回答是：“伟大的企业必须有伟大的护城河，一种是低成本，一种是大品牌。”这个大品牌就是我们所说的个性化品质。

2007年，巴菲特就护城河的话题再次清晰明了地表示：“一家真正称得上伟大的企业，必须拥有一条能够持久不衰的‘护城河’，从而保护企业享有很高的投入资本收益率。市场经济的竞争机制导致竞争对手们必定持续不断地攻击任何一家收益率很高的企业‘城堡’。因此，企业要想持续不断地取得成功，至关重要的是要拥有一个让竞争对手非常畏惧的难以攻克的竞争堡垒，回顾整个商业历史，很多企业只是像‘罗马焰火筒’一样辉煌一时，它们的护城河事实证明虚弱得不堪一击，对手很快就轻松跨越。”

巴菲特从未停止过在商业帝国努力寻找那些无法被攻破的护城河所保护下的经济城堡，就像可口可乐、吉列、美国运通公司。

“可口可乐拥有世界上最有影响力的品牌，价格公道，深受欢迎——在各个国家，它的人均销售量每年都在增加，没有哪一种产品能像它这样。”巴菲特对可口可乐至高无上的评价确有道理，他与可口可乐的缘分可以追溯到金色的童年时期，从第一次品尝可口可乐，到通过在旅游景区兜售可口可乐而获得利润开始，巴菲特始终没有忘记这个“老朋友”，可口可乐也成了他此生最爱的饮料之一。但是，巴菲特再认可“可口可乐”，他也从没有买过一股可口可乐的股票。直到1988年的低调买入，1989年的高调宣称：“已持有可口可乐公司63%的股份。”巴菲特这时才让投资者看到了他选择的特性品质股的真面目。

对此，巴菲特解释说，可口可乐的特性品质已经存在了数十年，这是他以及所有人都不可能撼动的尊严，二十世纪八十年代，罗伯托·格伊祖塔和唐纳德·考夫领导下的可口可乐发生的质变最终吸引了巴菲特的投资目光。

持有可口可乐股份5年之后，巴菲特这样评价其品牌优势："更重要的是，可口可乐与吉列近年来也确实在继续增加他们全球市场的占有率，品牌的巨大吸引力、产品的出众特质与销售渠道的强大实力，使得他们拥有超强的竞争力，就像是他们的企业经济城堡周围形成了一条护城河。相比之下，一般的公司每天都在没有任何这样保障的情况下浴血奋战。就像彼得·林奇说的那样，销售相似商品的公司的股票，应当贴上这样一条标签：竞争有害健康。"

巴菲特口中"不可复制的品质"与著名竞争优势研究专家、哈佛商学院教授迈克尔·波特在《竞争优势》中指出的"差异化"不谋而合。

"尽管相对于其竞争对手有很多优势和劣势，企业仍然可以拥有两种基本的竞争优势：低成本或差异化。一个企业所具有的优势或劣势的显著性最终取决于企业在多大程度上能够对相对成本和差异化有所作为。任何一个业绩优异的企业都具备其中之一或同时具备两种优势，即超凡的获利能力从逻辑上说只能来自于低成本和差异化中的高定价。"波特表示。

铁一样的事实告诉我们：某些企业因有着不可复制的品质，索性天生就比其他企业更优越，比如吉列。

巴菲特选择吉列的理由是："吉列是一个不断创新新产品的老牌公司，是名牌中的名牌。"巴菲特购买吉列的时候，吉列已经有100多年的历史了，绝对是个“百年老字号”。从120年前，美国人金·吉列发明了一次性剃须刀片这个划时代的产品之后，吉列产品从未停止过创新。我们相信，大千世界总有智慧的复制者，但中国的广告行业有一句经典的广告语“一直被模仿从未被超越”，形象地展现出吉列创新产品始终保持世界前沿技术品牌的形象。

在消费品市场，从来没有哪一个产品如吉列品牌一样，统治行业如此之久、之深。

同样有着百年历史的品质企业还有美国运通公司。

1964年，美国运通遭遇危机，股票价格从65美元/股跌至35美元/股。但巴菲特发现商人们依旧在接受美国运通信用卡，由于这些信用卡仍有信誉，美国运通的整个帝国依然完整无缺。巴菲特将巴菲特合伙公司40%的净资产、价值约1300万美元买下了美国运通5%的股份。如此一来，巴菲特打破了他在一次性投资中使用其合伙公司资金不超过25%的原则。随后5年美国运通的股价上涨了5倍，从每股35美元涨至每股189美元。

时隔31年后，美国运通的股价再一次出现暴跌，巴菲特又一次出手，结果是又一次胜券在握。到2003年底，巴菲特依然持有美国运通11.8%的股权，市值73.12亿美元，为其第二重仓股（第一重仓股为可口可乐，市值101.5亿美元）。巴菲特相信有时股票下跌完全是由于华尔街某些人的错觉造成的，所以他说：“当一家有实力的大公司遇到一次巨大但可以化解的危机时，一个绝好的投资机会就悄然来临”。

美国运通公司成立于1850年，至今已有165年历史之久，这是一个最初以提供快递服务为主要业务的公司，随着业务量的不断加大，逐渐推出旅行支票等产品，将主要的客户群体锁定为经济基础雄厚的高端客户，一百多年来，运通积累了丰富的服务经验，拥有着数量庞大的优质客户群体。这种可以称之为“与生俱来”的品质，恐怕任何“偷袭者”都难以逾越。

想要在领域中矗立不倒的企业，就一定要有属于自己的经济护城河，这其中的精髓就是不同于他人，也不会被窃取复制的企业本质。倘若企业没有自身个性化的本质，竞争对手迟早会撞开它的大门，抢走其利润。因为在华尔街，商场英雄一夜之间变成乞丐的事例不计其数。

转变的力量

没有哪一种事物会始终一成不变，更何况大千世界中的人类?

是的，转变很重要。思想的转变，可以化干戈为玉帛；习惯的转变，可以变废为宝成就一番伟业。每个人都会在人生的某个阶段发生各类转变，而股神巴菲特在其睿智投资的一生也发生过几次重大的转变。

巴菲特投资决策的转变中，最具有代表性的就是从“格雷厄姆式低价股投资”转向“芒格式优质股投资”的投资模式转变，除此之外，巴菲特还有三大转变是值得投资者们深思的。一个是从证券投资到企业并购和证券投资双管齐下的业务转变；一个是从资金需求者到资金提供者的角色转变；再一个就是从建立自我到追求无我的境界转变。

证券投资指一些企业或者个人投资者通过购买有价证券而获得收益的行为，它兼具着高度“市场力”、高风险性、具有投资和投机两种行为活动以及在不增加社会资本总量前提下介于持有者之间进行再分的分析方法等几大特点。企业并购包括兼并和收购两层含义、两种方式，是企业之间的兼并与收购行为。主要表现在企业法人在平等自愿、等价有偿基础上，以一定的经济方式取得其他法人产权的行为。主要包括公司合并、资产收购、股权收购三种形式。企业并购与证券投资的结合，可能在行业内是一个比较有个性的组合，从巴菲特的投资方向上分析，大体上可以概念化之为：以一部分股票持有形式控股目标企业的一部分或大部分股权，从而成为该企业的大股东之一，并具有一定的决策和管理经营权力。

证券投资者能够相对而言更全面地掌握证券价格的基本走势，买进卖出的风险性能控制得很好，应用也比较简单，这也是巴菲特最开始选择投资证券的基本想法。但是，证券投资也有一定的缺点，他的短板就是单品的指导作用没有指向性，投资分析师的预测性很难把握，预测精准度相对较低。所以，选择证券投资的话，明智之人会选择那些周期性长、相对较成熟的证券进行投资和分析，而那些对预测精度要求高的领域，股神的操作就是“概不进入”。

企业并购虽然存在来自于融资、目标企业价值评估中的资产不实、反收购、营运和安置被收购企业员工等方面的风险，但其自身存在的更高价值却不得不让股神心动。

企业并购可以形成相对更具规模的经济环境，尤其像巴菲特这样的行业领军者，通过合理扩大经济规模即可引领行业经济效益增加的良好局面。通过合理的并购，可以让优势企业通过规模效益的提升使其更加卓越，就是我们所谓的“强强联合”。强强联合之下的优势企业通过合并，可以实现资源最优化配置和共享，在人力、物力、资历都很紧张的当下社会，这样的优势合并是最好的一种解决问题方式了。

很多企业想要保持原有经营范围下的核心竞争力的同时，还希望能有机会和精力向新兴领域继续扩张。大型企业的扩张思路往往会被耗费长时间去新建厂区、开发产品和市场、吸纳新鲜血液等问题所制约；小企业会愁于没有资金去“放大”，因此，企业并购便成了大小企业实现自我升级换代的最佳选择，从而不仅可以提高资源的有效利用率，还可以降低成本。巴菲特并不满足于单一的债券投资和单一的企业并购，而是喜欢将二者结合运用，这种投资模式，巴菲特在入主伯克希尔之后开始不断尝试。在多次投资中都起到良好的效果，故而，成为“巴粉儿”们效仿对象。

芒格曾经说过一句经典的、对伯克希尔绝对至高无上的评价，他说：“伯克希尔钱多成灾——我们拥有许多不断产生现金的伟大企业。”这种“任性”的说辞不禁给那些难以复制股神成功的追随者一个沉重的打击，言外之意不就是“伯克希尔‘穷’得就剩下钱了”吗？

全世界有一个历史最悠久且规模最大的投资公司高盛集团，它的总部位于美国纽约，在日本、英国等国家的首都以及中国香港分别设有分公司。该公司面向全球提供投资、咨询以及金融服务。自1869年创立至今已有近150年的历史了，就是这样一个历史悠久又拥有丰富地区市场知识和国际运作能力的环球公司，在2008年的世界金融危机中也受到了不小的打击，若是没有巴菲特和伯克希尔的帮助，恐怕很难挺过那次危机。

对高盛集团来说，2008年的金融危机是一个致命威胁，当时的高盛已经岌岌可危，迫切需要资金来拯救濒亡的集团公司。这时候，救世主巴菲特神奇地出现了，股神携带着50亿美元购入了高盛优先股，与此同时，伯克希尔也作为集团的认股权证入主高盛，准许购买价值50亿美元的115美元/股的高盛普通股。

在金融危机来临之时，所有投资者对金融股避而远之，有则抛之，只有巴菲特“铤而走险”买进高盛的股份。对高盛集团来说，巴菲特的火力支援及时挽救了将死于危难的高盛集团；对于巴菲特和伯克希尔来说，高盛是由来已久的潜力股，即便危难当头，其自身的优势和价值也绝不能与其他小企业的低价股共舞。

2009年底，实力雄厚的高盛收回了大部分的失地，2011年初，伯克希尔收回了50亿美元的普通股投资，并从中获得了5亿美元优先股的溢价，认股权证则让伯克希尔在高盛的身上又赚了20亿美元的股票，当初那次非常划算的支援足以看出股神巴菲特卓越的洞察之力。

2013年3月，高盛集团赎回了巴菲特手里50亿美元的原始投资，同时，另支付巴菲特10%分红、1.25亿美元的第一季股息、2400万美元的额外股息。对于2008年的支援，高盛集团相关负责人表示：“此次优先股赎回交易将导致该集团第一季度每股收益减少2.84美元。但伯克希尔·哈撒韦2008年对高盛集团进行的投资是对我们公司所投的重大‘信任票’，我们对此深表感谢。”

巴菲特每年都可以从高盛集团手里拿到5亿美元的股息，而高盛想要赎回之前卖给巴菲特的优先股，也并不是它与巴菲特二者协商好就办成的，需要等待美联储批准后才可赎回。这次“支援”行动成功使巴菲特从“资金需求者”身份过渡到“资金供给者”角色中。质的转变换来的是量的累加，巴菲特，就是这个地球上“赚”得最明白的投资者。

巴菲特与时俱进的几次转变成就了他辉煌的投资生涯，从建立自我到追求无我的境界，巴菲特演绎得出神入化。股神的智慧和境界造就了最终的财富和影响力。这份实力逐渐强大如太阳，普照整个投资帝国，回报给社会和人类的，除了财富还有更多的意义；这强大的实力亘古不衰，如果你是投资者，你就需要花费更多的工夫去搜寻、学习、研究、运用并将这份阳光的力量，发“阳”光大。

与众不同的资源

巴菲特的护城河，更多是在说成本优势的相关话题，事实证明，那些热衷于关注成本的投资者才能最终在收益上见到分晓。

在决定成本优势的四方面内容上，与众不同的资源成为统领其他三项内容（低成本的流程优势、更优越的地理位置、相对较大的市场规模）的关键因素。广袤的竞争环境下，试问是那些物以类聚的大众品种收益多，还是那些品牌独特、资源不同的行业更卓越呢？答案一定是后者。

成本优势是指那些满足于降低成本的原因和条件，包括企业所处的地理位置、已获得的优惠政策、运行机制、管理体制、经济规模、经济实力、市场优势、价格优势、产品优势、资源优势、战略优势、技术优势、供应链优势、开发和创新能力、技术和装备的水平、人员意识和能力（人才优势）、高生产效率和整体管理效率等方面。

能够将成本优势一直保持下去是降低成本工作的最重要任务，也是想走成本领先战略公司的主要途径之一。任何企业的成本优势都是客观存在的，那么作为企业的领导者，应该如何去识别、确定和运用这些优势呢？这就需要企业管理者具备高层次的认知程度，能够发现并合理使用，才能发挥出成本优势最大的功效，才能让自己的企业在多数资源相同的市场中脱颖而出、鹤立鸡群！

对于任何一个企业来说，其产品存在的最大价值就是得到消费者的认可，从而才能产生可观的利益。从公司的定位角度看，一个公司是否成功，不是它的产品有多优秀，也不是它的市场占有率有多大，而是这个公司的产品是否能走进消费者的心里。

随着各个国家人们生活和消费水平的提升，单纯的价格优势和活动策划已经不能满足消费者的购买需求，消费者的心智也一直在提升，商家的产品只有别具一格才能在消费者的心智中最终留有一席之地。这样的“别具一格”对投资者也是奏效的，对于分享公司收益的价值投资者来说，选择有定位的公司可以获得长久稳定的收益。从定位角度判断投资公司，你会发现，巴菲特所说的最深的“护城河”其实就在消费者心里。

那种高效低成本且资源独特的产业才是巴菲特允许自己垂涎的产业，比如，我们的股神最新的目标就盯上了光伏业。能得到股神的认可，可见光伏业是不可错过的良机啊。

那么，请允许我们踏着股神的脚印寻找，他是如何鉴别与众不同的资源的。

能源行业是一个范围较大的概念区间，仅太阳能电池的种类，就包含了晶体硅电池、薄膜电池以及其他材料电池等多种类别，在光伏业发展的历史长河中，晶体硅电池似乎正成为上升最快的一个品类，我们的股神巴菲特看好的正是光伏业的晶体硅电池。能源行业中的任何一个单品，都拥有巨大的发展空间，对于投资者来说可以长期保持稳定的现金流入账的产业就是值得投资的产业。

随着世界人口增长及经济发展的需要，能源行业的需求量历年来都持上升趋势，惊人的回报率吸引了大量投资机构和个人的垂涎，谁都想在这个领域里淘一桶金。但是，却很少有人愿意当“第一个吃螃蟹的人”，于是，巴菲特再次出现。

2012年开始，由于遭受到欧美债务危机和“双反”调查（“双反”调查是指对来自某一个或几个国家、地区的同一种产品同时进行反倾销和反补贴调查）以及国际市场需求不旺、国内产能过剩等利空影响，光伏业的发展遇到前所未有的障碍，巴菲特有意投资光伏业的意愿一经披露，瞬间为黯然失色的能源产业绽放出硕大的光环。

太阳能发电是一种可再生的环保发电方式，整个操作过程中不产生任何二氧化碳等温室气体，所以也不会对环境造成污染和损害。作为太阳能发电，其环节中必不可少的一个关键部分就是电池，按照电池制作材料，太阳能电池可以分为硅基半导体电池、CdTe薄膜电池、CIGS薄膜电池、染料敏化薄膜电池、有机材料等多种，其中硅电池又分为单晶电池、多晶电池和无定形硅薄膜电池。

想要投资光伏业，就一定要选好太阳能电池的优势企业，这就要求投资者一定要擦亮眼睛，将资源最个性化的、与众不同的挑出来。

太阳能电池最重要的参数是转换频率，实验室的操作显示，单晶硅电池效率为25.0%，是所有材质电池中转换频率比例最大的，这样与众不同的资源优势，决定了硅电池能够更轻易地在这场争宠大战中获胜。

目前国际光伏市场上当属晶体硅太阳能电池最为主流，其产量占世界光伏电池产量的85%，绝对领先于其他材质的光伏电池生产企业，这么庞大的占比数字也预示着晶体硅太阳能电池在未来的10～15年，都将引领行业发展的速度和进步。

挑选了资源别具一格的领域，又挑选了领域内走势最好的“大财主”，剩下的，就是如何在“大财主”的范畴里，找到最值得投资的那一家企业了。此时的个性化资源就决定在技术优势上。哪个生产晶体硅太阳能电池企业的技术最强大，它就是我们选择的目标投资企业标准。

光伏企业众多，但凡涉及到选择，至少要将其进行简易的分类，才能从中挑选出可塑企业。按照光伏产业链进行分类，可以分为上游多晶硅料企业；中游包括晶硅片、电池/组件企业，生产设备领域切片机相关联材料如切割线企业；光伏行业下游包括电站，逆变器等。行业专家表示，这些产业链中的企业都是“垂直一体化”的，它们在自己的一亩三分地上都拥有绝对独特的技术，也就是我们所说的“与众不同的资源”。

光伏业发展的终极目标是平价上网，这就为那些技术和成本有优势的企业创造了更多机会。“垂直一体化”使光伏业的产业链清晰完整地被描绘出来，这些产业链上的企业之间可全部实行平价交易，以降低最终成本。这样具备全线产品的产业在竞争市场上也具有绝对的优势，所以，产业链上的每个企业都至关重要。

就像“木桶效应”所比喻的一样，一个产业链想要致胜，就必须要求每一个链上企业的基础一样夯实，倘若其中某个企业存在短板，那么这个产业链就存在漏洞和弊端。正所谓，一条产业链的优秀与否，取决于其中最差的一个企业的水平。

因为“垂直一体化”对产业链上的每个企业要求极高，所以这种模式下取得成功者就特别地少。所以，那些寻求发展的光伏企业便会将触角延伸到“专业化”的领域，即在某一产业上做大做强做到绝对的有话语权。

这种对资源优势有着很缜密要求的“专业化”同样给企业家们提出了更高的要求，它要求企业的技术绝对领先于行业市场才行。这样具备“不可复制的资源”的企业，才能够最终成为行业的幸存者，也是我们广大投资者目标投资企业。

对于这样资源优势助推下的成本优势，是长期投资者必选的课题，因为它们能带给你最好的、最可靠的长期回报。

结构性竞争优势

巴菲特的“经济护城河”，简单点说就是优势，包括成本、技术、竞争力等诸多内在的、外在的因素集一身的各种结构性优势。从长期投资的视角分析，这种道高一尺的结构性竞争优势远远比魔高一丈的经营决策更关键。

因此，投资者一定要将赌注押在赛马身上，而非骑士。就像任何一场赛马，骑士的技术再绝伦，真正决定比赛胜利的因素还是赛马是否够优秀。企业的管理者固然重要，但能决定投资者是否盈利的根本是企业的“护城河”！

股神告诉我们，一个管理能力超级棒，但其管理的企业却极其平庸的管理者，与那些能力一般，但所掌管的企业却拥有牢固的护城河的管理者相比较，后者更容易在激烈的市场竞争中存活下来，甚至会财富滚滚来，取得长期性的成功。

赛场上的那匹“马”，需要具备多强的优势才值得被选中参赛呢？关注企业的价值是投资者的必答题，而鉴别企业的价值就成为了多选题，毕竟，这条护城河有多牢固、是否能维持长久、能否在竞争中给予投资者更稳妥的回报……让我们跟着老巴，一起学习鉴别企业价值的方法。

伯克希尔是巴菲特和芒格一手养大的“孩子”，在它的身上，两位智者投入了太多的精力和付出，因此，以伯克希尔为平台成了巴菲特新宠的企业们，堪称具备宽阔护城河的幸运儿。巴菲特直言，他从未想过在一堆不成气候的公司中拔尖儿，他更喜欢在优质的企业中寻找最可塑的巴式企业。因此，这些企业至少要具备巴菲特众多选项中的一个或多个。

“我们永远没有办法精准地预估一家公司每年现金流入与流出的状况，所以我们试着用比较保守的角度去估算，同时将重心锁定在那些比较不会让股东错估情势的公司上，即便是如此，我们还是常常犯错。”在巴菲特的思想中，每一次选择都必须谨慎进行，就连他这个久经沙场的老手，都会有错误的判断，何况盲目蜂拥而上的晚辈。

巴菲特指点我们，选择优质企业的第一点要求，就是远离那些带给你负面影响的垃圾股。一般而言，外部投资者仅仅可以从公开披露的财务报表中得知自己所投公司的相关财务信息，他们的一些投资性决策也就只能从这些只言片语的财务信息中得到判断，倘若投资者分析财务报表的能力与公司业务的分析能力不能充分结合的话，那么所作出的决策恐怕就有些震慑不住场面了。

巴菲特所选择的目标投资企业，势必是那些清晰易懂、业绩持续优异、由能力非凡并且为股东着想的管理层来经营的大公司。这里，既包括了赛马的优势，也蕴含着骑士的技术。从学术界按部就班下来的财务分析框架难免倾向于所有企业，而针对性的少数具有巨大竞争优势的、差不多形成垄断的星级企业，可能就不适用了。所以，巴菲特进行财务报表分析的目的就是寻找那些少数的超级明星企业。

这种寻找超级明星的投资方式，成了巴菲特真正走向成功的唯一机会，所以，股神一定要努力做好才行。“我们不仅要在合理的价格上买入，而且我们买入的公司的未来业绩还要与我们的预测相符。”

巴菲特在给股东的信中，数年来都提到了财务报表分析的相关内容，大致上我们可以分析得出，股神寻找明星企业的财务分析框架可分为四步骤。首先是进行业务分析，确定该企业是否具备持续竞争优势的护城河；其次是翻来覆去对这份财务报表研究多次，找出数据的合理性和一般规律，从而还原企业真实的业务开展格局画面，达到历史回放的效果；再者，就是对几年或者历史报表进行比较分析，此项操作的目的就是确定这个公司过去的时间里是否具备长期盈利的能力、偿债能力和运营能力；最后就是通过以上的几点分析，总结出这个企业是否符合投资者所定义的“超级明星企业”的要求。如果结论是肯定的，巴菲特就会在对该企业进行长期盈利能力预测后再行保守估值，将估值与彼时的市场价格进行对比，决定是否值得投资。

巴菲特在1996年写给股东的信中提到，他所寻找的是那些"注定必然如此"的、非常容易进行预测的优秀公司。"在可流通的证券中，我们寻找相似的可预测性……像可口可乐和吉列这样的公司很可能会被贴上'注定必然如此'的标签。"巴菲特说。

2007年，巴菲特告诉股东们："一家真正伟大的企业必须拥有一个具有可持续性的'护城河'，从而能够保护企业获得非常高的投资回报。"巴菲特的投资方向总会向那些更优质的企业倾斜，所以，他讨厌管理费用的增长，这也成为所有费用增长的名单里，唯一被股神拉黑的一个。

这里所说的管理费用，主要指一些企业为了组织和管理企业生产过程及经营活动所产生的费用，董事会和行政、管理部门中产生的活动经费也是被列入到管理费用中的，除此之外还包括工会经费、差旅费、咨询费、业务招待费等。

"在有些公司，管理费用占营业利润10%甚至更多。这相当于对公司业务抽了十分之一的税，不但损害公司盈利，而且毁损企业价值。一家管理费用占营业利润10%的公司，和一家总部管理费用占营业利润1%的公司相比，尽管赚取的营业利润相同，但仅仅是因为总部管理费用开支过大，就会导致投资者遭受9%以上的价值损失。"巴菲特用管理费用占营业利润的比率得出的指标对管理费用进行比对分析，得出的结论就是，他对管理费用的增长深恶痛绝。

巴菲特和老搭档芒格在多年的投资经历中总结发现，公司总部高管理费用与公司高业绩之间没有任何相关性。"事实上，我们认为，组织机构越简单管理费用越低的公司，越比那些拥有庞大官僚组织的兄弟公司运营效率高得多。”巴菲特最敬佩的就是沃尔玛、钮可钢铁、Dover、GEICO、Golden West 金融公司等那些企业管理费用超级低的公司的运营模式。

鉴于对其他公司管理费用上做出的评价，在 1992 年的时候，巴菲特也对伯克希尔的管理费用进行了一次别开生面的讨论。巴菲特向股东们介绍说：“1992 年我们的税后管理费用开支占报告营业利润的比率不到 1%，占透视盈利的比率更是低于 0.5%。”“在伯克希尔公司，我们没有法律部门，没有人事部门，没有投资者关系部门，也没有战略规划部门。这也意味着我们并不需要警卫、司机或是送信跑腿的人等后勤支持人员。最后除了 Vernre 以外，我们也没有聘用其他任何咨询顾问。”

在优秀的管理、较高知名度的品牌、多年形成的良好声誉面前，管理上需要只付出逐年增长的费用就太不值得了。企业只有超出行业平均盈利水平，才能称之为具有优势和投资意义，才能凌驾于其他“平民”之上，被神一眼看得见，抓在手里造一个企业赚钱的砝码，此时，“骑士”本身的能力就显得逊色多了。

投资就不要赔钱

“在这个世界上，即使是最好的生意，如果价格不合适，也会变成最差的投资。”股神的经验告诉我们，股票的价格是决定是否赚钱的基因，但真正决定赚钱与否的是股市。市场是比价格更可怕的致命因素，它可以让人一夜暴富，也可以让人瞬间贫穷。

市场就是一个会随时发疯的病人，投资者不是医生却必须胜似医生，搞定“病人”最奏效的治疗方法就是做自己力所能及的事情——明知做不来的不去做，明知能做好的不轻言放弃。一直以来，巴菲特将自己的投资打理得很好，这个与曼哈顿华丽的董事会相比更喜欢奥马哈农场的慈祥长者，其投资方式与个人朴素的作风相差无二。那么，他到底是怎么做到的？

巴菲特有一句至理名言："投资的第一条准则是不要赔钱；第二条准则是永远不要忘记第一条。"在这条铁律之下，巴菲特的财富雪球越滚越大，大到他自己都难以置信的维度。

的确，投资的唯一目的就是赚钱而非赔钱，如果投入 1 元钱后期却赔掉了 5 毛钱，手上剩下的那一半本金，只有最终拥有 100% 的收益，你才能勉强回到"解放前"，这就等于投资者用两倍精力原地踏步。不赚钱的投资多可怕！

有人说，作为投资者，一生经历一次大牛市就算幸运儿了，巴菲特自 1956 年起历经 60 年的股市，经历过四次大牛市，这也成了巴菲特一生中赚得最扎实的财富。

1956 年至 1966 年，是巴菲特迈进股市的最初十年，这十年间，美国大盘涨幅 1.26%，而巴菲特却收益了 11 倍；1967 至 1980 年间，美国迎来熊市，大盘上涨 40%，一度突破一千点大关，包括 IBM、雅芳等企业的收益都高达 40 ~ 100 倍。

疯狂的股市带给市场成员的是极高的收益率，然而巴菲特却开始烦恼了。那个时候的巴菲特还是只认准廉价股的价值投资用户，股市那么强悍，哪能找得到廉价股呢？巴菲特深思熟虑了大半年，最终在 1965 年解散了他的合伙人公司。他说："股市太高了，尽管明天股票依然在狂涨，买哪一只股票都会赚钱，但是这种方式短期是可以的，长期肯定是会亏本，这并不是我很擅长的驾驭方式，当市场以我所擅长的方式运转，我才可以操作。"

这样的方式并不是股神擅长的操作方式，所以，股神选择了放弃，他要将更多的精力投入到他力所能及的领域上。巴菲特对合伙人说："我要解散公司，你们委托我管理的股票，我要退出交易，现在的市场环境我根本无法预计，我无法以不擅长的方式来经营，我不想让以前十年创下的辉煌业绩受到损坏。"

巴菲特解散合伙人公司的决策做得非常果断。他在股市最牛的时候退出的行为，正好印证了两个字——"反贪"。那个时候，几乎所有投资者都疯狂买入，也的确在短时间内暴富了一大批人，他们贪婪于股市的诱惑，所以也就没有理智地思考过，暴涨后的潜台词就是暴跌，贪婪必定导致灭亡。

上帝想要你毁灭，就会提前让你疯狂，巴菲特的"反贪"决策最终让他幸免于难。

巴菲特经常给大家讲的故事中有一则是这样说的：一个炒股高手来到天堂门前，上帝对他说，现在天堂里面分给股票投资高手的房间已经被占满了，请他先回去。这位炒股高手思量一番后，请求上帝允许他进去与他的同行们说一句话再出来，上帝同意了。炒股高手来到同行们居住的院子里，扯大了嗓门喊道："地狱发现大牛股!"这一句简短话语带来的结果便是，所有天堂里的炒股高手都奔向了地狱。天堂腾出了大量的空间，但是这个炒股高手却没有留在天堂，因为他发现，那些奔去地狱的同伴们一个也没有回来，他猜想，那里一定真的有牛市存在。

股神讲这个故事，是想告诉我们：在牛市面前贪婪的炒股高手数不胜数，而你本有机会跳出局限来审视自己的选择，如不能谨慎处理，等待你的结果或许和那些从众的"天堂来客"一样。

美国大崩盘之后不久，股神迎来了第二次牛市，或者说是第一次牛市的延续。当时的巴菲特手里只有16%的股票，而且只持有一家公司的股权，剩下的84%是现金和债券。其实，巴菲特还是想买股票的，但就是找不到便宜的价值股，直到1973年，所有的“漂亮股”（漂亮股指那些收益率高达80%甚至更多的股票）开始大幅下跌，到1974年仅两年的时间，大盘就下跌了40%。

所有的华尔街人都安静了，没有人再奋力购入股票，反而尽可能将手里的股票抛出去。于是，巴菲特开始大量购买那些价值股。在波峰时抛出，在波谷时再购入，巴菲特的第二次熊市，怎么看怎么像在股神预料之中顺势发展下来的。这次大采购不久之后，股市再次大盘反弹，巴菲特又赚了，赚得天经地义、盆满钵满。

巴菲特遇到的第三次牛市发生在1987年，当时的巴菲特是近60岁的老人了，在中国人心目中，这个年纪的人已经步入老龄化，应该退休在家颐养天年。然而巴菲特似乎还十分精力旺盛地驰骋于股海之间。在1984年大盘依然热情高涨的时候，巴菲特又开始抛股了，他手里只留下了那三只“死了都不卖”的股票，其余的全部抛出。

1987年10月19日，大盘一夜之间下跌了五百多点，跌幅高达22.6%，巴菲特依然安静地坐在自己的办公桌前，喝茶看报，他算是整个美国唯一没有关注大盘大跌的人了。这次股市颠覆的时间周期很短，当年的年底就开始出现大幅反弹，一年之后，大盘依然在上涨，整个八十年代，巴菲特的财富雪球至少壮大了1/5个维度。

巴菲特的坚持其实一直都在，只是这一次很鲜明地对比出来，让整个世界的股民震惊了，是什么让股神有如此定力的坚持呢？

巴菲特说过："我喜欢持有一只股票的期限是永远。"他还说过，"投资的秘诀就在于，选好一家竞争优势非常强的具有长期竞争优势的公司，长期持有。"

1999年，巴菲特遇到了他的第四次大牛市，牛市来临前五年开始，美国股市上涨了2.5倍，变化最大的就是网络股、科技股。持有这两种股票的投资者都赚得翻天覆地，仅1999年大盘就上涨了2.1%。相比之下，你会难以置信，而股神巴菲特在这个时期的收益率仅仅只有0.5%。

因为巴菲特手里的股票都是诸如可口可乐等传统行业股，他一股科技/网络的股票都没有买过，这种耐得住诱惑的坚定最终让他在2000年的那场科技/网络泡沫中幸存下来，并越活越好。

2000年，美国股市开始下跌，到2003年的时候至少跌幅一半以上，这三年，别人损失惨重，巴菲特却稳赚10%利润。那些曾经指责巴菲特没有在网络股、科技股盛行时买进的股东们，此时也不再指责他们的掌舵者了。"神"的思维模式，岂是他们能轻易企及的？

遇到牛市，说明巴菲特是幸运的；遇到多次牛市，证明巴菲特是幸运者中的幸运者；而在数次牛市中稳赚，谁还能撼动得了巴菲特"股神"的地位？

从巴菲特的决策中，我们总结出，他更喜欢用股本利率来衡量企业的盈利状况，就是说，只有用公司净收入÷股东的股本，得出来的收益率才是巴菲特认为可信可参考的数字。一个想要被巴菲特"收买"的公司，其公司利润占股东资本的百分比绝不能低于15%。从巴菲特持有的上市公司中可找得到他这一点坚定的出处，如：可口可乐的股本收益率超过30%，美国运通公司达到

37%。股本利率更能验证公司的价值，也有效避免了投资者被表面的收益所蒙骗而做出错误的决策。

巴菲特被誉为“奥马哈的先知”，因为他总能最精准地预测公司未来是否有发展前景，是否值得去投资，他的那种“要透过窗户向前看，不能看后视镜”的原则性习惯，又为他“神”的装束披上了一层光彩。

巴菲特的执着与坚持，使他成了行业竞争者中最大的、难以撼动的“威胁”。也使得太多的竞争者放弃敌对，成为“巴粉儿”。巴菲特是谨慎的，但也是有野心的，他说过，投资就是一场赌局，赌注越大赢得越多。这个市场是混乱无章的，或许每一个牛市之前必定要经历一个熊市，但这个经历的时间却很难把握。

所以，在市场“发疯”之前，投资者一定要确保自己赚得到更多的财富，以便于在你对市场无能为力的时候，也能力所能及地好好过活。

9

“股神”之路不可复制

巴菲特的钱袋子

巴菲特的投资生涯里，来来往往经过了太多的股票、证券、公司，也许他自己都未必能一股脑儿记下全部的名字，这些如同画笔般的“赚钱工具”绘制出了一幅金光灿灿的画卷，满载着巴菲特一生的财富。

股神始终都保持着长期持有一些公司股票的习惯，但并不是说他持股的所有公司持股时间都长，有的三年五年，有的十年八年，有的可能从持有开始就未曾想过出售。培养股神尽可能长期持有股权的原因只有一个，那就是有利可图。

巴菲特自从有了伯克希尔之后，就开始努力培养它成为自己的“钱袋子”。这么多年以来，通过伯克希尔投资的公司一直比较神秘，但却层出不穷地创造着巨额财富。让世人不禁好奇，为巴菲特赚的盆满钵满的公司们，都有着怎样的一副面容？

2013年，美国自由媒体集团公司以“新宠”的名分被巴菲特带回了它的“藏娇屋”。美国证交会公布的一组机构持仓数据显示，巴菲特旗下的伯克希尔·哈撒韦公司在2013年的第一季度，新买入了两家公司的股票，其中之一便是美国自由媒体集团，伯克希尔持有该公司的股票数量为562万股，占公司总股份的4.7%，持股市值高达6.28亿美元，一跃成为自由媒体的第四大流通股东。

美国自由媒体集团堪称世界六大媒体集团之一，也是新闻集团的第二大股东（默多克为第一大股东）和时代华纳的最大股东（新闻集团与时代华纳同为六大媒体集团之一）。自由媒体集团在美国、欧洲、南美及亚洲等地的视频节目、通讯、技术和互联网等领域均有广泛投资，其主要的资产都投放给了星光映佳集团、探索通讯公司、QVC公司、SPRINTPCS集团、摩托罗拉公司、博酷在线等。自由媒体集团在众多投资公司里的主要角色是管理其资产，使其每股价值得到最大限度的增值。

当然，自由媒体的眼光也是瞄向了世界各国的，又怎能忘却了中国这盘大蛋糕。其实，早在2007年的时候，自由媒体就已经开始了与中国的合作。当时，自由媒体的合作伙伴歌华有线发布公告，声称将与自由媒体、华创投资共同签署合资协议，开发和拓展中国的高速宽带数据增值业务。

业内有声音表示，能与自由媒体合作，歌华有线可算得上是“傍上了大款”，一方面为其自身利润增长带来驱动力，一方面加速推动了中国宽带业务和有线电视网增值业务的开展，使国内的信息技术又上升了一个台面。只不过，这份声明目前还没有正式实施，但至少表明了，自由媒体的眼里已经看好了中国市场，也可以理解为，股神巴菲特对中国市场也是情有独钟的。

巴菲特的口味并不局限于某一个领域，甚至不会一成不变地守着几个公司“过家家”，他总能在大家以为知己知彼的时候，再走出一个不一样的棋局。就像一直对汽车领域“不感冒”的巴菲特，居然破天荒地砸重金购买了通用汽车的股票，这其中难道有着哪些不为人知的秘密？

2012 年的 5 月，伯克希尔公司提交的 13－F 号文件显示，公司第一季度新建仓位包括 1000 万股通用汽车股票。到目前为止，伯克希尔已经购买了市值近 7 亿美元的通用汽车股票 25000 股，持股占比为 1.6%。巴菲特此举让业内人士普遍认为，股神十分看好美国的汽车行业，看好通用汽车的未来。

美国通用早年初建时将总部设在了美国的密执安州底特律城，后来通过联合及兼并等形式与别克、凯迪莱克、雪佛莱、奥兹莫比尔、奥克兰、旁蒂克、休斯和 EDS 电脑等公司融为一体，成立了今天的美国通用汽车公司，其全球总部位于美国的底特律。

说到这里，我们至少会提出两个疑问，其一：为什么巴菲特从来都不看好汽车行业？其二：为什么股神会出现这种极大反差的投资风向的转向？

美国通用汽车公司自诞生至今的百余年以来，经历过发展、激情、变革、全球化，直到 2009 年的破产重组，通用的声望从没有流失过美国民众的“茶话会”，这么一个经得住大起大落的企业，就真的不值巴菲特看上一眼吗？

对此，股神表示：汽车行业是一个很难断定胜利者的行业。五十年前，通用汽车看似是无法阻挡的，他们在美国拥有几乎一半的市场占有率，但2009年，通用公司破产，在汽车业很难预言谁将是经久不衰的赢家。美国国产的汽车业有将近两千家公司，你能在网上找到他们全部的名字，需要四十页才能列完。这么多公司接下来发生了什么？在2009年春天，只剩下三家，而且其中两家都申请破产。挑选一个未来赢家不是一件简单的事情。”

巴菲特的论断不无道理，可距离通用破产重组才三年的时间，股神又转变了决策，开始大量购买通用的股票。

美国财政部一直持有一部分通用公司的股份，本以救助通用于危难之间的初衷，却接二连三地导致财政亏损，故而，美国财政部不得不在2013年12月开始出售手里的通用股票，此时的财政部、通用公司都需要一个强大的财团横空营救。按常理推断，美国财政部都大批量出售通用汽车的股票了，股价应该跌破了地面才对。可事实却出人意料，2013年的通用汽车股票不但没跌，而且还上涨了42个百分点，因此，通用有着一大批抄底的守护神，巴菲特就是其中之一。

美国财政部如此着急地出售通用股票，相关分析人士认为，财政部可能对未来的美国汽车市场没有信心，相比之下，巴菲特却是信心满满，或许，股神真正感兴趣的是通用汽车背后的中国汽车市场。中国是通用汽车全球最重要的一个市场，股神已经成为了比亚迪的股东，可见，他对中国市场的信心绝对大于世界其他国家。

在经历了二十世纪七十年代的美股崩盘后，巴菲特对报刊业大为看好，1973年，他花了1062万美元买进华盛顿邮报的股票，

33 年后，华盛顿邮报为巴菲特赚了近 13 亿美元，投资收益率为 127 倍。

华盛顿邮报是巴菲特众多投资中收益率最高的一个，也因此成为股神持股时间最长的一只股票，很多投资者会好奇地请教巴菲特，怎样做到让报刊给自己赚钱的，巴菲特似乎一直也都是笑而不答，一种“我与华盛顿邮报的感情岂是旁人懂得的”韵味。

巴菲特从 13 岁的时候便开始做华盛顿邮报的报童，或许那个时候的股神还没有预测到未来的这个“大东家”会成为自己的摇钱树，一切总是那么机缘巧合又顺其自然。做报童的时候，巴菲特每天跑 5 条线路，投递 500 份报纸，四年多时间里，巴菲特赚得了他的第一桶金 5000 多美元。

可以说，巴菲特从小就了解华盛顿邮报，了解报刊业。1969 年，在购买华盛顿邮报前的四年里，巴菲特就购买了奥马哈太阳报的股票，开始积累“持股”经验。对于那些还没有了解行业的投资者来说，巴菲特言传身授的可都是宝贵的财富啊。当然，最终让巴菲特决定买下华盛顿邮报的决心在于，他非常看好华盛顿邮报的巨大影响力。

1971 年，华盛顿邮报刊登了一份“政府在越南战争问题上存在欺骗行径”的报道，为下决心刊登这条新闻，公司总裁凯瑟琳·格雷厄姆着实经历了一番思想斗争，要知道，根据《间谍法案》，他们极有可能被起诉，甚至关业大吉。但凯瑟琳战胜了一切世俗观念，她要搏一搏。最终，这篇事实报道让华盛顿邮报从此声名大振。

1972 年，总裁凯瑟琳·格雷厄姆带着华盛顿邮报再次排除万难，将“共和党政府试图在民主党总部安装窃听器，破坏民主党的竞选活动”的事实刊发出来，唤醒了民众和传媒的支持，强大的舆论之下，那个威胁着凯瑟琳、不准她刊登事实和丑闻的尼克松下台了。凯瑟琳那句：“我们已游到河水最深的地方，再没退路了。”让她坚定地走出了困境，迎来了华盛顿邮报的曙光，也迎来了股神巴菲特的不离不弃。

从1973年到2013年，巴菲特持股华盛顿邮报长达四十年之久，172万股的数量给巴菲特带来的是超过23%的持股占比和7亿多美元的市值。

2013年8月，亚马逊创始人杰夫·贝佐斯以2.5亿美元收购华盛顿邮报，自此，华盛顿邮报的家族控制时代宣告终结。这次收购，为巴菲特创造出一份大惊喜——收购消息一经披露，华盛顿邮报公司的股票上涨了近5%，让投资华盛顿邮报的巴菲特足足获得了9080%的回报。不过，在互联网的大趋势之下，巴菲特也计划着放弃对华盛顿邮报的长期控股权。巴菲特的伯克希尔·哈撒韦公司准备退出对该报纸母公司格雷厄姆集团11亿美元的持股。

不管巴菲特最终是否全部放弃华盛顿邮报的长期控股权，他投资华盛顿邮报赚得盆满钵满的事实都赫然地呈献给后辈们，那种前瞻、执着是每一个投资者都应该具备的习惯。

能自我实现的“预言”

在我们罗列出的“取得巴菲特信任的股票们”里面有三个是大众传媒、四个是金融业。巴菲特的父亲、老师、挚交几乎都在金融领域叱咤风云，这也就让我们的股神，对金融业的股票有着一种别样的情感。

穆迪评级机构作为世界三大评级机构之一，在全球17个国家设有分支机构，800名分析专家和1700多名助理分析员坚守着自己那一席穆迪“芳土”。

2000年，巴菲特开始投资穆迪，最开始投资5亿美元买下了穆迪16.2%的股份。巴菲特持有穆迪股份数量最多的时候差不多占有穆迪总股份的1/5，2009年开始减持。随着后期的陆续增增减减，到2011年的时候，巴菲特持有穆迪的股份数量为2841万股，占穆迪总股本大约12.7%，这些股票的市值当时有13亿美元之多。

穆迪的商业模式是典型的巴菲特最欣赏的那一类——拥有经济特权、能够主动提高定价、成本低利润高轻资产。巴菲特说过，投资穆迪的资金相对而言是很少的，因为这是一个依靠给债券评级赚取酬劳的公司，来自于这方面的酬劳总是很可观的，丰厚的投资回报、低成本的投入不正是令巴菲特喜上眉梢的那种股票类型吗？而且，穆迪的竞争优势也非常不错，几乎没有多少能与之抗衡的业务竞争黑手。

芒格也很看好穆迪，他说：“穆迪与哈佛相似，是一条能自我实现的预言。”言外之意，就是称赞穆迪是那种“指哪打哪”的神枪手，品牌力量与自身优势都足够强大。

穆迪的业务主要分为投资者服务公司和金融信息咨询业务两大部分，前者是我们所熟悉的评级业务，后者包括一些提供先进风险管理软件、信用及经济分析、金融风险管理方面的咨询服务和研究报告等。

成为巴菲特的“一员大将”，穆迪自身的“护城河”也是显而易见的。穆迪与标普、惠誉并列称为全球三大评级机构。穆迪的评级是债券市场发行中不能缺少的一个重要环节，因此塑造出穆迪自身强有力的“保护层”。公认标准、行业准入、长年积累的公信力和品牌构建了穆迪在债券评级市场的护城河。

2001 年，穆迪将业务伸展到中国市场，在北京成立了香港穆迪亚太有限公司北京代表处，两年后，穆迪全资子公司北京穆迪投资者服务有限公司挂牌成立。尽管伯克希尔持有穆迪股份，巴菲特也是穆迪最大的股东，但巴菲特却从未依赖信用评级来做出投资决议，他都根据企业的状况来做出自己的判断。

穆迪曾经经历过一次金融危机，巴菲特甚至也被股东指责没有看好行情。2007 年次贷危机爆发后，穆迪作为评级机构成为舆论众矢之的，它高估了房地产市场的健康程度。2010 年，巴菲特在出席美国金融危机调查委员会的听证会前就曾表示：穆迪不应该被单独责怪，更不应当承担资产泡沫形成的所有指责。他承认：“回头看，穆迪确实应该认识到房地产泡沫的存在，而且不应该给这些实际上是灾难性的投资工具这样好的评级。”

但巴菲特还说过，几乎每个人都陷入了美国“我所见过的最大的资产泡沫之中”，他自己也受到了所谓的大规模的欺骗，“在这里我也一样犯了错误。”尽管巴菲特也适当减持了部分穆迪的股票，但他依然是穆迪最大的股东，或许，他对穆迪还是有信心的，所以顶着各种压力坚持着。

股市就是一个疯狂的市场，波谷之后就是迎来波峰的历程，只要你挺得过去，属于你的将是更多的财富。

2014 年 11 月，穆迪的股价突破 100 美元大关，在评级公司股票的押注上，巴菲特又一次证明了自己的准确决策。

达维塔公司是巴菲特众多投资选项中唯一一个医疗行业伙伴，2012 年，巴菲特通过伯克希尔公司接连几日大量购入达维塔公司的股票，购进价格在 100. 42 美元/股至 103. 76 美元/股之间，巴菲特拥有该公司 1404 万股，占公司总股份的 14. 7%，总持股市值约 16. 7 亿美元，巴菲特成为达维塔公司最大的股东。

达维塔公司是一家提供透析服务的医疗器械品牌公司，在美国主要为那些患有慢性肾功能衰竭（即终末期肾脏病）的患者提供医护。2012 年 5 月，达维塔公司以 44. 2 亿美元的现金加股票交易价格（约 36. 6 亿美元现金，外加 938 万股公司股票）收购了医师网络运营商 Health Care Partners。

近年来，达维塔公司进行了多次并购交易，交易对象也从美国延伸到德国、印度等地，以此来不断满足糖尿病患者对透析服务的需求。当然，作为达维塔公司最大的股东，巴菲特的财富因此也一直比较丰满。

从巴菲特大量开始购进达维塔公司股票开始，其投资的火眼金睛很明显地表现了出来。从历年来的成功经验得出，巴菲特但凡一次大手笔买进的股票，往往都会在不久的将来得到颇丰的收益回报。所以，巴菲特对达维塔的垂青也引来大批投资者的关注，甚至出现跟风行为。

其实，伯克希尔近几年一直保持着对达维塔公司股票的增持中，目前已经达到持股 3510 万之多。巴菲特对达维塔关注度不断提高，也自然地将市场的目光吸引到医疗器械的领域中。

不仅巴菲特对达维塔感兴趣，伯克希尔股票投资组合经理、被视为巴菲特接班人之一的泰德·韦斯勒甚至比巴菲特更看好达维塔。一些巴菲特的跟风者认为，伯克希尔很有可能将达维塔纳为己有，不过，也只是猜测而已，巴菲特并未作出任何这方面的决策。

从糖尿病患者数量的逐年豪增，以及达维塔大量并购其他机构的数量上看，达维塔的市场前景绝对是宽阔的，再加上国内腹透市场有着十倍的增长空间，预计肾透析相关概念股将获得资金的青睐。

2014 年 8 月，伯克希尔旗下的特种化学公司路博润（Lubrizol Corp）收购了主要产品包括医疗器械硅胶管、无菌医疗器械、体外诊断试剂等，并从事医疗设备装备服务的医疗器械及技术服务商 Vesta。

路博润公司是一家技术导向型全球性公司，主要的业务范围是负责组合复杂的特种化学品以优化客户产品的质量、性能与价值，同时减少客户产品对环境的影响。此次收购，将使路博润公司的业务范围扩展到医疗保健领域，也加强了伯克希尔·哈撒韦在医疗器械市场的布局。

其实，早在 2014 年开年之首，美国医疗市场便开始了一系列的并购狂潮，投资者更是将大的筹码压在了医疗领域上面，其投资前景甚至赶超许多优质医药股。一些备受瞩目的大型综合医药企业在这次并购潮中并没有显现出强大的优势，相反，那些在某一医疗领域旗开得胜的中小型企业，倒是成为了投资者的目标，因为大家都想在占领某领域的征途中走一条“捷径”——“大鱼”吃“小鱼”往往会是一种双赢的结局。

巴菲特的一举一动都被资本市场关注着，不仅在医疗股上的投资一度引起跟风，就连他投资医药股并善于使其走向国际化的招数，也是令追随者们望尘莫及的。医药股一向因技术壁垒在中小投资者面前蒙着神秘的面纱，还会在雄狮来临时，成为基金抱团取温的暖炉。

2010 年，巴菲特开始涉足医药行业，打破了他从来不投资不熟悉行业的誓言。受 2009 年金融危机持续的影响，全球经济均呈显著下降趋势，这种低迷的波动影响了所有行业。只有制药业一路逆风前行，凸显出医药行业的抗风险和抗周期超强能力。

巴菲特不仅很好地利用了医药业的优势为自己赚钱，还用上了自己独特的“医药三招数”。

第一招，只投资那些有多种专利药品的、盈利高且持续平稳的大型制药公司，这些公司的强大品牌优势，加强了自身业务的稳定性和持续成长性；第二招，只在股价大跌后，估值水平低于市场平均水平时低价买入，而且还要分期分批非一次性全仓买入；第三招，一篮子购买一批主要的大型制药公司股票，而不是选择一家或两家医药股，这样的组合投资策略，巴菲特不只运用在医药领域，其他行业也屡试不爽。似乎，股神每做出的一次选择和预测，都是未来这个时候真实的路程，果真是出神入化、预言成真。

资本玩家

我们时常说，投资就像一场赌博，谁的赌金多，谁就可能收获得更多。在那个时常会发疯的市场上，赌金多的就是那些资本玩家，作为最有代表性的一位资本玩家，巴菲特又是怎么玩的呢？

巴菲特在传媒业的投资向来都是很精准的，自美国自由传媒集团公司之后，美国著名的卫星电视公司——美国直播电视集团

（DIRECTV）也走进了巴菲特的伯克希尔。这是一家主要提供数字电视娱乐、宽带卫星网络与服务、全球视频与数据广播等业务服务的电视公司，以推行直播卫星电视为主。

2011 年第三季度开始，巴菲特旗下的伯克希尔首次建仓美国直播电视集团，拥有集团 1600 多万股票，这个持股数量在伯克希尔的历史上跃升为前十二大重仓股。2012 年的第一季度，伯克希尔继续增持了直播电视股票 260 余万股，直播电视再次晋级到伯克希尔六大重仓股之一。随后的一段时间，巴菲特并没有停下增持直播电视的步伐，最高时持有直播集团 3403 万股，占该集团公司股份的 5.6%，持股市值高达 17 亿美元。

2013 年 5 月，直播电视集团公布了该公司本年第一季度的财务信息，其营收和净利润均超出市场的预期效果，随着这个好消息的爆出，其池中股票价格也小幅高开，最高时每股 62 美元，创下历史最高记录。

巴菲特不仅是直播电视的最大股东，直播电视也是伯克希尔六大重仓股之一，即便是小幅高开，巴菲特也受益颇丰。

直播电视的一度走俏，同样成为行业内并购的首选，2014 年 5 月 12 日，有消息称：美国电话电报公司（ATT）正在与直播电视方面相关负责人洽谈收购事宜。此消息爆料一周之后，5 月 19 日，直播电视宣布，已以 485 亿美元的价格归于 ATT 门下。

ATT 可是美国电信运营商里的“老字号”了，目前成为美国最大的移动通讯、固话通讯的提供商，ATT 的业务还包括宽带和有线电视。实行并购之后的新公司，在全美范围内至少会拥有 2500 万新老用户，ATT 不仅获得了直播电视的用户群，同时还将业务范围伸展到了网络流媒体业务上。

网络流媒体是公认的未来发展趋势，指一些连串的数据经过压缩和网络分段传送，从而在互联网上实现实时传输影音的效果，是一款以供观赏的技术发展过程。因为这个技术可以将分组好的数据像流水一样发送出去，因此得名“流”媒体。当然，如果用户不想应用这项技术，就必须继续使用下载原来的整个文件。

对于直播电视而言，虽然自身优势显著，近几年的提升空间很大，也被行业持续看好，但整个行业的竞争依然激烈，能傍上ATT，对自身的业务发展也是一件两全其美的事情。当然，在这次并购中，获利最大的还是“股神”巴菲特。

作为美国直播电视集团最大的股东，这次并购使巴菲特原持有直播电视的股票增值至少3亿美元。

能源行业作为全世界的宠儿，又怎能被巴菲特错过呢？2012年5月，康菲石油公司将其拆分出来的两个部分——精炼油和加油站组建成一个名叫Phillips 66的独立公司。Phillips 66是美国最大的独立炼油商之一，主要业务为石油管道和炼化。

原本，巴菲特是持有康菲股份的。早在2008年3月，巴菲特便开始购买康菲石油的股票，同年9月，伯克希尔持有康菲的股票数量就高达8300多万股。当时，主流的声音都认为，巴菲特是看涨石油的价格才对康菲大笔出手的。

康菲历经了1970～1980年代的石油牛市，也历经过1980～1990年代的石油熊市，熊市期间的康菲并没有受到太大的市场骚动，股价依然很好地保持着相对快速的增长，甚至与标普500的表现同等水平。巴菲特想要通过投资康菲来获得更大的收益，其实并不一定要求石油价格有多高。

此次拆分再重组，巴菲特对康菲的“感情”也发生了变化，有“移情别恋”Phillips 66的苗头。在一次访谈节目中，巴菲特甚至开诚布公地说，他的投资组合经理（托德·库姆斯或特德·韦斯切勒）已经减持康菲石油公司的股份，买入Phillips 66公司的股票。

据悉，伯克希尔拥有Phillips 66的股票2716万股，占该能源公司股票的4.3%，市值约18亿美元。2013年12月，巴菲特再次出手，用持有的价值14亿美元的Phillips 66股票1900万股换购该公司旗下的子公司——Phillips Specialty Products In，以改善管道流通能力为主要业务的化工企业。

巴菲特一直以来对Phillips 66的印象都非常好，他说过，他对Phillips 66的业务组合印象很深，流动性改进为子公司提供高品质产品，财务状况一直以来都表现强劲。而Phillips 66的CEO Greg Garland也表示，他们愿意将子公司卖给伯克希尔的主要原因就是，伯克希尔给出的价格实在太诱惑人了。将化工业务出售出去之后，Phillips 66将更多的精力投放到油气运输、冶炼及其他化工业务的发展上。

巴菲特最看好的，就是那些持续盈利能力强，业务相对又简单的大公司，因为他基本上不会考虑投资不熟悉的领域，即便不熟悉的领域有足够吸引他的地方，那也一定是其业务简单易懂。在收购Phillips 66子公司的前前后后，巴菲特还以20.5亿美元收购了以色列Iscar公司20%的股权、以123亿美元买下番茄酱生产商亨氏公司50%股权；出资56亿美元买下内华达州公共事业公司NV Energy Inc。

仅2013年，巴菲特在收购环节上就花费了214亿，这还不算，伯克希尔的季报显示，计划中还有420亿美元的现金及现金等价物是计划用来并购的，伯克希尔是有能力并购更多大公司的。

股神的一举一动都牵系着市场的风向，也为同行做出了指引和参照。金融行业近年来一直饱受着业内的批判，但巴菲特却有鹤立鸡群的架势，依然看好金融业未来的发展态势。

2013 年，巴菲特还加大了手里银行股的数量。根据伯克希尔公司提交的监管文件显示，巴菲特对已有的三家大银行股票加大了增持，另投资 30 多亿美元买入了纽约梅隆银行、美国合众银行和富国银行的股票，其中，最大的一笔投资是 22 亿美元购进 496 万股富国银行股票，自此，伯克希尔对富国银行的总体投资超过 191 亿美元。

除此之外，伯克希尔还花费 7.45 亿美元购买美国合众银行的股份，累计对美国合众的投资也有 28 亿美元，持有其股票数量 6126 万股，占合众总股份的 3.3%，持股市值达 21 亿美元。

美国合众银行是成立于 1895 年的一家实力老品牌银行，总部位于明尼阿波利斯。它是一家金融服务控股公司，有 2472 个办事机构以及 4841 个 ATM 机，主要的业务范围包括银行业务、经纪、保险、投资、抵押、信任和付款服务等。

巴菲特早在 2006 年就已经对美国合众银行出手了，首次出仓便花费了伯克希尔 7.7 亿美元存款购进大量合众银行股票，2006 年年底，伯克希尔持有合众银行 2331 万股。

2009 年，巴菲特开始增持合众银行的股票，一度使其成为伯克希尔重仓股之一。巴菲特的投资方向总会牵扯到众多投资者的目光，就像这次增持美国合众银行，就引起了投资界的轩然大波。要知道，2009 年是美国历史上最敏感的年份之一，仅 11 月份的一周时间内，整个美国就有至少 10 家银行宣布破产，一年内，累计倒闭的银行超过120家。合众银行似乎成了这次“灭绝”危机中最能抓住机遇的一个，他不但没有损失惨重，甚至还开始不断“吃掉”一些中小型银行，实现自身的不断扩张之路。

当然，最能把握机遇的还是“股神”巴菲特，2009年第二季度，巴菲特通过伯克希尔公司连续增持美国合众，第三季度开始前，已经持股近7000万，成为该公司第四大股东。在伯克希尔重仓股的排名中，美国合众银行也名列前十。

好的合作必定带来双赢的佳绩，巴菲特通过持有合众股票而赚取盈利，同样的，合众也因为倍受股神的青睐使其股价持续上涨，甚至超越了大多数的竞争对手。

当然，合众只是巴菲特众多“金融股情结”中的一个缩影，截止到2009年的第二季度，伯克希尔公司总组合投资中，消费和金融类的股票比例超过60%。2009年，巴菲特“抄底”金融股的事迹至今回旋在华尔街的上空。

成“神”之路

在投资界，大家都视巴菲特为“神”，殊不知，“神”的每一次决策也都是经过深思熟虑研究的。巴菲特有钱，但他可不“任性”。所谓“机遇偏爱有准备的头脑”，老巴从幼年起就有沉思的习惯，几十年下来那是多么充实的准备啊。

二十世纪八十年代后期，巴菲特通过旗下的伯克希尔购入吉列股票。吉列是全球知名的剃须护理品牌，自1901年创立以来深受众多男士推崇。1917年吉列的品牌形象深入全美人心，市场占有率多达80%以上，绝对奠定了其品牌在剃须护理领域的至尊形象。随着吉列在美国市场占有率的与日俱增，其冲向全球的架势也不容小视，二十世纪二十年代就已经抢占全球六成以上的市场。

然而进入到1980年代，吉列却连续两次出现明显的形势衰退，可以说，巴菲特当时拿出6亿美元买了近千万股吉列股票，实属“英雄救美”之举。没有巴菲特的支持，吉列很有可能就被投机者恶意收购了，此后16年，巴菲特牢牢把持着吉列股票，即便是90年代末期吉列出现严重的跌落，伯克希尔也不离不弃。

当有人问巴菲特，为什么吉列的其他股东都撒手不管了，而他还守候在吉列身边时，巴菲特就会坦诚地说，手握着吉列的股票，可以让他安然地睡觉，只要想到第二天早晨，至少有25亿男人会刮胡子，他就心宽体胖。如果说，是巴菲特的不言放弃拯救了吉列，莫不如说，是吉列的刚需满足了老巴的心愿，巴菲特对吉列的品牌深信不疑。

世界上的好人总会有好报的，“英雄救美”的巴菲特因为长期持有吉列的股票，自然也应该得到丰厚的报酬。2005年，吉列被宝洁收购，原5.75美元/股的股价一度飙升至51.6美元/股。按照巴菲特1989年“支援”给吉列的6亿美元计算，吉列用45亿美元来回报巴菲特16年以来的“照顾”。业内专业人士无不称赞，巴菲特的睿智让他跑赢了整个大市。

吉列真实再现了巴菲特长期持股战略的丰功伟绩，也是他著名的“内在价值高于估值”的投资理论。话说，宝洁收购吉列丰满了巴菲特腰包的同时，也开始延续着巴菲特的财富神话。

宝洁能够顺利与吉列联姻，巴菲特这个最大的股东在中间可是发挥着不小的积极作用。原来，在并购之初，双方曾因为价格不同意而发生争执，巴菲特站在支持者的最高位置积极地引导双方走向最终的收购大成。早在 1996 年给股东的信中，巴菲特就曾断言，“对可口可乐、吉列这样的公司而言，即便是最强的竞争对手，若是他们说实话，也不会质疑可口可乐和吉列会在所属领域长期主导全球市场。”正是考虑到了吉列与宝洁并购之后将促使最大日用消费品横空驾临，巴菲特在交易中持有的支持态度也就不足为奇了。

并购之后的新宝洁将成为全世界最大最强的日用品公司，我们股神的睡眠将越来越好。因为之前是全世界的一半——男人要刮胡子，现在，全世界的另一半——女人要洗漱、护理……这样岂不是每天梦里都可以数钱了？

宝洁收购吉列是以“换股”方式进行的，1000 股吉列股票换购 975 股宝洁股票。巴菲特声称，这是一场梦幻般的交易，的确，全球最大日用消费品诞生了。交易成功之后，巴菲特的吉列股票也全部被宝洁取而代之。

巴菲特拥有宝洁 8279 万股，占宝洁股池约 2% 的比例，持股市值高达 14 亿美元。

从吉列到宝洁，巴菲特长期持股的优势尽显无余。老巴说过，没有人能够成功地预测股市的短期波动走势，股市的短期预测就是一剂“毒药”。“如果你没有持有一种股票 10 年的准备，那么连十分钟都不要持有这种股票。”这是巴菲特的心声，也成为了投资领域一条座右铭。但，也不是所有的股票都需要通过长期持有才能赚得更高利润的，这对股票自身的品质和市场大环境不无关系。

巴菲特支持长期持有的股票前提，就是投资者所投资的企业首先是一家优秀的，生命力足够长的企业。投资和投机最大的区别就在于，投机者关注的是股票的价格，投资者关注的是企业的业务状况。

巴菲特对投资者提出了这样的忠告，他说：“成功的投资者有时需要有所不为。”他认为，“不要把所有鸡蛋放在同一个篮子里”的投资理论是错误的，投资者应该像马克·吐温建议的那样“把所有鸡蛋放在同一个篮子里，然后小心地看好它”。

2014 年 8 月，宝洁对外宣称要在两年的时间里出售掉旗下近 100 个品牌，宝洁的瘦身计划刚刚开始，11 月，巴菲特用伯克希尔拥有的 5280 万宝洁股票“换购”了宝洁旗下曾声称要清除掉的金霸王电池股票，按照宝洁当天收盘价格 89.48 美元/股来计算，5280 万股相当于 47 亿美元的价格。

金霸王电池是宝洁第一个要清除的品牌，巴菲特也彻底抽回了伸向宝洁的手臂，2015 年的上半年，巴菲特与宝洁、金霸王三者之间的交易即将达成。

金霸王电池是全球销量最大的电池品牌，始建于 1920 年的金霸王年销售额超过 20 亿美元。金霸王一直以来的良好销售前景成了宝洁“自保”的命脉。据悉，宝洁公司近几年业绩持续下滑，金霸王作为其旗下最优秀的品牌是一定可以“卖”上好价钱的。果不其然，47 亿美元应该够宝洁缓一阵子了。

巴菲特这样评价即将纳为己有的金霸王：“金霸王是领先的全球性品牌，产品质量很好，与伯克希尔十分契合。”而此次清空了所有宝洁的股份，是不是验证了行业的猜测——巴菲特对宝洁的未来发展丧失了信心？

说到巴菲特认为信心十足的领域，金融业首当其冲。始建于 1850 年的美国运通，是一家多元化的全球旅游、财务及网络服务公司，其主要业务包括提供签账卡及信用卡、旅行支票、旅游、财务策划、投资产品、保险及国际银行服务等。

巴菲特第一次购入美国运通的股票是在1991年，买了3亿美元的可转换优先股，这种“可转换优先股”的最大特点就是，在购进的前三年里享受利益补偿机制——这个时间段里，持股人可以获得额外的股利，但却设置了持股人从股价上涨中获利的上限。这个利益补偿机制对巴菲特的有效期是截止到1994年的8月，巴菲特也很纠结，到底要不要在期限来临之前就出售手里的运通股票。

运通股票得到巴菲特垂青的原因是其掌舵者哈维·格鲁伯是个能干的CEO。可是，巴菲特也曾说过，赛场上，骑士永远没有赛马来得重要。尽管巴菲特对哈维·格鲁伯的能力非常认可，但他对美国运通的发展潜力还是存在怀疑。经过反复纠结和思量，最终决定卖掉运通股票。

可就在即将出手的时候，巴菲特遇见了赫兹公司的CEO弗兰克·奥尔森。两人在打高尔夫球的时候共同讨论了关于信用卡的问题。最后，巴菲特认识到，美国运通公司的信用卡相对于竞争对手有一种惊人的垄断经营权！

所以，巴菲特决定继续持有运通股票。到2004年年底的时候，巴菲特拥有美国运通公司11.3%的股票，他用14.7亿美元的成本培育了85.46亿美元的总市值资产，投资回报率近五倍以上。最多的时候，巴菲特持有1.5亿股运通股票，市值近百亿美元。

巴菲特曾在1996年的伯克希尔年报中提到，在伯克希尔，申报的盈余并不是衡量经济成长的最好标准，股息通常只代表盈余的一小部分，从较平衡的观点来看，应该认为没有发放的股息比付出的股息更有价值，原因很简单，伯克希尔投资的公司通常会有更好的机会将盈余投资于利润更高之处。

伯克希尔持有的美国运通公司未发放的营业盈余是1.32亿美元，这在伯克希尔所有的投资当中，恐怕只有可口可乐曾经出现超过此数的未发放完整盈余。而1997年伯克希尔的完整盈余是1.61亿美元。

在巴菲特投资运通的前前后后，无不体现出他理性、睿智、谨慎、前瞻的自我优势。巴菲特的成功，不是单一的胆量和勇气的结合，也不是教条主义下的理论联系实际，更不存在魔鬼般的冲动和侥幸的心理，每一次的抉择都基于充分的思考和判断之上。赚得多也好、少也罢，扎实走好每一步，至少不偏离轨道就不会有太差的收益。因为财富也喜欢那些时刻准备着的人。

重仓股前三甲

伯克希尔重仓股前三甲，毋庸置疑是持股市值为136亿美元的IBM、持股市值147亿美元的可口可乐以及持股市值155亿美元的富国银行。在巴菲特的财富领域，这三员大将的名号可是响当当的“贵妃”级别，是仅次于伯克希尔的最受巴菲特支持和信赖的公司。

巴菲特从2011年的春季开始购买IBM的股票，最开始以159美元/股买进450多万股，随后的两个季度又分别以167美元/股和173美元/股的价格连续买进了8220万股。2011年四季度至2012年三季度，巴菲特购买IBM的股票规模虽然没有之前的大，但却从没有停止购买，最高一次购买价格是197美元/股。截止到2012年底，巴菲特共持有IBM6811万股，持股占比6%，市值高达136亿美元。

历来素称“不投科技股”的巴菲特，自从有了IBM之后，就变得越来越有“科技味道”，来自于伯克希尔的连番资助，巴菲特已成为IBM最大的股东。

巴菲特在接受采访时曾作出表示：自从2011年建仓IBM之后，巴菲特一直都非常关心这个“新宠”，甚至通过阅读IBM年报来多角度审视公司及其业务。IBM打破了巴菲特不碰科技股的这则条款，分析师认为，巴菲特预见了IBM的成长性和在新兴市场的巨大发展前景。

我们的“股神”可不是单看IBM是高科技就心血来潮尝试看看的，他对IBM也是经过了千方百计的秘密考察。“对一家大公司来说，改变审计公司和律师事务所是大事，让IT部门停止使用IBM的产品也同样是大事。我多年前就应该注意到这一点。”巴菲特表示。

行业内对巴菲特持股IBM这样认为：“对一个长期回避科技股的投资者来说，巴菲特这次可不仅用脚趾试了试水温。通过入股IBM，他潜入了深处。”的确，购买IBM的股票，是巴菲特投资风向标的又一转向，巴菲特也说过，IBM在寻找和保留客户方面的优势一直让他觉得惊奇不已。

虽然IBM的总部在美国，巴菲特也是土生土长的“美国佬”，但巴菲特最看好的不是IBM美国的业务，美国以外市场的发展和机遇才是巴菲特盘里的那道菜，而IBM自身战略执行上的优势恰恰又给这道菜加了调味剂，让巴菲特爱不释手了。

在很多投资者眼里，IBM已经越来越有巴菲特的味道了，是经典的巴菲特式股票。这样的评论不禁让我们好奇，是巴菲特救赎了IBM，还是IBM走进了巴菲特的生命。

IBM绝对足够强悍，它不卖车险、不卖冰淇淋、不卖内衣，但它持有的股票中却包含了车险公司Geico、冰淇淋巨头冰雪皇后以及内衣厂商Fruit of the Loom。与一些科技新秀相比，IBM与巴菲特老牌投资企业有很多相似的地方，这些雷同的优势便是巴菲特对IBM情有独钟的解释。

作为一枚价值科技股，IBM的估值算是很低的了。IBM的股价所对应的2012年市盈率还不足13倍，这就远远脱离了“巴菲特因为估值高而远离科技股”的原则。IBM的五成以上营业收入均来自于服务业，使IBM理所当然地披上了一层“咨询公司”的外衣，这为巴菲特投资科技股打开了一条方便之门，可以说，IBM生来就是为巴菲特大量、长期地投资而准备的。

IBM自身的强大并不是旁人肉眼能够看得清楚的。2009年，IBM的蓝色基因计划被授予“国家科技创新奖章”，当时，IBM用14.7万个Power PC架构的处理器模仿一只猫的大脑，如今，这个Power PC架构的处理器的数量已经被缩减到2.4万个，并且已经可以模仿5%左右的人类大脑。

不久的将来，癌症患者可以用自己的基因根除病患，人们登陆邮箱、电子银行也不再需要密码……到2018年，IBM至少将计划实现五大预言的科技成果，包括智慧课堂、智慧商店、智慧医疗、智慧隐私、智慧城市。

经历了股价下跌，经历了硬件业务下滑，巴菲特对IBM的发展强劲和利润前景依然信心十足。巴菲特说：“每一家企业，包括伯克希尔·哈撒韦，都在面临艰难时期。在这段时间内，我们已经看到了太多的波动。”

可口可乐是超越了IBM的巴菲特第二重仓股，巴菲特对它的情愫还要追溯到儿时，曾经通过售卖可口可乐而赚得钱财的巴菲特，目前拥有可口可乐4亿股，占可口可乐股池里的9%，持股市值多达147亿美元。这个全球销量排名第一的碳酸饮料，就是这么神奇地称霸了世界，俘虏了股神。

1988年，巴菲特投资6亿美元购买可口可乐的股票，当时伯克希尔的市值也就34亿美元左右，而持股可口可乐三年之后，光伯克希尔投资在可口可乐上的股票市值就达到了34亿美元之多。很自然地，1994年开始，巴菲特开始增持可口可乐股票，总投资超过13亿美元。

到1997年的时候，巴菲特手里的可口可乐股票市值涨幅到133亿美元，10年赚10倍，仅可口可乐“一个人”就给巴菲特赚了100个亿，从此成为巴菲特投资生涯中一个最美的不老神话。

可以让可口可乐股价迅速上涨的根源，自然离不开它自身业务的突飞猛进。1992年，可口可乐盈利不到17亿美元，1997年盈利就达到了42亿美元，5年复合增长率近20%，巴菲特买入手的可真是一只超级成长股。

天空不会存在一个24小时“上岗”的太阳，可口可乐在巴菲特的支持下奔跑的后11年也输了大盘，但之前跑赢的那十年利润足够后11年的“挥霍”了。受美国网络股为代表的新经济泡沫影响，以传统经济为代表性的可口可乐被打入了“冷宫”，从1998年创下70美元/股历史新高之后，便一路向下滑落，两年时间下跌一半之多。

直到网络泡沫破灭之后，2002 年 7 月，可口可乐以三年略涨的姿态优雅地傲视着美股市场。从 1988 年至 2009 年的 21 年间，可口可乐仍然远远跑赢大盘。但好景不长，2009 年全球金融危机的爆发，可口可乐也没能幸免，只不过它下跌的速度比其他类别股票缓慢，相比之下也算得上是跑赢了大盘。

可以说，巴菲特持股可口可乐是一波三折，几次大局不保的时候，很多人都以为巴菲特会放弃可口可乐，但巴菲特始终没撤手。对此，巴菲特坦诚地说：“如果我卖掉的话，别人一看我这个第一大股东都卖了，肯定会跟着疯狂抛售，可口可乐的股价就崩溃了。”

巴菲特的仁慈也让他付出了很大的经济代价，在 2003 年年报中，巴菲特说：“在股市大泡沫期间，我没有卖出一些重仓股，确实是犯了一个大错误。”

在所有的重仓股中，最博得巴菲特爱怜的就是富国银行。作为全美第四大银行，巴菲特拥有富国银行近 4.4 亿股票，市值超过 155 亿美元，这个数在富国银行的大盘里也占有 8.4% 的分量。

二十世纪九十年代初，受美国西海岸房地产市场低迷的影响，作为美国最大的房地产贷款银行之一的富国银行也没能逃脱困境，股价始终徘徊在低价股之间。巴菲特是在股市下跌的前一年——1989 年开始买进富国银行股票的，他以 70 美元/股的价格买了 85 万股。到了 1990 年股价持续下跌时开始大量买进，到 1990 年年底，巴菲特持有富国银行的股票超过 500 万股，约占富国银行总股数的 10% 。

巴菲特大胆购进这么多数量的富国银行股票，不免引起一些股东的担忧。但巴菲特却坚信：富国银行有一个优秀的管理层，其贷款风险又在可控范围内，即便房地产出现大幅下调，富国银行也不会因此而倒闭。

1992 年至 1993 年，巴菲特连续两年增持富国银行，到 1993 年年底，巴菲特已经拥有 679 万股的富国银行股票了。而富国银行也非常给巴菲特“面子”，一直都在稳步发展中。

在市场出现亢奋之时，巴菲特便开始有所动作，从 1997 年开始减持富国银行的股份，到 2001 年约减持了三分之一。2005 年之后，富国银行的股价估值开始降低，巴菲特每年都增持部分富国银行股票，最大的一次买进是在 2008 年金融危机之后。但自 2008 年起，富国银行的股票市净率也开始低落回 1.5 倍之内了。

起起落落的富国股票，历经沧桑却始终为伯克希尔的最爱。2014 年 6 月，《华尔街日报》向世界宣布：162 年历史的富国银行，有望成为美国历史上市值最高的金融机构。

其实，富国银行的资产规模在美国金融市场只能排在第四位，银行业务也相当传统，大部分收入来源于消费者和企业客户提供的单纯的贷款。那他为什么能在市值上独占鳌头呢？这里面最大的影响力就是巴菲特！

富国银行作为伯克希尔的头号市值股的身份，使它成为全球金融业的焦点，就连金融危机的时候，也能轻易避险幸存下来，这都离不开股神的“庇佑”，目前，伯克希尔持有富国银行大约 240 亿美元的股份。这大概就是我们所理解的“强强联合 = 更强”。

他，难以复制

国内外的投资界，想复制巴菲特成功的人数不胜数，然而成功者寥寥无几。即便跟着巴菲特的脚印走每一步，结果也总会以惨败收场。是巴菲特的秘密不容洞悉，还是这个世界上本来就不存在成功的复制？

在中国，就有这样一大批效仿者，比如重庆大学经济与工商管理学院副院长但斌、同威资产管理有限公司及同威创业投资有限公司创始人李驰、中国凌通价值投资网的创立者董宝珍等人。这些人本就在自己所属领域执掌一方疆土，但他们亦步亦趋地模仿巴菲特的成功投资，在小有收获之余却损失惨重。

但斌是一个非常纯粹的价值投资者，但他的价值投资之路却一路荆棘。东方港湾马拉松在2005年至2007年间的成绩还是不错的，但随着2008年金融风暴刮起，东方港湾马拉松惨遇滑铁卢，净值一度跌至40%。直到2011年，东方港湾马拉松净值涨幅才有所靠前，沉浮了20年之久的但斌，终于在2011年的《福布斯》中国杂志上，被列为“中国私募十大教父”之一。

但斌非科班出身，本科毕业于河南大学体育系，二十世纪九十年代南下深圳打拼，与经济学的朋友一起尝试着做股票生意，算是中国最早的一批证券工作者。从研究员到投资经理，凭借着天赋、勤奋和智慧，但斌在证券市场做的还算顺风顺水。

2004年，但斌创立了东方港湾。他就是要将巴菲特的投资之道全盘照搬过来，运用在中国证券市场。

但斌坚守价值投资，也主张长期持股，这些来自于“股神”巴菲特的成功之道，在但斌的手里把握得似乎并不那么坚实。但斌欣赏的是那些几十年亘古不变的黑马、经久不衰的持久增长型行业，以及那些拥有“护城河”的优质企业。“我们主要偏好IT、消费及医药三个板块。IT主要关注平台型企业，像腾讯、新浪，看得懂，相对风险小；消费主要集中在高毛利的企业里，白酒如茅台，红酒如张裕B等；医药集中在中药，我们会选择高毛利、商业模式比较简单、能看得明白的企业，如云南白药、东阿阿胶等。”但斌如是说。

股票的选择问题，但斌更关注净资产收益率、毛利率、行业等几大要素，他表示，一个投资家需要宏观的视野，需要思考这个企业发展对整个国家、社会带来的影响和起到的作用。

可是，上苍似乎并没有眷顾这个一直努力前行的巴粉儿。截止到2013年11月8日，东方港湾马拉松近七年的总收益率只有9.54%，平均的年收益率为1.36%，还没有放在银行里存活期的利息高。想必，我们那可怜的东方港湾马拉松创始人但斌，一定欲哭无泪吧？

被誉为中国“复制巴菲特”最成功的三位投资人之一的李驰，领导着同威资产管理有限公司，该公司作为一家私募资金性质的公司，在行业里还是一个初出茅庐的毛头小子，其主要从事的业务是金融资产投资管理。

在创立人李驰的投资观念作用下，同威资产的投资方向也采用价值增长型，即“发现优秀企业→待其股票价格下跌→大量买进”，然后便是与企业共进退，通过中长期投资来获取分红和资本利得。

李驰坚持说，自己“不是完全复制巴菲特”，他认为自己一方面在做价值投资，另一方面还在做趋势投资，“价值+趋势”，也就是“巴菲特+索罗斯”，是可以行得通的投资套路。李驰不认为分散投资是规避风险的有力保障，反而比较坚守集中投资，这也是他多年以来不曾改变的投资理念。

2004年时，李驰就通过旗下的同威资产走信托平台来收购法人股，他认为，想要进行规范化的私募，就少不了信托在中间的积极作用。有了信托，就等于有了保障，等于降低了风险，至少李驰是这样认为的。

李驰一直牢牢记得巴菲特的经典名言：“第一，投资不能输钱。第二，牢记第一条。”用李驰的话来解释，就是说，只有把风险降低了，回报才能高起来。他认为，投资最重要的关键点就是风险控制，分散投资只能降低风险组合的波动性，与降低风险没有任何关系。李驰表示“我们别总想着冒高风险发横财，横财是财富毒药”。可见，李驰在某些方面甚至比我们的“股神”都谨小慎微。

李驰有个习惯，特别喜欢在博客上发表一些投资言论。2010年，李驰通过媒体来推荐低估值的金融股，他“以身试法”地表示，其旗下的私募产品投资只有四只股票，而且全部投资在了金融股和大盘股上面。可是后来，李驰却“任性”不起来了，因为他手里9只信托产品已经有5只遭遇亏损，剩下的“盈利”产品的盈利幅度也不到8%。

李驰的失败，严重影响了他“中国巴菲特”的形象，同样因为复制不成反失利的中国投资者还有董宝珍。董宝珍是2013年最受争议的私募人，作为中国凌通价值投资网的创立者和主要负责人，董宝珍还负责管理否极泰基金。

2013年的下半年，贵州茅台股价持续下跌，董宝珍认为这是一个良机，于是学着巴菲特一样，开始在自己认为优势品牌的股价下跌时狂买进。然而，在2013年结束之际，董宝珍的否极泰基金净值只有0.3509元，一年里下跌了62.26%，排名“阳光私募”

的倒数第一。而贵州茅台的股价在这一年下跌幅度高达37%。

这就是一直都宣称学习巴菲特投资理念的“好学生”董宝珍，他努力寻找具备“经济护城河”的优质企业，本以为2013年的茅台就是这样的一只绩优股，可惜却上了“贼船”骑虎难下。甚至在手里赔个精光的时候还大胆融资继续重仓茅台，这样的操作，恐怕巴菲特想都未曾想过吧？

上学时老师就时常教导我们，看问题不能看表面，要透过现象看本质。巴菲特成功之道并不是那么容易就能学得到的，他很早便发现了价值投资的真谛，并用一生的时间赋予实践。这让全世界那么多的投资者、投机者以为找到了财富的捷径，以为跟着巴菲特的脚步就能一样滚起财富雪球。但斌、李驰、董宝珍就是这样不知不觉走到一条道上的学生——买大的、好的、有持续增长能力的品牌公司股票。

可能，学生是好学生，但却跟错了好老师。巴菲特的确是非常优秀的投资家，但他似乎没有培养出一位像样的学生，如果要问，谁是投资界的优秀教师，格雷厄姆首当其冲。活跃在华尔街的很多成功者，都是格雷厄姆的忠实信徒，如：市盈率鼻祖、价值发现者、伟大的低本益型基金经理人约翰·内夫；华尔街最长寿的投资人欧文·卡恩；沃尔特·施洛斯有限合伙公司（该公司在经历了18次经济衰退后，仍为所有股东赢得了20%的年复合回报率）的创立者沃尔特·施洛斯；Baupost基金公司总裁、投资经典著作《安全边际》的作者斯·卡拉曼等。

那么，为什么所有学习巴菲特的人都失败了呢？

证券市场的最大特点就是风险和收益并存，正是所有人都知道这个道理，所以在经历了失败之后总还相信，收益就在坚持之后的明天，也会在关键时期做出极端的坚持，这样就偏离了巴菲特的理念，造成最终的失败。

巴菲特几十年坚持下来的年均21%年复利报酬率，在全世界上都是一个制高点，或者他自己也难超越，更何况那些偏离巴菲特轨迹的“学生”。世界没有两片相同的树叶，再努力的复制，其结果也必然不会是完全。任何与人脑存在必然联系的技能都存在不可抗拒的主观意识，这也是众多效仿者“出轨”的原因之一。

格雷厄姆说过，对于理性投资，精神态度比技巧更重要。显然学习巴菲特的人们多半在理性的边缘支离破碎了。他们一半偏向保守，一半偏向机会，然而却机缘巧合地一起走向了失败的深渊。

10

那些“滑铁卢”的教训

美丽光环不一定真美

无论是证券市场的投资者，还是世界各国的普通股民，一提到巴菲特的名字，大家都会不约而同地想到另外两个字——“股神”，以股票投资一跃成为超过比尔·盖茨的世界首富，巴菲特的财富神话几乎成为了世界人民家喻户晓的励志故事。但是，“股神”毕竟不是神，巴菲特也是血肉之躯凡人一个，在叱咤风云的股市里，甚至也会有看走眼的时候，特易购，就是巴菲特神话的“败笔”之作。

特易购（TESCO）是英国最大的零售公司，成立于1932年，与美国的沃尔玛、法国的家乐福并称为“世界三大零售商”。特易购在英国有大约700家大型购物中心，另有42%的市场分布于中欧与东南亚各国，是一个地地道道的国际巨星大商超。

特易购创立初期主要经营范围是食品类，在经历了二十世纪六十年代的飞速发展和八十年代的进步期后，从1990年开始迈上国际舞台，2004年斥资1.4亿英镑收购了乐购超市1/2股权，以“乐购”的身份进入中国市场。

特易购顶着多维度的光环，如此“美丽”地吸引着巴菲特。2007年，巴菲特花费17亿美元买进特易购股票，成为这个国际零售巨人的第四大股东，然而特易购却成了巴菲特众多宠儿里面最有问题的一个，让股神名誉、经济损失不小。

2014年10月，伯克希尔提交给交易所的声明中表示：已减持特易购股票至3%，就是说近一个月以来，巴菲特至少出售了2.3亿美元的特易购股票。特易购也成了巴菲特目前持股15家公司里唯一一个赔本的买卖。

特易购怎么了？巴菲特怎么了？看起来的“强强联合”怎么就出现了这么大的扭曲呢？

原来，别看外表光鲜，实际上，特易购的日子并不好过。

2011年，为了控制美国本土店面的成本及扩张，特易购开始退出日本市场，这次退出确实给美国业务带来了扭转，亏损减少了23%。特易购在全球开了那么多子公司，应该不会因为美国的业务不佳就单单关闭日本的店，实际上，是因为日本的市场已经不足以让特易购生存了。

2013年，特易购对其子公司Fresh&Easy进行了评估，这家在2007年就开在美国的便利店，曾经是特易购最优秀的子公司之一，然而近些年出现大幅度亏损，特易购只好将150家便利店卖给美国本土企业——美国亿万富翁 Ron Burkle 旗下的投资公司 Yucaipa Companies，并“心痛”地关掉了只剩下 50 家美国分店的 Fresh&Easy。据悉，特易购在美国市场至少投资了 10 亿英镑，但美国市场带给特易购的却是 12 亿英镑（约合 18 亿美元）的损失。

特易购开在中国的乐购似乎也前景堪忧，特易购不得不选择与华润合资成立“华润万家”超市来“避难”。特易购在“华润万家”里的股份不足 1/5，与其说是与华润合资，不如说是将乐购卖给了华润，以这种遮丑的方式淡出中国市场“净身”回美。

一直以来，特易购在中国市场的境地都颇为被动，业内人士认为，特易购是为了保存其在英国本土市场那 70% 的地位，才关闭了那些无法胜任该地区领导者身份的店面，导致出现全球范围的业务萎缩状况。

中美两国是特易购在国际市场上最大的两个零售市场，这种来自于国际市场扩张的失利给特易购的继续扩张之路设置了不可逾越的障碍。然而，出售股份、撤离市场也并不能真的改变特易购整体的不景气，甚至加剧了这种颓势的持续。

特易购原本也是跟得上时代节奏的“前卫者”，通过投资和收购的方式在全球各国均发展了一些电商业务，将原有的业务范围增扩到生鲜、果蔬、时令、食品和日消品、生活用品等。在中国，特易购收购了上海内环地区试水电商；在东南亚收购的是 Lazada。只是，收购这些电商企业对特易购来说，似乎不是什么福音。

中国有句古话说“攻城容易守城难”，特易购的电商之路没有经得住强大的危难冲击，这种冲击带来的负面情绪甚至影响到了实体零售业，加之门店租金的持续升高，特易购就一边关闭线下实体门店，一边加大线上网店的投入。

电商并不是任何一家零售业都能干得起来的，它要求管理者必须有足够的资金连续投入、随时解决产品差异化带来的任何困难、有效的成本控制体系和物流仓配送服务等。这些都不是特易购的优势，在整个地球上，特易购开始举步维艰。

国际市场业务的退出，本土市场又在一点点缩水，特易购进入财务低迷期。2014年年初，特易购在一个半月的时间内就出现了两次盈利预警，为此，还更换了领导层。随着英国金融行为监管局（FCA）对公司会计问题的调查工作开展，越来越多的财务问题呈现出来，加剧了特易购的危机。但公司的领导层面却没有将实际的数据呈报上去，FCA的调查就是因为，特易购在2014年上半年对其盈利预测夸大了2.5亿英镑。

说白了，就是领导层不想让外界知道自己的亏损，以免影响业务的开展，所以报了假账。但盈利预期下调了23%可不是一件说淡化就能淡化的事情，要知道，这样的欺骗行为已经有损大股东之一巴菲特的利益。

巴菲特持有特易购4.1%的股票，这让他损失了大概7.5亿美元。巴菲特说，自己没有调查清楚特易购的财务状况，没有意识到，特易购正在走“下坡路”，被他们“看上去很美”的财务报表蒙蔽甚至欺骗了，最终导致投资的失败。

从2007年，以16.99亿美元购买了特易购3.7%的股份以来，直到2013年的年底，巴菲特手里的特易购仅值16.66亿美元，到了2014年就仅剩下8.8亿美元的持股市值了。六年赔了一半，巴菲特的账面损失已有48%之多。

这次投资，股神也不能再淡定下去了，他公开承认了自己投资上的失误，并总结教训，当然，最大的教训就是被财务上的美丽数字欺骗而做出了错误的决策。在损失了7.5亿美元之后，巴菲特开始减持特易购，坚决不能在同一个错事上连续出现两次失误。

7.5亿美元，对巴菲特的财团伯克希尔来说还不是一个很大的数目，为什么巴菲特不选择继续观察，或许有机会咸鱼翻身也说不定。最终，巴菲特还是做出了减持的决定，看来，我们的股神是真的对这个国际零售巨人失去信心了。

巴菲特预见了特易购已经出现了危机，并深陷于困境之中难以自拔。投资本就是一件可赚可赔的赌博，输者就应该愿赌服输，如果单方面地纠结于失利那部分，反而减少了对可赚领域的关注与支持，岂不是得不偿失？况且，巴菲特已经认识到，投资特易购本身就是一场错误，何必在错误基础上再犯错误呢？

对于巴菲特的坚持，特易购还没有“诚实”到告诉外界股神还剩下多少股份在自己那里，当然，如果巴菲特还要继续减持的话，特易购也理所当然可以坚守自己的沉默。

巴菲特的投资组合中，包括可口可乐、美国运通、IBM等，特易购是其2013年投资的十五个股票中唯一一个下跌的。当然，“不赚钱就等于赔钱”，在巴菲特的认识中，特易购将面对一个长时间的利润压力，这是一条漫长的不归路，巴菲特就是再有钱、再任性，也没必要用金钱来祭奠特易购。

特易购面临的挑战，不仅仅是全球各国当地企业的威胁，其来自于英国本土的市场竞争也尤为激烈，在2014年的8月份就第三次提出盈利预警，并宣布下调中期股息，减少资本开支。从零售业发展的相关特征上看，当人均GDP到了8000美元的高度后，零售业的增长速度就应该逐步减缓，并与此同时专项多元化的发展态势上来，在一些经验总结中可以看出，多元化的发展是更多企业生存之道，显然，特易购在多元之路上的步伐迈得并不稳健。而且，这种不扎实的“功底”稍不留神就会使企业承受更多的利润压力、品牌影响、资产损失等。

巴菲特的失策，让我们认清了很多看上去很美的企业，其实并没有那么丰厚的基础，或者说其护城河已经出现干涸的迹象。投资者此时必须端正自己的心态，冷静、谨慎地选择增减股票的持有数量。而准备购买这类股票的投资者，就更需要多方面了解公司情况，通过真实的数据进行客观的分析，才能做出相对准确的决策。

错的时间，错的坚持

世界上最无辜的莫过于“好心办坏事”，很多人都在感叹自己，在对的时间里遇到了对的人，收获幸福，感恩亲情。但也有那么一种情绪，宣泄出在错误的时间里做了错事，还难以理解地将这个错误固执地坚持着。

巴菲特，就曾在一个错的时间里，坚持了一件错误的决策。

2006 年，巴菲特花了 1.6 亿美元买了康菲石油的股票，这是一家从事石油、天然气勘探、生产、加工和营销，以及化工和塑料产品的生产和销售的国际一体化能源公司。公司自 2002 年由美国康纳和石油公司、菲利普斯石油公司合并建成之后，成为了世界第五大能源公司和美国第三大石油公司。

2008 年，国际油价接近最高点的时候，巴菲特开始增持康菲石油的股票。其实，这并不是巴菲特有把握的一次投资，因为他以往都主张在股价接近波谷的时候才大量增持的，如今的康菲石油实属一个特例。当然，所有人都希望巴菲特这次增持康菲石油是正确的选择。

2007 年至 2008 年一年多的时间里，巴菲特手里的康菲石油股票数量，从 1750 万股增持到 8490 万股。2008 年国际石油暴跌时，巴菲特意识到手里的康菲是一只“烫手的山芋”，留不得。于是，在增持不久之后开始减持，整个市场估计都被股神的这一举动惊呆了，他们一定搞不明白，巴菲特采取的是一个怎样的套路？在价格最高的时候狂买，价格最低的时候（与买进时价格下跌超过一半）狂卖，大家是真心地搞不懂了。

这次夸张的做法，让巴菲特损失了 26 个亿，他坦诚地承认，自己犯了一个最严重的错误——在油价和天然气价格接近最高点时，增持康菲石油股份。“我没能预计到 2008 年下半年能源价格的戏剧性下跌，我仍然认为未来石油价格会比现在的 40～50 美元/桶高得多。但是到目前为止我错得离谱。即使石油价格回升，我选择购买的时机也让伯克希尔消耗了数十亿美元。”巴菲特说。

本想抄底，没想到反被套牢，巴菲特可谓损失惨痛！

一个人成功久了，他偶尔的一次失误就可能被自然地放大。增持康菲石油的失误，虽然成为巴菲特投资生涯中最悲惨的一次滑铁卢，但 26 亿美元只能说是伯克希尔财富中的一小块，康菲只是让巴菲特损失了伯克希尔净资产中的 9.6%。

与此同时，标准普尔 500 指数也下跌了 37.0%，相比之下，其实巴菲特还是“赚了”27.4%。而且，2008 年伯克希尔的损失远不如 1999 年的损失惨痛，那一年，伯克希尔在标准普尔上涨

21%的前提下仅仅增长了0.5%。

巴菲特承认自己做错了事，那是他谦虚、本分的个性使然，但我们，尤其是跟随巴菲特脚印一步一步走过来的投资者，一定不能因为一次失误决策而全盘否定股神的价值所在。或许这次事件给予我们最大的启示便是，真正的价值投资是不能以短期的市价变化而决定增减或评判投资者对错的依据。

巴菲特在2008年写给股东的信中，曾经表明了自己对投资成与败的衡量标准，他说：“我应该强调，我们并不以某一年这些公司的市价来判断对它们的投资是否取得了进展。我们用两种方法来评估自己所拥有的企业的表现，第一项测试是企业的利润取得了怎样的改善，我们也会考虑具体的行业状况。第二项测试更为主观，它主要针对这些企业的‘护城河’在过去一年内是否有所扩大来做出判断。”

如果按照巴菲特这样的衡量标准，又怎么能果断地认为康菲股价2008年的下跌就没有回旋余地呢？这和他给股东的信中的说法不是很矛盾？

美国资深报道记者、小说家詹姆斯·B·斯图尔特曾经这样评价康菲石油，他说：“我自己在2008年的时候将康菲石油等能源类股票都抛了，因为我认识到原油及其他大宗商品正处于泡沫状态。”如果说，连詹姆斯·B·斯图尔特都看到了石油市场上的乐观情绪是盲目不可信的，或者说是一个不良的征兆，那么，有着半个世纪投资经验的“股神”巴菲特又怎么能没有看出来其中的所以然呢？所以，詹姆斯·B·斯图尔特认为，巴菲特对犯在康菲石油上的错误所做的解释有些牵强。

当然，这只是评论家詹姆斯·B·斯图尔特的个人观点，我们只是将事情的始末原封不动地呈现给广大读者，其中也包括其他评论家对事件的个人见地。

从另一方面讲，巴菲特对康菲的增持也不能说成是盲目的乐观。虽然当时的国际油价已经接近波峰，但康菲增幅的速度并不快，这种稳步的提升空间，或许有些蒙蔽了股神当时的判断。至少，巴菲特2008年增持康菲股票的时候，康菲的股价与2007年并未相差太多。也就是说，巴菲特大量买进康菲之时，其股价并没有反映出市场暴涨的趋势。

2007年，康菲石油的收益率为7.22美元/股，巴菲特2008年开始增持的时候，是以12.27倍市盈率的平均价格买进的，这样听起来价格的确存在很大的差距，但当我们拿一个同时期的其他股票进行对比，会发现，巴菲特并不像大家想的那样疯狂。

而同一年，中国石油收益为0.75元/股，以12.27倍市盈率计算，其价格应该是9.2元/股，所以，那些比9.2元/股价格高时买进中石油的人们，是没有资格嘲笑巴菲特的，公平地讲，中石油上市以来的价格，就从来没有低过9.71元/股。

这一年，委内瑞拉对康菲石油进行了一次征购，给公司造成了45亿美元的损失，如果不计算这个损失，那么康菲的收益就是9.97元/股，巴菲特买进时的市盈率也就是区区8.88倍市盈率而已。

巴菲特在增持康菲石油的时候还发生了一件事，那就是出售中国石油。如果他看好了石油股，为什么一边增一边减呢？在解释卖出中石油股票的缘由时，巴菲特说：“中石油的收入在很大程度上依赖于未来十年石油的价格，我对此并不消极，不过30美元一桶的时候我非常肯定，到75美元一桶的时候我就持比较中性的态度，现在石油的价格已经超过了75美元一桶。”

对比之下，康菲石油其中的勘探和开发业务的支出对于公司整体的利润影响没有中石油那么明显，所以，巴菲特判断，康菲石油的油价涨跌对其价值的影响也就同样没有中石油的影响大。所以，整个市场也就不能拿评价中石油的标准来衡量康菲石油了。

巴菲特一直以来都提倡“长期持股”，所以他对很多投资都不做短期的预测，“放长线钓大鱼”才是实力派选手的做派。所以才导致他没有在康菲石油价格波动上过快地做出决策。在这里，或许作为读者的您还有一个疑问：康菲石油为什么会突然间暴跌呢？

2008年的年底，康菲石油的股价下跌得有些夸张，尤其在与世界最大的非政府石油天然气生产商埃克森美孚作对比时，这种下跌速度更明显、更夸张。这一年，埃克森美孚实现净利润452.2亿美元，同比增长11.35%；康菲石油的净利润则实现－169.98亿美元（其2007年盈利118.91亿美元）。

这样悬殊的差距主要问题还是出在财务上。2008年的第四季度，康菲石油分别在商誉计提、卢克石油公司投资计提以及其他资产计提上做了254.43亿美元、74.1亿美元和16.86亿美元的减值准备，或许正是因为这些总计约346亿美元的减值准备，才导致其利润减少的。因为在前三季度里，康菲的净利润还增长了24.18%。

无独有偶，巴菲特在2007年买进康菲石油股票的前前后后，还购买了20亿美元的Energy Future股票，这是一家以供电和采掘天然气为主业的地区垄断性公司。到2013年的时候，这家天然气公司带给巴菲特的损失为税前8.73亿美元，让六年前的投资几乎血本无归。

这次失败的投资再次为巴菲特的“败笔”徒增了砝码，不过仔细分析开来，似乎巴菲特看走眼的天然气公司，同时也是其他投资者看走眼的投资。

Energy Future 的前身是典型的公共事业公司 TXU，该公司的资产和回报都很稳定，甚至还进行了一次大规模的杠杆收购，也就让投资者们看到了他坚实的“经济护城河”。

巴菲特与 TXU 还有过一段鲜为人知的历史。早在 2002 年，TXU 曾出现一次因竞争而带来的濒临破产的危机，当时巴菲特出资 10 亿美元抄底，来年后 TXU 扭亏为盈，为巴菲特带来 30% 的回报。也就是因为这么良好的关系，巴菲特才放心地购买了 Energy Future 股票。

对于以长期投资为代表理念的巴菲特来说，选择康菲石油和 Energy Future 天然气，都算得上是一个不错的选择。如果一定要为这次错误找出一个“罪魁祸首”的话，只能说是，在错误的时间里，巴菲特做了一个错误的坚持。

在 2014 年致股东的一封信中，巴菲特将自己的心得告诉了大家：“你必须认清自己的局限性并遵循一套可行的方法。保持简单，不要孤注一掷。当别人向你承诺短期的暴利，你要学会赶紧说‘不’。”

本金，投资根基

1993 年，巴菲特以 4.33 亿美元的价格收购了鞋业公司 Dexter Shoe Inc，然而这次收购案同样被巴菲特称为“做过的最差的交易”。

在提到巴菲特投资原则的时候，我们都了解了，他是那种不管多么富有，都一定要留一定的本金在手里才放心的人。可是，关于Dexter Shoe Inc，巴菲特却动用了伯克希尔的股票来促成这笔交易。

随后不久，一大批“中国制造”跻身美国乃至世界各国零售市场，这些价格低、质量好、款式具有东方味道的产品更受国际友人的欢迎，导致美国本土市场出现前所未有的格局动荡，包括Dexter Shoe Inc在内的一大批美国本土企业市场优势岌岌可危。最终，这4亿美元的投资打了水漂。

在投资初期就用大量的本金风投，这个惨痛的代价让巴菲特一辈子都无法释怀。事后多年，每每提及此事，巴菲特都不无可惜的表示，当时输掉的4个亿现在市值40亿都不止。好在巴菲特的财富维度足够大，否则换做谁能输得起？

可见，投资风险巨大，投资者一定要谨慎再谨慎才行！

有关投资的风险，巴菲特这样认为：“其实如果以合理的价格购入好企业的股票，你并不需要承担太大风险。当然并不是说在未来一周、一个月，或者一年，那些股票不会大跌，但只要你长期持有有价值企业的股票，如果这个企业有好的经营模式，而且你也不是用借来的钱买的，你就能赚到钱。”

回顾那次动用伯克希尔股票，也就是巴菲特本金来购买Dexter Shoe Inc的经历，巴菲特依然记忆犹新。其实，巴菲特的原计划也没打算动用本金，但是在与Dexter Shoe Inc的老板Alfond谈判的时候，Alfond意见坚决地表示不愿意缴纳资本利得税（资本利得税是对资本利得，即低买高卖资产所获收益的征税；常见的资本利得如买卖股票、债券、贵金属和房地产等所获得的收益），而巴菲特又非常想促成这笔交易，所以才不得已而为之，用伯克希尔的股票进行这次交易。

这次见面的几个月之后，正值伯克希尔的股票涨到历年来的新高点，在没有律师，没有会计师，甚至连投资银行家也不在场的情况下，巴菲特与 Alfond 第二次见面，简单又迅速地完成了令巴菲特一生最后悔的一次失败交易。

巴菲特之所以如此看好 Dexter Shoe Inc，主要是因为这家公司有着其持久的竞争优势，这一点恰恰和了巴菲特的胃口。鞋履与可口可乐、DQ 冰淇淋、宝洁等一样，都是人们生命生活中不可缺少的一部分，而且还是那种永远都不会衰退的行业。

巴菲特做这样决策的时候，并没有想到，一个发展中国家的低廉产品——中国制造，会来到美国本土与其竞争，更没有想到的是，Dexter Shoe Inc 却惨痛地败给了中国制造，也可以说，是巴菲特败给了中国制造。

“1999 年我们旗下几乎所有的制造、零售与服务业务都取得了优秀的业绩，唯一的例外是 Dexter 鞋业。不过这并非公司管理上的问题。在管理技巧、能力与敬业等方面，Dexter 管理层与其他公司相比毫不逊色。但我们大部分鞋子是美国本土生产的，而美国本土厂商与境外厂商的竞争变得非常困难。1999 年在美国 13 亿双鞋子的消费量中，约 93% 是进口产品，国外非常廉价的劳动力是决定性的因素。”巴菲特如是说。

2001 年，Dexter Shoe Inc 在伯克希尔的“收纳箱”仅仅待了 8 年的时光，巴菲特就不得不承认，Dexter Shoe Inc 濒临破产。其实，当很多海外的鞋履企业在美国本土与 Dexter Shoe Inc 抢占市场，这样的激烈残酷的竞争环境下，Dexter Shoe Inc 的业务还是很可观的。相对比较繁荣的景象让巴菲特和伯克希尔都认为，一个中国制造也不可能撼动 Dexter Shoe Inc 的市场优势地位。

“当时我认为 Dexter 应该能够继续成功应对国际竞争问题，结果表明我的判断完全错误。”巴菲特承认了自己的错误。在巴菲特 60 多年的投资生涯中，他最大的一次挫折就是败给了“中国制造”。

一个是小瞧了“中国制造”，一个是动用了本金，这笔失落的账单，巴菲特是一定要在其他领域找回来才行的。“本金”这个词汇，从此深深印刻在巴菲特的投资法则里，所以有了那样的一个法则：投资的一号法则是“不要赔钱”，二号法则是“牢牢记住一号法则”；而伟大的投资者、“股神”巴菲特的投资一号法则便是“不能动用本金”，二号法则是“不要忘记一号法则”。

自 1957 年至 2014 年，近六十年的投资生涯中，巴菲特只出现了一次亏损，即 2001 年的 -6.2% 收益，这一年的标准普尔下跌超过 13%。在“不赔钱”的积极引领下，巴菲特复利奇迹，截止到 2014 年，其个人财产多达 670 亿美元，仅次于比尔·盖茨的 760 亿美元，位居首届首富榜第二位。而巴菲特的财富，在 2008 年的时候，甚至以 620 亿美元打破了比尔·盖茨蝉联首富头把交椅的纪录，摘得世界首富之头衔。

“股神”对投资的第一法则“不赔钱”有着一套完整的哲学理念作支撑——那就是在很早的时候就掌握了这门哲学，并一生坚持不离不弃。

巴菲特的成功，很大程度上都取决于他“不动本金，不赔钱”铁打不动的原则上。Dexter Shoe Inc 是他第一次有违原则触动了本金，并以惨痛代价沦为经验教训，也让巴菲特彻底肯定并牢记投资原则。

巴菲特从此特别重视避免损失，保住本金这一投资原则已经根深蒂固到他的生命和习惯中，俨然成为“股神”投资策略的基石。

的确，在华尔街生存的投资者，想要好好“活着”就一定要首先学会“如何保护本金”，之后才是“如何赚钱”的问题。

保护住了本金也就等于赚取到了利益。完美的投资行为并不是在市场平均收益率达到50%的时候，你投资的股票收益率高于50%或接近100%，而是你的投资组合中，可以通过优效的配置实现规避风险和达到预计收益的目的。简单地说，就是按照你的计划而来，没有给你造成任何经济麻烦。

发达国家的资本市场，能够保住本金的投资多数采取的就是“零息债券+金融衍生工具”的策略，投资者通过买入零息债，并持有到期限，再借助衍生杠杆做出放大的效果，以达到保本增收的目的。

这样理解，保住本金就没有听上去那么“畏手畏脚”了，而是需要投资者足够有胆量敢想敢做。资本市场越活跃，投资者获利的机会就越多。

在风险与收益并存的投资中，如果真的赔了本钱，多数投资者或许会计算自己损失了多少钱，巴菲特也会去计算，不过他计算的不是损失了多少钱，而是赚到了多少经验教训，甚至更多的东西。

巴菲特对他的股东们讲过自己年轻时候的一个故事，这个故事被巴菲特称为“最糟糕的决策”。那是巴菲特20岁的时候，他应聘到一家加油站工作，但却使得他损失了8亿美元，这是他净资产中超过20%的财富，巴菲特心疼不已，但他依然将失败的教训视为损失中的“收获”。在中国，不也有一句古话说“失败乃成功之母”嘛，说的就是失败一样有价值！

人们在称巴菲特为“股神”的时候，巴菲特也在嘲讽地将他看走眼的那些投资告诉大家，他也是在时刻提醒着自己，再看好的投资，也不能触碰本金。

股神与中国

不知道是不是因为最大的一个败笔就败在了“中国制造”上，所以巴菲特对中国充满了期许和好奇，他甚至将投资的财富之手伸向了中国股市，股神与中国，有着哪些渊源呢？

2008年9月，巴菲特借助中美能源控股公司之手，以8港元/股的价格买进了比亚迪10%的股份，巴菲特用18亿港元换来了比亚迪2.25亿股及公司第二大股东的身份。2008年至2011年的最初持股三年时间，比亚迪至少为巴菲特赚了30亿港元的利润。

比亚迪作为第一个被股神的“金手指”点中的中国公司，其别树一帜的出处是什么？

1995年，比亚迪在广东深圳创立，七年后于香港主板发行上市，这是一家拥有IT，汽车和新能源三大产业群的高新技术民营企业，主要从事二次充电电池业务、手机部件及组装业务、包含传统燃油汽车及新能源汽车在内的汽车业务以及在新能源产品领域相关业务上也在积极探索和发展中。

公司上市之后不足半年，比亚迪掌舵者王传福就决定向汽车产业进军。为此，他召开股东会，与一起打拼过来的创业合伙人分享自己的想法，然而意外地遭到了所有人的反对，虽然这些“反对”的声音都悄悄地写在了合伙人的脸上，但王传福还是有些难过。

合伙人觉得，比亚迪在电池领域已经占有不可抗拒的垄断地位了，市场前景一派美好，这时候向一个没有深入了解的汽车行业转型，岂不是拿钱开玩笑？就连王传福的助手都对他摇头说：“风险太大了，进入汽车这样一个全新的行业，前面又有欧美日韩那么多优秀的对手，心里有一种莫名的恐惧。”

王传福最终保留了自己的意见，不久就宣布了比亚迪并购秦川汽车的消息，全无汽车生产经验的比亚迪以2.69亿元收购西安秦川汽车77%的股权，此后3天，比亚迪的股价由18港元跌至12港元，公司市值在两天内损失了至少27个亿。

王传福要借助秦川汽车这双“鞋”踏上汽车产业之路，前途布满荆棘，但他却在最困窘的时候遇见了生命中的贵人巴菲特。

2008年9月25日，拥有国内200多家大中型企业股东的申银万国证券股份有限公司，在深圳组织召开了一场为期两天的港股投资大会，会议结束后，这些代表着中国企业家优秀基因的投资公司对一些企业进行了实地考察，比亚迪就是其中一个。

比亚迪公司创始人王传福曾在2009年胡润中国百富榜上，以350亿身家荣登榜首宝座。在一个有着经济实力和人力实力的发展中国家，像比亚迪这样具有绝对发展前景的汽车行业，自然吸引了财团的注意。

但这些“考察”团普遍对比亚迪不“感冒”，他们认为，比亚迪看着挺光鲜的，从内部资料分析一看，人员流动量大、原材料成本持续上升、因成本上升而导致的利润下降问题已明显呈现出来……这些问题在投资者的眼里就是“沙子”，进来容易出去难，就算费尽全力地弄出去了还会留下点干涩和伤疤。

在大家看来，比亚迪与其他同类的企业相比，似乎没什么大的优势能证明其可以敌得过整体经济下行大环境下的冲击，况且，比亚迪的估值一点都不低，算不上是“价值投资”。所以得出结论：“买入有风险，需谨慎。”

就在大家都对比亚迪股票说“不能买”之后的几个小时，巴菲特就出手揽入比亚迪了，估计之前做推断的那些分析师们，一定在纠结自己的论断是否正确。股神都出手了，比亚迪还有问题吗？

其实投资比亚迪之前，巴菲特的投资团队早就在中国转了几圈，琳琅满目的中国大大小小的公司，就像珍珠宝石一般散发着自己的光芒，吸引着投资者的关注。一个好企业，其投资价值是不能仅凭外表的光鲜就草率下定论的，但巴菲特却能够在千千万万个优秀的中国企业中，一眼就看上了比亚迪。

难道，这就是传说中的有眼缘？比亚迪长了一张吸引巴菲特关注的面孔吗？

巴菲特看上比亚迪的原因很简单，就是符合他的投资原则和习惯，他认为值得投资，也就促成了这笔交易，没有太多复杂的因素。

在巴菲特看来，比亚迪的业务相对比较单一，是那种看一看就能了解个大概的企业。巴菲特投资原则之一就是不投不了解的公司。显然，比亚迪的“简单”俘虏了巴菲特的第一眼。而且，比亚迪的管理层水平很高，是那种典型的扎实、稳健、能干的管理团队，这样优秀的管理层是比亚迪的财富之一。虽然，巴菲特认为在赛场上，战马比骑士更重要，但对于一个经不得推敲的管理层，给它再优秀的企业和团队，也是很难立足于市场的。

巴菲特对王传福的印象非常深刻，他曾发表声明表示："能够作为比亚迪和中国人的合作伙伴，我们对此非常兴奋，王传福先生（总裁）具有非凡的管理经验，我们很高兴能有机会跟他合作。"对于王传福，巴菲特从不吝啬自己的赞美之词："比亚迪董事长王传福才是真正的明星，同时，比亚迪定会成为中国最著名的公司。"

一些投资者认为比亚迪的估值很高，但巴菲特却觉得很合理。从公司股东的收益上看，比亚迪的确符合巴菲特"有长期稳定经济收益"的投资考核标准。

比亚迪股东的收益从2003年的33亿到2008年的109亿，五年增长了三倍多；净利润也是从2003年的9亿增长到2007年的17亿，翻了近两倍；销售收入由2003年的40亿增长到2007年的212亿，超过了五倍之多。这些货真价实的数字，足以证明比亚迪有着强大的自身优势为股东造富，为投资者造富。

可是，其他投资者关心的并不是这些基础数据，他们第一眼看的都是毛利、净资产收益率（ROE)、销售净利率涨跌情况。

毛利的计算公式是：（不含税销售收入－不含税成本）÷不含税销售收入；净资产收益率又称股东权益报酬率，计算方式为：净资产收益率＝税后利润÷所有者权益；销售净利率是指企业实现净利润与销售收入的对比关系计算方式为：销售净利率＝（净利润/销售收入）×100%。

比亚迪在2003～2008年的五年半时间里，毛利分别为33%、27%、22%、21%、20%、19%；净资产收益率为26.6%、

25.2%、12.2%、21.3%、15.9%；销售净利率为21%、15%、8%、9%、8%、5.9%。

毛利、净资产收益率、销售净利率这三个数据真心地将比亚迪拍在了沙滩上，让投资者似乎看不到“护城河”的存在。巴菲特与其他投资者的着眼点不同，他看重的不是公司股票的走势，不是业务上的盈利，而是企业的股票背后的业务，以合理价格买入未来5年、10年能够升值的东西。

对比亚迪来说，股神说的这些股票背后的业务无外乎就是那些还没有产生效益，但却极富有前景的产品——电油与电力的双模汽车，F3DM、F6DM，纯电动车e6以及未来的电动汽车业务。

可见，这就是股神的财富密码，毫无复制可能的秘密。

倘若，巴菲特看到的电动汽车业务最终未能给他带来丰厚的利润，那么至少还有比亚迪手机、电池等业务作为安全边际保障，怎么说都不会太危险。

老巴大概忘了，危险是无处不在的，尤其是股市，他涉世未深的中国股市。

2011年8月，比亚迪股价暴跌，比亚迪成了巴菲特手里的一个“烫手的山芋”，他或许会冷静地继续做比亚迪的股东，但也可能为此付出数十亿美元的代价。但积极乐观的巴菲特会认为这是赚钱的机会，他说过：“跌得越厉害，我买得越多。我们正在入场。”

中国，或许就是巴菲特的“新大陆”，在谈及到如何在中国这个“股神”新兴市场寻找更好的投资项目时，巴菲特曾在2011年的一次采访中表示：伯克希尔2011年的市值是2000亿美金，它不可能在一些国家做过小的投资项目，那些之后几百万美元资金需求的企业并不在巴菲特的选择之内。在更高资金需求的企业中，巴菲特要对其进行至少5年、10年、20年的经济前景评估，且评估要有一定的确定性；其次还要充分了解这个公司的竞争环境和公司自身的竞争优势，所谓知己知彼百战不殆。当然，还要了解相关的文化和法律。

巴菲特说，他一般会先看报告，对公司有一个初级的价值判断之后再看公司股票的价格，在不受公开市场报价的影响前提之下，还可以对公司进行相关的价值评估，这是给予公司的考虑，当然，巴菲特也会对管理层有个了解才行。对优秀公司管理层的衡量标准，巴菲特主要给予三点考虑：高尚的品德、出众的能力、核心价值。

巴菲特说，任何一家的公司管理层，其为人应当值得投资者信赖，否则你就不会放心地把钱交给他打理；管理层有能力为股东创造良好收益，让投资者从中得到合理回报，“占着位置不出力”是不允许的；这个企业你认为究竟值多少钱，里面包括你投资的眼光和你个人的坚持。巴菲特认为，中国的投资前景是不容置疑的，他坚信，未来10年至20年内，中国将在现在的基础上取得长足发展。

对的时间，错的决策

巴菲特的投资生涯中，有过一次“在错的时间做了错的坚持”，指的是康菲石油在股价最高的时期，巴菲特连续增持，最后却赔个底朝天。在巴菲特做的最后悔的那几件事情中，还有一个案例与康菲相似，它就是沃尔玛。

不过，沃尔玛是一个非常有价值的价值股，它没有让巴菲特赔钱，但却因为巴菲特在“对的时间做了错的决策”，导致本该拥有更多的财富从错误的指缝间溜走了。

1962年，山姆·沃尔顿在美国创立了沃尔玛百货有限公司，历经五十余年的发展，沃尔玛已成为美国最大的“私人雇主”，同时也是世界上最大的连锁零售企业。在全球27个国家，沃尔玛拥有超过1万家商场、近百余个品牌、220余万员工每日为沃尔玛数钱、平均每周有2亿人次走进沃尔玛的“入口”。

巴菲特于1999年开始买进沃尔玛的股票，并持有至今。沃尔玛为巴菲特赚得的利润不计其数，为什么巴菲特还有耿耿于怀的小纠结呢？

话说，巴菲特买进沃尔玛股票之后，这只价值股一直在不停地增值中，怎么看这都是一件令人振奋人心的事情，巴菲特也觉得很理想。当沃尔玛的股价涨到24美元/股的时候，巴菲特没有再增持，他认为这个价格已经太高了，高到了他心里的“极限”。然而此后一年，沃尔玛的股价没有停下暴涨的趋势，甚至涨势越来越强劲，一度上涨到70美元/股。

虽然，在巴菲特意识到沃尔玛的股价超越了“极限”之后还会再度增值，他也顺其自然地继续增持，但不得不说，巴菲特少赚了不少。10元钱买1个包子和10元钱买10个包子，一样的包子结果却差得多了。巴菲特准确买进了沃尔玛，但却没有采取持续的买入行动，没有加码沃尔玛，使得伯克希尔的股东们至少损失80亿美元/年。

截止到2014年，巴菲特持有沃尔玛的股份约5000万股，总价值约40亿美元。

实际上，投资零售股是一件非常困难的事情，如此擅于投资的巴菲特都被弄得晕头转向，何况其他投资者。通过持股沃尔玛以及对整个零售行业的分析，有着多年关注零售行业习惯的巴菲特总结：零售业竞争太残酷了，找到一个能够持续赔钱的零售企业十分困难，找到沃尔玛这样的超级明星零售企业非常困难，找到投资超级明星零售股的良机更是极其困难。所以，巴菲特会考虑选择整体收购零售企业，而不是买进他们的股票。“股神”也被投资零售业的三大难题震慑到了。

首先，我们来看看，为何巴菲特说找到一个能够持续赔钱的零售企业是十分困难的。

那是在1995年的时候，巴菲特说过：“零售业是一个竞争十分残酷的行业。在我个人的投资生涯中，我亲眼看到过数量众多的流星型零售企业，它们曾经一度享有快得惊人的销售收入增长率和高得惊人的净资产收益率，但是，又突然业务急剧下降，往往一头直下走向破产的结局。这种流星短暂一闪之后就毁灭的现象在零售行业里面远远要比制造行业或服务行业更加常见。”

据巴菲特分析，造成这种急速变化的原因，其中之一就是因为不够与时俱进的“创新”。

零售行业品类繁多，这永远是一个供大于求的市场，所以，任何一个想要一直走下去的企业都必须通过业绩来壮大品牌。但不容忽略的是，无论你做的活动多么新颖，你的竞争对手都会完好地复制出来，如果再加上那么一点点小创新，很有可能，你就被局限在一个角落里。

超越等于成功复制加上一点点的创新，足矣！

作为消费者，在快速消费品的选购上更多有着从众心理，也就是说，你的零售企业得到了一小部分人的关注，也就等于你占有了市场的很大空间；相反，如果你损失了少量的顾客，那么遗憾地告诉你，更多的顾客也在离你远去中。消费者，就是那种会因为你绞尽脑汁设计出来的策划活动而携带着强烈的购买欲望被吸引过来的冲动群体，他们同样会被比你的促销更有诱惑力的活动毫无征兆地吸引走一样。

零售业，最可爱的一件事是消费者源源不断地进来，最可怕的一件事就是销售持续下滑导致的最终满盘皆输。所以，无论是经营还是投资零售企业，都要求持有者足够聪明绝顶，时刻保持一缕创新的思想永不陨落。

因零售业而起的变数实在是太多太不可预测了，大到沃尔玛、家乐福、苏宁、国美等这样国际国内优秀品牌的关门或整体退出一二线城市，小到我们居住环境周边的便利店也是开了关，关了再开，频繁地更换着主人，重复于装修和期待中。

这种被风浪拍倒了再也没有爬起来的零售行业真的不计其数：1997 年的亚洲金融危机，让昔日无比风光的日本八佰伴毫无征兆地消失了。要知道，八佰伴的百货超级商场也是遍布日本、巴西、美国、新加坡、香港、马来西亚、文莱和中国大陆的国际企业，就这么上演了一场“说没了就没了”的破产。

2000 年，作为日本最大连锁百货商店，在日本、香港、台湾都有骄人成绩的崇光百货，也在盛行了20 年之后关门大吉。

2002 年，以经销各类品牌和标牌产品著称的美国最大日用品连锁零售商之一凯玛特宣布破产。凯玛特最初走低端路线，并取得了不错的成绩，但遇到了沃尔玛之后就乱了阵脚，慌忙中改走高端路线，却又抵不过国际第四大零售商塔吉特的竞争，最终因迷失方向而走向衰亡。

八佰伴、崇光百货、凯玛特，他们都是曾经的霸王，昔日的辉煌，并且星光闪耀了很多年，甚至被行业内外称之为永不陨落的星辰，可是最终，不还是消失得无影无踪？战略失策也好，创新风向标失衡也罢，但凡一个零售企业，都不存在永久的安全边际，再坚固的护城河也有干涸的一天。全世界零售行业那么多，每隔几年都会有“恒星”的陨落，新星的闪耀。巴菲特表示，零售行业所谓的“恒星”总有一天也会变成流星，所有光芒一闪即逝。

1993 年，巴菲特曾感慨：“许多行业，我和芒格根本无法确定我们分析的这些公司到底是‘宠物石头’还是‘芭比娃娃’。甚至，即使我们花了许多年时间下大功夫努力研究这些行业之后，我们还是无法解决这个问题。有时是由于我们本身智力和学识上的缺陷妨碍了我们对这些产业的了解，有些情况则是由于行业本身的特性就是最大的障碍，例如对于一家随时都必须应对快速技术变迁的公司来说，就会导致我们根本就无法可靠地评估其长期经济前景。那么为什么我和芒格非得认为我们能够预测其他快速变迁产业的发展前景呢？我们宁愿专注于那些容易预测的企业。已经看到一根针一目了然清清楚楚地躺在那里，为什么还要费事去寻找稻草堆埋藏的一根针呢？”

就算投资者荣幸地找到了一家赔钱的零售企业可以大量低价买进，但你能确定，你找到的是像沃尔玛一样的超级明星零售企业吗？这是多么困难的一件事。

沃尔玛始终是巴菲特最欣赏的企业之一，2003 年的 ICI《财富》杂志评选“最佳尊敬企业”中，巴菲特把票投给了沃尔玛。

坦诚地讲，在沃尔玛早期的运营中，包括巴菲特开始购买沃尔玛股票之后，他都没有预测到，这将是一个经久不衰的零售巨头，所以才有了那么一次，在“对的时间却做着错的事情”——明知道股票上升，并且会持续上升，偏偏停止了一如既往的增持，而是选择了静观其变，最终导致每年少了近百亿美元的进账。

“一般来说，我们极其重大的错误并不是属于做错了什么事，而是错过了什么事。我所说的这些错过重大机会不是我错过了一些依赖于只有少数专家才能搞懂的极其复杂深奥的发明创造的公司（比如施乐公司）、高科技公司（比如苹果公司）、或者甚至是极其聪明的销售方式（比如沃尔玛公司）。我们永远不可能开发出一种能够超常的能力，从而能够很早就独具慧眼地发掘出这样的未来超级明星。相反，我所说的这种错误是，我们错过了那些我和芒格完全能够了解而且看起来非常明显具有投资吸引力的公司——但是对于这些公司我们最后只不过是咬着手指头一直犹豫不决，而没有动手买入。”巴菲特回忆说。

尽管巴菲特在茫茫股海中搜寻到了像沃尔玛这样可以赚钱的企业，但他却因为没有找准其赚钱的良机而失去了太多的财富。人生总会有许多不知所措和无可奈何，包括老巴的投资生涯。

巴菲特很小的时候就知道可口可乐是王牌，可他却是在58岁高龄的时候才首次重仓可口可乐；几十年前，巴菲特就意识到沃尔玛是个不错的企业，但也是在75岁的时候才出手抓住沃尔玛的。

有过了执拗的坚持和大胆的决策，相信巴菲特这一生的投资事业都是绝对的饱满了。

矛盾的真理

巴菲特的投资法则里，有一条就是“不投不熟悉的行业”。这句真理的来源，或许应该追溯到全美航空的那次投资历史中。

二十世纪八十年代初，巴菲特开始关注全美航空，这是一家诞生于1939年的世界第六大航空公司。1949年起，公司业务重心由航空邮务移转至客运服务，1966年引进麦道公司道格拉斯DC-9型喷射机，1968年并购了大湖中央航空，1972年再并购摩霍克航空，自此成为美国东北地区最大的航空公司。民航历史上最成功的窄体民航客机系列之一波音737就是从全美航空走出来的。

1989年，巴菲特以3.58亿美元的价格购买了全美航空优先股，但交易才刚刚开始，便遭到了巴菲特的质疑，原因是，全美航空将全部利润所得用于购买了新飞机，没有给股东分红。这一点似乎跟巴菲特多年以来的投资习惯相似，巴菲特也就是在第一年支付了伯克希尔股东们一次红利，之后便再也没有过奢侈的“施舍”，他将全部的利润都用来“再投资”，用巴菲特的解释就是，用“钱生钱”。

作为投资者，巴菲特没有从全美航空的投资中获得利润分红实属不爽，而随着1991年1月海湾战争爆发，国际油价急剧上升，全球航空产业进入空前绝望的寒冬季节，巴菲特的那笔近4亿美元的投资至少损失掉了3/4。

好在1993年的时候，全美航空接受了英国航空少量的但却非常显著的一次投资，这次投资给全美航空带来了拯救式的希望，而且，巴菲特和芒格也被请到董事会“任职”。这些皮毛在巴非特眼里根本没起到质的变化，因为他认为：“增长未必意味着价值，以航空公司为例，投资者总是投资国内航空业，支持的却是无利润甚至亏损的增长，结果越增长，股东的灾难就越深重。”

好景不长，1994年的7月和9月，全美航空发生了两次飞机事故，不得不暂缓向股东发放股息。第二年的致股东的信件中，巴菲特称这是一次“错误之冠”，因为没有在投资之前关注并了解有关航企成本始终居高不下的问题，导致了投资决策的失误。

“在一个无管制的同质化行业，一家公司必须将成本降低至有竞争力的水平，否则必然灭亡。”巴菲特惋惜地说。

虽然全美航空的首席执行官斯科菲尔德纠正了有关成本出现的一些问题，但这还没有实现巴菲特概念中的成本降低，甚至也没有通过传媒让广大民众知晓这些。巴菲特毅然减持对全美航空的投资到9000万美元投资以下，约原投资额度的25%。

1995年，巴菲特想要卖掉手里的全美航空股份，哪怕售价为购买时的50%，巴菲特也是认可的。不过，这笔交易并没有被促成。

值得一提的一个好消息是，1996年下半年，全美航空开始扭亏为盈，并支付了巴菲特4790万美元的“分红”，他手里原持有的优先股的股价，也从下跌之后原“值”复命。巴菲特累计收到的股息达到了2.4亿美元。

到了1997年，全美航空又回到了原有的“轨迹”，企业生存问题得以解决，所有股息得以支付，股价也从不足4美元/股增值到73美元/股。1997年3月，全美航空居然起死回生，还赎回了巴菲特手里的优先股，原以为“倒搭”的转换权也为巴菲特带来了一定可观的盈利。这被巴菲特认为是“近乎于奇迹的重生”。

即便有所扭转，曾经的这次失败投资，还是令巴菲特对航空产业存在“耿耿于怀”的纠结。当有人问巴菲特对发明飞机的莱特兄弟有何看法的时候，他甚至冷冷地回答到：“应该有人从天上将他们打落下来！”

难道，全世界的航空产业都不受巴菲特的待见吗？巴菲特在2013年的股东大会上，在回答一个有关航空业的投资问题时所做出的解答极其不明朗，一些媒体解读为“看空”“死亡陷阱”。不管媒体对巴菲特的回答是否存在一些主观意识，但巴菲特确实给大家留下了一个“谈航色变”的深刻印象。

会上，著名资产管理公司美盛董事会主席比尔·米勒提出问题：“航空公司业已获改善的经济因素是否将持续？伯克希尔公司是否对其现有机队考虑增加另一家航空公司，以补充NetJets?”巴菲特的回答是：“航空业一直面临这样的局面：具有非常、非常低的附加成本，而存在庞大的固定成本，是一个劳动密集、资本密集、很大程度同质化的行业。”芒格补充回答道：“关于投资航空公司（的建议），可能是正确的；但是我们（对这个行业）不太明白，也无意搞清楚。”

可见，这对绝世黄金搭档对航空业还真就“爱”不起来了。这份“信心不足”在2005年致股东的信中也有表露，巴翁在信中说到：“最差劲儿的一行是那种快速增长、需要大量资本支撑其增长，却赚很少钱甚至不赚钱的。例如航空公司：其可持续的竞争优势，自莱特兄弟发明飞机以来，就被证明是难以捉摸的。”

当然，巴菲特并非泛指全球航空产业，令他信心不足的是美国的民用航空业，包括机场及航空制造业等范畴，巴菲特还是认为有着其价值优势的。在巴菲特投资的中国股票中，还是有两只航空股的，并且持有至今。这让投资者认为，巴菲特总给人一种自相矛盾的感觉，一方面说航空产业不景气，一方面又自己保持持股不减。

那两只让巴菲特一直持有的航空股分别是 NetJets 和 FlightSafety。

NetJets 创建于 1964 年，以世界首家私人服务公司、飞机管理机构著称。该航空公司安全、便捷、私密、舒适的飞行服务给巴菲特留下了美好且深刻的印象，巴菲特甚至通过多包机来体验这种独一无二的个性化定制服务。1998 年，巴菲特以 7.25 亿美元的收购金换来了 NetJets 的股权，2004 年，NetJets 营收增长近 600%，至今，NetJets 股权巴菲特仍持有在手。

FlightSafety 于 1951 年在纽约法拉盛创建并运营，它是一家专门为飞行员提供培训和相关模拟设备、软件的公司。1996 年，巴菲特以 15 亿美元的“现金 + 股票”形式收购了 FlightSafety。分析师曾分析，FlightSafety 利润率高、资本回报优厚、融资需求较低，这些都是巴菲特投资中最惯用的习惯，因此，也成为巴菲特至今保持持股的企业之一。

从投资不熟悉的行业全美航空，到坚持持股 NetJets 和 FlightSafety，巴菲特是在用实际行动告诉我们，有些投资思想在特定历史环境和行业演变中是可以变换和扭转的。这个过程看似曲折荆棘，但结果总是出乎意料的美好。当然，这样的思想有违巴菲特的“投资首先不能亏损”之原则，也在一定程度上影响了股神下一步投资初始计划。

综合分析，巴菲特是不会轻易投资不熟悉领域的，一旦投资了，就会想方设法让该行业成为他熟悉的领域，然后就是长期持股、获利。

11

至死不渝的心声

死了也要管理公司

“股神”已经85岁高龄了，从1965年开始管理伯克希尔·哈撒韦公司，至今已有半个世纪。二十年前，就已经有太多的圈子内外人士猜测，待巴菲特百年之后将会由谁来接管伯克希尔。这样的猜测似乎一点也没有影响到巴菲特与伯克希尔的“感情”，当有人问巴菲特有哪些退休计划时，巴菲特摇头否定一切回答，因为他从未想过退休的话题。伯克希尔，是巴菲特死了都要继续管理的公司。

一篇写于1985年的文章曾谈到了巴菲特收购伯克希尔时签署的协议相关文字，其中，巴菲特曾作出特别的说明：“企业经理人有一份与伯克希尔公司签订的协议，因此没有必要担心我个人可能过早停止管理伯克希尔公司事务（我给自己制订的管理年限至少是三位数）。”

是不是我们可以理解为，巴菲特对伯克希尔的管理权至少会是100年？以现年85岁的巴菲特管理伯克希尔50年来计算，那么巴菲特至少要活到135岁以上，才能将此愿望达成。巴菲特的养生之道是我们有目共睹的，但姑且不算能否长寿至135岁，就算活得很滋润，一个百余岁的老人来管理一个巨富财团应该也不是一件很容易的事情吧？

其实，事情远没有我们想的这般复杂，1994年，巴菲特在伯克希尔股东大会上这样告诉大家：“我曾经公开宣布：我打算一直管理伯克希尔公司直到我死后5年或10年。伯克希尔公司实在太容易管理了。”

巴菲特言之伯克希尔很容易管理，但对于众多投资者来说，伯克希尔确实是一只超级神奇的股票，那种摸不清、看不透的若即若离，并不是一般投资者有勇气把持的。

伯克希尔·哈撒韦公司是全球最大的一家再保险公司，再保险又称分保，指保险人基于原有的保险合同上，可以通过签署分保合同使自己所承保的部分风险及责任向其他保险人进行再保险的一种行为。“再保险”是伯克希尔公司主要业务之一，跟着股神赚一样的钱，又在“再保险”公司里，听上去该是多么诱惑人进行投资的一个项目，然而，你若因此而“上当”，恐怕很难再走出伯克希尔的大门了。

伯克希尔公司是巴菲特的投资工具，也因为巴菲特那条非常奇妙的规定而变得越发神奇，这个最受投资者关注、成交量最活跃、最受华尔街青睐的公司并不是人们理解的超级蓝筹股，相反，它更像是一只将持续被低估的股票。

蓝筹股是指那些经营业绩好，有着稳定且较高的现金股利支付能力的公司股票，再具体点说，就是指那些长期稳定增长的、大型的传统工业股及金融股。伯克希尔似乎符合上面每一组形容词的解释，但它只有在1967年（上市后的首年）向股东支付了第一次，也是唯一的一次红利——10美分/股。

当然，股东的钱都是在公司资金池里持续翻滚的，且财富增长速度绝不亚于任何一家投资公司。只不过，这需要股东们有一个长期得不到红利的心理准备。我们曾分析过，巴菲特坚持不给股东分红的终极原因便是让“钱生钱”。伯克希尔，也因此成为这个世界上，唯一一个有资格不给股东分红的公司。

巴菲特从早些年成立合伙人公司的时候，就保留着自己投资的神秘性，如今的伯克希尔年交易也没有几笔，最近的一些数字显示，巴菲特现在通过伯克希尔持有的股票只有可口可乐、沃尔玛、宝洁等15家公司。

那些成为伯克希尔股东的投资者，首先应具备的就是熟悉保险与再保险行业，熟悉私人股权投资，熟悉公开市场股票投资；其次还要对伯克希尔重仓股进行相对清晰的研究；除此之外，还要对兼并套利、可转债套利、商品投资和高收益债券投资方面有一定的见地。

这样看来，伯克希尔实际上就是披着“再保险”的外衣从事着一系列或简单或复杂的投资活动，持有伯克希尔，你一定要有一个持有更加复杂投资组合的心理准备，最主要的是，这其中的价值无法估算，因为作为投资者的你，是不会得到红利的。

投资者每年可以通过年报等信息知道，自己在伯克希尔的资金池里到底有多少财富，只是看得见摸不着而已。但，你若认可这样的赚钱方式，你才有资格跟着“股神”一起赚钱。2013 年的股东大会上，巴菲特毫不吝啬地告诉股东们，伯克希尔已经成为继克森美孚、苹果、微软、谷歌之后的全球第五大最有价值的公司。巴菲特还神秘地说：“我们在全世界持仓很多，我们不确定美元是帮助我们还是伤害我们。”

2014 年的年底，有报道称，巴菲特开始忙于为伯克希尔的未来思考了。2015 年是巴菲特掌管伯克希尔的第 50 年，这也将是一个极具有代表性的分水岭，无论是过去还是未来，时间都在这一刻给足了你思考的空间。在 2015 年 5 月 2 日的伯克希尔一年一度的股东大会上，届时，巴翁及其老搭档芒格，将为大家献上只属于伯克希尔的“未来五十年发展愿景”。

巴菲特和伯克希尔，总是那么神秘又传奇地活跃在股民的生命里，这其中的三大成功秘笈，你可知晓？

摆在首位的成功秘笈就是信任！雇佣优秀的人才，并信任他们。

伯克希尔在巴菲特管理的 50 年间，几乎没有过太大的失败投资，偶尔被巴菲特个人称之为失败的投资，其实也就是传统意义上的少赚了钱财而已。所以，伯克希尔也成了全球公认的最成功的公司之一，而这光环的背后，除了巴菲特，还有一大票优秀的人才梯队做着无畏的付出。

巴菲特对人才的信任体现在，他从不干涉下属因管理公司业务出众而闻名。一个领导者，首先就要尊重和信任为他打拼的人，包括其他股东。基于此，越来越多的有钱的、有权的、有才的人期盼与巴菲特合作。此时，对于投资者而言，赚钱便不是唯一的目的，那种投身于事业的认同和归属感甚至更有价值。

成功的第二个秘笈是迅速承认错误并摆脱掉。

做每一个工作都是一个学习的全过程，每个人都会在人生的某个阶段犯下自认为无法原谅的错误，但经过时间洗礼之后不难发现，这些过往的“错误”都成了今天成功的动力和源泉。

1960 年代的时候，巴菲特收购了一家叫霍柴德·孔的百货公司，按照当时巴菲特的认知，霍柴德·孔的百货公司的管理水平不值得恭维，甚至发展前景十分堪忧。在他意识到这将成为一个令他后悔的决策之时，巴菲特第一时间将这家百货公司转手卖了出去。承认错误并迅速摆脱掉，不是什么丢人的事，股神也一样犯过错误。在现实的世界上，尤其是跌宕起伏的商业浪潮下，很多聪明人都在竞争相对薄弱的地方大显身手，而你何须再介怀。

学习的过程就是一个不断推陈出新、剔除无知的经历。巴菲特表示，在收购美国最悠久的糖果巧克力公司 See's Candies 的时候，该公司为伯克希尔带来了大量的可用于收购的现金，巴菲特的视界瞬间开阔了，原来，让品牌的力量教会你未来可用的知识，是这样的可圈可点。

那是 1972 年的年初，伯克希尔旗下的蓝筹印花公司以 2.5 万美元的价格收购了 See's Candies 100% 的股权，而当时的伯克希尔其实只拥有蓝筹印花 60% 股权，这意味着，伯克希尔仅花费 1.5 万美元就将美国西海岸制造企业、盒装巧克力零售商 See's Candies 收为门下。2011 年的时候，See's Candies 营收 3.76 亿美元，营业利润 8300 万美元。40 年，5500 多倍的翻番，换做是谁都会乐开花儿的。

“股神”将他的秘密告诉给大家，难道他就不担心自己受到威胁吗？回答当然是否定的，这些只是巴菲特和伯克希尔成功秘笈中的三点而已，还有更多的鲜为人知的成功之道，可能待“股神”百年以后，后人也未必能学得到。

死了也不卖“老本”

如果说，1985 年我们听到的巴菲特至死不渝的宣言是“死了也要管理伯克希尔”，那么 1986 年，巴菲特再次告诉我们另一个语录——死了也不会卖掉伯克希尔的股票。

说出这样的誓言，源于多次股东大会上，总会有一些股东提出各种各样蹊跷的问题，其中一个问题就是问：如果巴菲特有一天突然被卡车撞死了，伯克希尔怎么办？对此，巴菲特总是一笑而过，实在被逼问得受不了时就会说：“如果我今天突然被一辆大卡车撞了，芒格将会接管伯克希尔公司，我持有的公司股票一股也不会卖出。所有投资继续照常运作。”

1993 在致股东的信中，巴菲特将股东们关于“卡车问题”的答案明确地写在了信上，巴菲特说：“我死之后，如果我太太苏茜比我长寿，我所拥有的所有伯克希尔公司股份将会交给她拥有，万一她在我之前去世，我所拥有的全部股份就交给一家基金会。不管任何一种情况，都不会发生由于遗产和遗产税而必须卖出相当多股份的问题。”

这么说来，很多人都会自然地认为，伯克希尔的股票一定非常值钱，尤其在巴菲特死了以后，对此，巴菲特推测伯克希尔未来股价：“我离开人世的那一天，伯克希尔的股价将会上升 1/4

到半个百分点。如果我死那天公司股价大涨，我会非常伤心的。”

目前来看，伯克希尔的股价确实是全球最贵的一只股票了。

1965 年，巴菲特掌管伯克希尔时候，如果股东花费 8 美元/股的价格买了伯克希尔股票，并且持有至 2013 年，在不计算任何时间成本也摒弃通货膨胀的影响情况下，这位股东当初的 8 美元摇身变成了今天的 160849 美元。

有关伯克希尔的“身份”，更多的故事都发生在巴菲特掌管之后，一个传统的纺织制造公司在“股神”的倾力打造之下披上了华彩的投资外衣，一跃成为全世界最受瞩目的再投公司。经过五十年的时间打磨，伯克希尔创造了一个又一个奇迹，或许是因为巴菲特本身就是“神”的化身，才让伯克希尔这个“财团”充满了奇妙的色彩。

“财团”的财富来源于巴菲特钦点的十几家公司股票，包括美国运通、可口可乐、吉列、华盛顿邮报、富国银行等。通过长期持有这些公司的股票而获得稳定的投资回报，为股东们奉献出价格投资的殷实利润。

截止到 2015 年 1 月 22 日，伯克希尔的股价高达 222495 美元/股（约 22.2 万美元/股），高出道琼斯指数（17813.98 美元/股）1.48%、高出纳斯达克（4750.4 美元/股）1.78%、高出标普 500（2063.15 美元/股）1.53%。自 2014 年突破 20 万美元/股大关之后，一直为全球最贵股票。

是什么力量，让收购时的 8 美元/股在半个世纪的时间翻了近 3 万倍？答案就是“股神”的不拆股不分红策略。

巴菲特认为，如果公司有更好的投资方向，就不应该向股东分派现金红利，这样做有利于股东价值最大化，同时可以避免投资者拿到红利时的二次征税。而拆股就更不应该发生在伯克希尔的身上，依巴菲特的观点，分股并不能给股东带来任何价值上的增幅。并且老巴认为，低价股将吸引那些不能与其共享价值哲学的“次优”买家。

伯克希尔在1996年发行了B股，主要是为了那些买不起A股但却对伯克希尔的投资做过贡献的股东们推出的新品。在伯克希尔，B股是绝对不允许高过A股的1/30，这是因为，倘若B股超越了这个界限，就会造成投资者大量买进A股，再换成B股“高价”卖出。

伯克希尔B股是在2010年的时候按照1∶50的比例进行拆分过一次，拆分后的B股价格大约在70美元/股。那个时候，伯克希尔需要用一些低价股来与美国第二大铁路公司伯林顿北方铁路公司（BNSF）的股东达成换股、收购的交易，所以才对B股进行了拆分。除此之外的第二个原因，是希望通过B股的拆分可以加入标普500指数。伯林顿北方铁路公司被伯克希尔收购以后，高价格和低流动性使该公司的股票超出了标普500指数的规则，从而将被退出。

巴菲特曾在1983年致信股东称：“如果我们要分割股票或采取其他关注股价而非商业价值的行动，我们将吸引那些水平不及卖家的买家。”时隔27年，股神的预言真实再现了。

2011年，伯克希尔开始了股票回购计划，这也是巴菲特掌管伯克希尔近五十年以来首次回购，伯克希尔将以不超过10%的溢价回购公司的A股和B股。有分析人士认为，这次回购事件是因为有部分投资者开始抱怨伯克希尔的股票市值被低估了，所以巴菲特才使出了这样史无前例的底牌。伯克希尔还表示，将使用目前持有的现金进行股票回购，但不会使公司的现金持有量低于200亿美元。

其实，巴菲特一直不喜欢“回购”的行为，相比之下，他更喜欢将手里的“闲钱”拿去买新公司，增加更多赢利点。难道是伯克希尔的股价真的被低估的风云席卷了光彩？此时，有人搜出了2011年2月，巴菲特在给股东的公开信中就提到了，“在过去40年里，没有一毛钱现金以股息或赎回的方式离开伯克希尔公司。”这样看来，回购，更像是一次有准备有“预谋”的行动，而不是单单为了收购伯林顿才不得已而为之。

截止到2011年6月，伯克希尔的现金储备达到480亿美元，该公司A股股价为9.9万美元，这就意味着，伯克希尔可以承受的回购底线约为10.86万美元/股。此时，伯克希尔若拿出100亿美元参与回购，将可以购买回来伯克希尔10%的A股。

基于巴菲特的“不拆股、不分红”，伯克希尔的世界最高价股地位始终无法被撼动，即便伯克希尔的净利润在下滑中，也丝毫没有受到影响。

2014年的股东大会上，巴菲特例行公事地汇报了伯克希尔上一年的年报，期间，他说了一句令所有人都回味无穷的话，股神说：“我认识的那些亿万富翁让我明白，财富只是让他们本来就拥有的美德得以彰显。至于那些本来就混蛋的人，财富也改变不了什么，他们只是变成了有钱的混蛋。”后来，这句话被一些分析人士认为，极有可能与伯克希尔的利润有关。

2014年第一季度，伯克希尔利的利润为47.05亿美元，同期下滑近4个百分点，每股A股收益2862美元，同期降低115美元。伯克希尔利润下滑的消息已经公布，公司股票交易也小幅下跌了不到1%。

虽然利润相比有些下滑趋势，但伯克希尔的现金还是增加了10亿美元，目前已有近500亿美元，有分析人士认为，出现利润下滑的一定原因，还是美国整个一季度经济几乎处于停滞状态。而此时的巴菲特，手里的可用资金又丰厚了，他也因此有更充沛的火力猎取新的投资机会，为伯克希尔赚更多的钱。

巴菲特从来没有掩饰过自己的“爱财”，因为他唯一的一个愿望就是“变得非常富有”。如今，85岁高龄的巴菲特，财富名列全球首富三甲，这一切的“功劳”都应该归功于伯克希尔。

有人说，伯克希尔就是巴菲特的“钱袋子”，股神那么“爱财”，自然不会将自己的“钱袋子”拱手相让了。

死了也要为公司省钱

不是每一个活着的健康人被问及死后的相关事情时都能够一笑而过，巴菲特绝对是一个可上可下之人。关于“卡车问题”似乎是每一年的股东大会上被问及最多的一个问题，我们的“股神”每一年都能对这个不厌其烦的问题机智地做出不同的回答，最委婉又意味深长的一次回答是：“我会为那辆卡车感到难过。”

那些关心巴菲特健康的股东们，不厌其烦地问到他的健康和寿命话题，其实最关注的还是自己放在伯克希尔资金池里的投资。有一年的股东会上，就有一位股东真诚地流露出自己的担忧，这位股东说：“我正在考虑买入伯克希尔·哈撒韦公司的股票，但是，我非常担心您（巴菲特）会发生什么意外，我可受不了您（巴菲特）出现重大意外事件的风险。”对此，巴菲特的回答是："我也受不了。"

"卡车问题"最有代表性的一次回答是2000年的股东大会上，当这个问题再次搬上了演讲台上，巴菲特回答说："只要不是伯克希尔旗下的GEICO汽车保险公司保险的汽车就行。"试想一下，如果"股神"真的被卡车撞了，那个将世界首富送上天堂的卡车，以及卡车参保的保险公司一定赔惨了。而我们的股神，再开这样的玩笑时候，都不忘为自己的保险公司省钱，真是"世界第一好老板"啊！

GEICO是美国第四大私人客户汽车保险公司，也是伯克希尔的合伙人。该公司主要的客户为政府人员，因此又名政府员工保险公司。公司主要经营模式是通过减少销售成本、降低认购风险，从而使汽车保险费控制在尽可能低价位上，这也是GEICO的已达成本优势。

利奥·古德温原本是一名会计从业者，在50岁那年，与妻子共同创建并经营起来GEICO。创业初期，夫妻俩没白天没黑夜地工作，一年的365天中，至少一半的时间都用在了工作上。然而每个月的工资两个人加起来只有250美元。繁重的工作和低收入并没有让这对坚强的夫妻放弃事业，他们，甚至将更多的精力投入到GEICO。

不计算白天12个小时的工作时间，晚上，利奥·古德温和妻子还要规划和指定投保人的名单，周末的时候也不能"休息"，因为他们要趁着政府职员休息的方便时间登门拜访做业务。利奥·古德温的目标客户是那些居住在军事基地的年轻政府职员，在免去了代理商和代理费的环节后，利奥·古德温出具的保单算是最便宜的了。

之所以选择军事基地的年轻政府职员作为客户，是因为这些顾客群的事故发生率极低。当然，利奥·古德温可不会做赔本的买卖，他跟妻子那么辛苦地操劳，终于将公司保单的成本控制在竞争对手的60% ~70%之间。成本优势给GEICO的早期发展带来了十足的空间。不过，虽然公司是由利奥·古德温夫妻创建起来的，但他们却不是唯一的东家。利奥·古德温夫妻两人只持有GEICO公司25%的股份，特沃斯的银行家克里夫斯·利亚及其已过世的亲戚A·D·利亚分别占有GEICO公司55%和20%的股份。

1948年的时候，利亚家族发生了一些事情，他们急需将手里持有的GEICO股票出售以换取现金。然而，在华尔街上寻找买家并不是一件容易的事情，利亚家族用了很长的时间也没有找到合适的买主，直到遇见了格雷厄姆。

二十世纪四十年代后期，GEICO公司的保险金收入，基本上每年都在200 ~300万美元之间，1946年和1947年的每股收益分别为1.29美元和5.89美元，利亚家族为了尽早脱手GEICO股票变现，他们给出的报价是低于账面价值的10%。

本杰明·格雷厄姆是价值投资的鼻祖级人物，他被GEICO公司巨大的潜力深深吸引住了，虽然他一点也不喜欢保险行业，更没有计划在这一行业中进行投资，但利亚家族给出的报价是非常合理的，就算有个万一，格雷格姆也计算好了如何走“退路”，他说：“万一这次收购的效果不好，我们随时都可以清算它收回投资。”

1948年，格雷厄姆以475美元/股的价格买进了1500股GEICO公司股票，成为该公司持股50%的第一大股东。当时，格雷厄姆并不知道，投资公司持股保险公司的股票，超过10%属于违法行为。美国证券交易委员会（SEC）强烈要求格雷厄姆取消与利亚家族的这次交易，当格雷厄姆再次找到“卖主”利亚家族成员，希望他们能收回股票时遭到了对方的拒绝。

经过协商，最终，美国证券交易委员会允许格雷厄姆将GEICO公司股票剥离给公司股东，格雷厄姆作为合伙人被获准保留自己的那部分股权，与此同时还参与到GEICO公司的运营和管理中。

分配股票给股东的工作安排在1948年的7月，当时GEICO的股票价格约1.1美元/股，年底的时候就增长到30美元/股，再后来，GEICO公司市值超过10亿美元。无论是利亚家族还是格雷厄姆，亦或是GEICO的其他股东，这个腾飞对于任何一个人来说都是个意外。对此，格雷厄姆总结说：“在运气，或者一个关键决定的背后，必须有精心的准备和训练有素的实力作保证。一个人必须有实力和声望，机会才会敲他的门。一个人必须有手段、判断力和决心来利用这些机会。”

1949年，GEICO公司的董事会进行了一次重组，这次重组为公司的发展甚至是飞跃带来了极大的动力加速度，这一年，公司的利润突破了100万美元大关。GEICO就像一个充满能量的电池一般，成了机械时代炙手可热的“明星”。

1950年，巴菲特以格雷厄姆研究生的名义拜访了GEICO，并机缘巧合地与公司副总裁戴维森进行了四个小时的长谈，这次谈话，被巴菲特称之为“人生中最重要的一个下午”。戴维森热情、详尽地给这位投资小天才解释了作为保险公司，GEICO的主要运营方式，以及公司的核心竞争优势——直销和低成本。

1951年，巴菲特研究生毕业后回到奥马哈做起了股票经纪人，他对 GEICO 公司的股票热情犹在，并开始尝试购买 GEICO 的股票。他也将自己的投资意愿、想法分享给周围做投资的亲朋好友，因为，年轻的巴菲特认为 GEICO 实在太棒了。

到 1951 年的年底，巴菲特共花费 10282 美元买进了 350 股 GEICO 公司股票，平均买入价格约 29.4 美元/股。这 1 万美元可是巴菲特一多半的个人财富，第一次投资就这么大的手笔，可见巴菲特对 GEICO 是何等的信任。

GEICO 不负所望，1952 年，巴菲特在持有 GEICO 股票第二年的时间里，就赚了 50% 以上。这时，巴菲特又看好了一个投资项目——一家叫做西部保险证券公司，欲以 3 美元/股的价格出售公司股票，其每股利润大约 3 美元，市盈率约 1 倍。于是，巴菲特最终将手里的 GEICO 股票以总价 1.6 万美元全部卖出了。

据巴菲特分析，当时的 GEICO 股价基本上保持在 40 美元/股上下浮动着，总市值超过 700 万美元，公司的竞争优势以及在浮存金投资上的能力为其自身价值增加了砝码，GEICO 的内在价值绝对超过保费的收入，是一只名副其实的价值股。

巴菲特将持有的 GEICO 股票全部出售后，GEICO 仍在继续增长中。20 年之后，巴菲特当时的 350 股至少价值 1300 万美元。“这给了我一个很大的教训，就是绝对不能卖出一家显而易见的卓越公司的股票。”巴菲特说。

1958 年开始，公司管理层将业务范围进一步扩大，将 GEICO 的利润全部用于在投资，使 GEICO 很快跻身到美国最大的几家汽车保险公司行列中。

到了 1972 年时，巴菲特身价上亿，而 GEICO 却因为管理层出现在保险理赔成本上的一些错误而挣扎在破产的边缘。巴菲特对GEICO绝对是有“感情”的，他果断出手买进并持续增持GEICO。到1980年的年底，巴菲特共为GEICO投资4570万美元，拥有该公司1/3股权。

因为有了巴菲特的支援，GEICO顺利度过了那次难关。1995年时，巴菲特投资的GEICO股票增值了50倍，GEICO再一次不负众望，非常争气地为巴菲特赚回了23个亿。巴菲特就用这些赚来的23亿美元支付给GEICO，获取了GEICO剩余的股权。从1995年开始，GEICO正式成为伯克希尔的全资子公司。

巴菲特曾说过，在他半个世纪以来的投资生涯里，只有12个投资决策是成就他现在的财富和地位的基因，买入GEICO股票，就是其中最重要的一点。GEICO是巴菲特的“初恋”，更是他一生的“好运”。正因为有了GEICO，巴菲特才对保险行业有了透彻清晰的认知，并在此之上构建起了巴菲特的“保险帝国”，从而走进再保险行列，成就了伯克希尔，也成就了自己。

巴菲特与GEICO之间有着这么多的唯美故事，他又怎么会舍得让“初恋”为自己的“卡车问题”买单呢？

死了也要飞机来陪葬

1989年，巴菲特买下一台名叫“The Indefensible”号的公务机，他为这个令自己爱不释手的公务机取名为“无可辩解”，意思是股神深深爱着这家公务飞机，没有理由也没有原因，爱它爱到即便死了，也要飞机给自己陪葬。

巴菲特说，他曾经想给这架公务飞机取名为“查理·芒格”号来着，一方面是表达自己对芒格的致敬，另一方面也是希望，如果自己死在了芒格前面，芒格能看在多年搭档的份上善待“无可辩解”，并且最好能让它与自己陪葬。当然，这些或许都是巴菲特与芒格开玩笑的话题。但股神毕竟已经85岁高龄了，说没有想过撒手人寰那是不现实的。

巴菲特说过，他的死亡将会给伯克希尔旗下的众多公司带来不可估量的益处，比如，飞机的销量会提高，可口可乐的销量更会大涨。“只要我一死，伯克希尔公司的利润马上会增加100万美元。因为芒格这家伙肯定不顾我要让我的公务机‘无可辩解’号陪葬的愿望，我死的第二天他就会把飞机卖掉。”巴菲特信誓旦旦地说到。

“无可辩解”在巴菲特的身边整整待了六年，直到1995年，巴菲特遇见了NetJets公司，他决定对这家公司实行收购计划，并卖掉了“无可辩解”。后来的很多年，每每提到私人飞机，巴菲特“旧爱”仍存，爱不等于拥有，或者说不等于永恒地拥有，巴菲特后来又说过，他到死，肯定不会再用公务机陪葬了。

巴菲特坦言，因为有过“无可辩解”，让他对飞机领域有种冲破云霄的奔头，即便几年之后为了“新欢”舍弃了“旧爱”，巴翁依然对“无可辩解”情有独钟，他会努力去达成商业帝国的价值并将这些归功于“无可辩解”。巴菲特在致股东的信中曾写下：20多年后的今天，他仍然在实现着当初的诺言，努力构筑天空上那个商业巨大的成功。

2012年，巴菲特斥资96亿美元买下NetJets公司旗下塞斯纳（Cessna）及庞巴迪（Bombardier）公司的425架飞机。这个数字创下了历史上最大一笔公务机订单的纪录，也给很多投资者画上了大大的一个问号——在那个处于后金融危机的时代，任何一家企业都在尽可能控制资金流出，那些上市的企业对于商务上的支出更是节约再节约，巴菲特这么“奢侈”的行为又是唱的哪出戏呢？

巴菲特疯了，很多行业内的投资者只找到了这个看起来能“骗”得过自己的理由。

了解巴翁的投资者心里都清楚，飞机根本就不是巴菲特喜欢的交通工具，他此举订单的真正意义其实再明显不过，他嗅到了飞机领域的“铜锈味儿”。

巴菲特的这个选择，经得起时间的推敲，总有一天，历史会第一个为他投上赞成之票。

IBIS 曾经发表过一篇关于飞机租赁业务的预测，报告中提到，2007 年至 2012 年的五年时间里，飞机租赁业务年增长率均保持在 0.7% 以上，这就可以预见，在未来的五年、十年中，飞机租赁业务将实现全行业 170 多亿美元的营收。NetJets 作为专注于飞机租赁业务的品牌企业，未来几年的市场份额将持续走俏，提升 2 ~ 5 个百分点绝对不是奢求。

一次股东大会上，巴菲特透露出自己会将 NetJets 私人飞机租赁的业务发展到中国的设想。他表示，在中国政府的支持下，私人飞机租赁行业蕴藏着巨大的市场前景。

我国国务院自 2013 年发布有关加快飞机租赁业务发展指导意见后，财政部也相继推出了企业购机环节减免税收等政策扶持，备受瞩目的《低空空域管理使用规定》也于 2014 年获高层批复，并即将出台。行业内预计，从 2014 年起到 2020 年，中国通航飞机带来的新增租赁市场容量约 1300 亿元。

相关资料显示，全球的私人飞机超过 30 万架，大部分都在美国。位于加拿大魁北克省蒙特利尔的国际性交通运输设备（飞机）制造商庞巴迪预言：至2032年，中国的私人飞机会比二十年前的今天增长6倍以上，这其中，通用航空领域的通航服务、空管系统、航空培训等业务将成为行业内发展潜力最大的内容。

十几年前就豪迈地宣称再也不碰航空股的巴菲特，如今却将目光定格在了中国的私人飞机市场上，可真是匪夷所思。

经过两年的筹备期，2012年12月，巴菲特联手全球25位最有影响力的商界领袖之一、原联想集团掌门人柳传志，两人共同出资打造第一个在中国运营的外国私人航空品牌“利捷公务航空”，该公司旗下两架豪客800公务机自2012年12月21日起正式开始运营。

“利捷公务航空”的股东为伯克希尔全资子公司NetJets、柳传志旗下的“联想系列”北京弘毅近思投资管理有限公司和香港冯氏投资公司，以及香港豪门冯国经和冯国纶家族的私人投资公司。

“利捷公务航空”在中国的主要飞行任务是为私人进行包机服务，以产权共享、托管、出售飞行卡等方式体现。其中，产权共享主要指客户可以一个人（或多个人）认购一架飞机或多架公务机产权；托管就是说，飞机所有者可以将自有飞机交予专业航空公司负责运营和管理，相关费用协商支付。

“利捷公务航空”的股东NetJets，在国外的飞行卡售价是38万美元/25小时的年卡，折合成人民币就是9.5万元/小时。私人飞机的“机费”和它的名字一样，听起来就很奢华。

据悉，“利捷公务航空”的飞行卡已经在国内开售，两家飞机也分别在深圳和上海完成着他们的各自任务。未来，“利捷公务航空”还将会依据客户的要求，为VIP量身定制飞行线路，不过，那时候的“机费”应该就不止10万元/小时了。

“利捷公务航空”在国内并没有价格上的优势，海航旗下的深耕公务机飞行上的报价仅为利捷的三分之二。当然，巴菲特并没指望以价格优势占领中国私人飞机市场，先跻身进来找个好点的“位置”站着，接下来再谋划发展也不迟。

这就是“股神”深谋远虑的地方，他要的不是现在的利润。据统计，截止到2013年，中国（包含港澳台）的公务机数量为367架，以每年23%左右的速度递增，以此推断，到2033年，中国将成为世界第三大公务机市场，从2014年到2033年的20年中，大中华区的公务机新机交付量可达2225架。

为什么中国的私人飞机市场前景如此巨大，都是哪些人在默默地为祖国经济发展做着如此之大的贡献？

恐怕，我们最要感谢的就是中国知名企业以及称得上名人的人物了，私人飞机俨然成了时尚、高端、资深、身份的象征，是财富的“外衣”，权位的“标配”。据《中国地区通航企业实力报告》显示，以民生银行、台湾顶新集团、旺旺集团、东银控股等为代表的数十家品牌企业都拥有自己的公务机。

2014年9月20日在美国纽约交易所上市的阿里巴巴掌门人马云，其私人飞机——湾流G550超远程型公务机是于2012年花4970万美元购买的，这架飞机为马云的商务专机。

私人飞机不仅是商业名人的“身份证”，同样也是明星们追求的尊贵，其中，排在前十位拥有私人飞机的明星分别为：刘涛，私人飞机价值3亿元人民币；林青霞的“Bom - bardier Challenger”商务飞机价值在5000万美元左右；2014年最受争议的明星赵本山的私人飞机价值约2亿元人民币；成龙的Legacy650款型私人飞机价值约2亿元人民币；周杰伦“周董”的波音737私人飞机约为1亿元人民币；章子怡的活塞TB－9价值约5000万元人民币；除此之外，陈道明、李连杰、范冰冰、冯小刚等明星的私人飞机价值均在2000万元～5000万元人民币之间。

如此看来，与美国万余个机场相比较，中国现在的200多个机场显然是供不应求的，不知道巴翁在中国开辟了私人飞机租赁服务业务之后，是否还会向建造飞机场的业务上有所延伸呢？

总之，私人飞机是巴菲特的一个“劫数”，带着私人飞机陪葬的愿望早已被搁浅，剩下的就是可口可乐了。股神笑言：“死了也要可口可乐陪葬，越多越好！”

死了也要吃和玩

众所周知，巴菲特是一个十足的“吃货”，他对美食的钟爱绝不亚于伯克希尔·哈撒韦。巴翁最爱的一种食物叫“Dusty Sunday”，那是涂满了好吃的巧克力酱并且撒上麦芽奶粉的香草口味冰淇淋。对数字敏感又善于推敲的巴菲特，对食物中卡路里的计算也是要用数学公式进行计算的。

“我这样混合调制出来的食物所产生的卡路里数量多少并不重要。假设你的基础代谢是每天消耗2800卡路里。简单的数学运算表明，你能够，事实上你必须每年至少吃下具有100万卡路里的食物，才能避免由于饥饿而过早死亡。这意味着，如果再活上25年左右，我就需要至少吃下约2500万卡路里的食物。既然我需要吃下这么多，为什么我不能享用只有这样一顿只有这么一点卡路里的美食呢？”巴菲特以此来作为他合理饮食的依据。

对于喜欢吃，又喜欢钱的巴菲特来说，嘴放在哪里就意味着投资目标也放在哪里。巴菲特喜欢冷饮，喜欢可乐，喜欢汉堡，喜欢所有他认为营养又美味的食物（而实际上，营养学家会认为这些“美味”的食物都是“垃圾食品”），自然，这些食物所涉猎的领域也成为了巴翁投资的目的地。

半个多世纪的投资生涯中，老巴与“吃”有着千丝万缕的情结，他会在自己钟爱的美食中挑选出可以进行投资的选项。谈到健康饮食，巴菲特会说：“越简单越好，爱吃汉堡、薯条，喝可乐。”根据巴菲特的口味，投资者不难找到股神的“嘴巴”股。

常有人说，喜食甜品的人都长寿，因为心情会跟着食品一样甜甜的。1971年，巴菲特第一次吃到时思（See′s Candies）糖果后，便一发不可收拾地爱上了它。巴菲特一心想将时思收为门下，却又不想出太多的钱，此时，搭档芒格的朋友艾拉·马歇尔都认为时思是一家不同寻常的企业，值得多花些银子进行交易。艾拉以一种端正、热情、积极的心态说服了巴菲特和芒格。这次收购时思，芒格坦诚地说：“艾拉让我们感到很惭愧，巴菲特和我都太小气了。”所以最终，巴菲特以全价2500万美元的价格收购了时思糖果，并亲自为时思创作广告语：

“假如你16岁，要带一盒巧克力见你初次约会的一个女孩，准备把它送给她或她的父母。在加利福尼亚州，如果你送的是×××牌巧克力，女孩会扇你的耳光。如果送的是时思，她会亲你。”

巴菲特的办公桌前总会摆着一盒时思巧克力棒棒糖，因为这是巴翁的最爱！

巴菲特酷爱喝可口可乐，据说一天最少要喝5罐。这个可口可乐忠实的消费者终于在1988年开始成为了可口可乐的股东。从1988年到1989年之间，巴菲特连续增持可口可乐10亿美元的股票。1994年，巴菲特共为可口可乐投资了13亿美元；1997年，巴菲特的持股增加到133亿美元。巴菲特最初持股可口可乐的十年增持速度达10倍以上，可口可乐也不负众望地给巴菲特创造了120亿美元的利润，这也就成为“股神”一直持股至今的理由。

冰淇淋是一款老少皆宜的冷饮，作为世界第一大冰淇淋品牌——冰雪皇后（Dairy Queen，以下简称DQ）在全世界至少拥有6万家连锁门店，就连“股神”巴菲特也抵挡不住它甜美的诱惑。巴菲特是奥马哈城DQ分店的老主顾，老搭档芒格也是明尼苏达州凯斯湖与Bemidji地区的DQ冰淇淋店的常客，以他们为代表的全球人民都爱着DQ，这得是一个多么广阔的市场空间啊。1997年，巴菲特把握住了投资DQ的机会，并于1998年成功荣升为DQ股东。DQ旗下的食品除了冰淇淋，还有鲜果汁饮料Orange Julius和爆米花Karmelkorn。用巴菲特讲给股东的话说，就是，伯克希尔把资金都投放在了吃的方面。

2005年，巴菲特以48.64美元/股的价格买进了百威啤酒的股票，当时，这个价格相当于8倍的市盈率和超过14倍的市净率。只不过，巴菲特对百威啤酒仅仅持股三年就卖给了全球最大啤酒品牌比利时英博公司。三年的投资为巴菲特赚取了44%的业绩以及约6%的分红，总体上得到了50%的收益，算得上是一次不赔钱的买卖。

只是，三年就出手，实在不像是以“长期持股”著称的巴菲特所为，难道是当初头脑发热才草率购买了百威啤酒的股票？随后的时间，百威股价上涨不明显，所以才卖给英博公司？鉴于外界众说纷纭的猜测，巴菲特统一回复说：当初虽然只花了2秒钟做出了投资百威啤酒的决定，但这已是巴菲特追踪这家公司25年之后才做出的结果。

2013年，巴菲特与3G资本联合出资280亿美元，以72.5美元/股的价格，外加20%的溢价收购了美国著名食品制造商亨氏(Heinz)公司。当被问及到，为何如此大手笔出资收购亨氏时，巴菲特调侃地说，他对亨氏的番茄酱了解颇深，“亨氏有一组令人浮想联翩的著名品牌。”细想想，股神是真的对亨氏很了解的，他那么爱美食，也离不开番茄酱，自然也会对亨氏的收购案能忍则忍了。

2014年8月，美国快餐巨头汉堡王(Burger King)以110亿美元价格收购了加拿大咖啡及甜甜圈连锁集团提姆·霍顿(Tim Hortons)，原本再普通不过的强强联合收购案，却因为巴翁出资30亿而顺利促成此收购案的达成。股神都融资进来30亿美元，其他的资本市场自然也是对这次合并案十分看好，此消息一出，两家公司的股价瞬间暴涨20%。

这次收购案中，巴菲特融资的30亿美金将以汉堡王优先股的形势达成交换条件，并且每年至少2.7亿美元的回报，投资回报率达到9%。这次巴翁出手支持汉堡王，也被业界打趣说道：“莫非是因为汉堡和薯条?”

巴菲特一直在强调他投资的方向就是“嘴在哪里，钱就在哪里”。所以，巴菲特钟情的“嘴巴”股总会在第一时间成为行业争议的焦点。

“吃喝玩乐”这几件人生幸事里，巴菲特对“玩”还是比较在行的，桥牌就是他一生最钟爱的游戏。为了玩好桥牌，巴菲特不惜请来世界冠军当自己的专业指导教练，给自己本就娴熟的桥牌技术再加马力。如此挚爱桥牌游戏的巴翁甚至说：“任何一个年轻人，不会玩桥牌，就是犯了一个大错。”

巴菲特喜爱桥牌到底进入到一个怎样巅峰的境界？

巴翁自己言称：“死了也要玩桥牌。”巴菲特这句话说的，其实与他那位死在桥牌桌上的“牌友”马尔科姆·福布斯（Malcolm Forbes）都一样“敬业”。

马尔科姆·福布斯也是一个酷爱桥牌的超级玩家，他是《福布斯》杂志的出版人，也是一位生活上相当奢华，又特别爱炫富的超级大亨。之所以说，他是“死”在牌桌上的“赌徒”，是因为他死于心脏病的前一天晚上，还在与巴菲特等牌友一起在牌桌上叱咤风云。

那天的桥牌竞技被安排在马尔科姆·福布斯位于伦敦的豪宅里，以美国队对阵英国国会议员代表队。其中，沃伦·巴菲特、马尔科姆·福布斯、阿伦·格林伯格（Alan “Ace” Greenberg，贝尔斯登公司的董事会主席）、劳伦斯·蒂什（Laurence Tisch，CBS 的董事会主席）以及其他美国大亨级人物。那场桥牌竞技赛堪称举世豪赌，光看这些人物的身份，就知道牌桌上的美元几乎都是论斤称重的。不知道是不是因为玩得太激烈，导致了巴菲特战队里的牌友马尔科姆·福布斯“英年早逝”。

巴菲特为桥牌的忠实赌徒，是一定要将这门手艺带到天堂、与上帝共切磋的。每个星期，巴菲特至少会抽出来 12 个小时的时间奉献给桥牌，对于自己玩牌时候的态度，巴菲特这样说：“我打桥牌时专心致志，其他什么事也不会想。我经常说：如果关在同一间牢房的三个犯人都会打桥牌，就是和他们一起坐牢，我也心甘情愿。”

“打牌方法与投资策略是很相似的。不论什么事情，只要根据当时你所有的信息，你认为自己有可能成功的机会，就去做它。但是，当你获得新的信息后，你应该随时调整你的行为方式或你的做事方法。”巴菲特将成功的玩技与投资之道息息相关地结合在一起，他认为，玩桥牌是锻炼大脑最好的一种方法。试想一下，每隔十分钟审视牌局的精力，绝对可以磨练投资者在股市上的形势判断能力。

“桥牌就好像是在权衡赢或损失的概率。你每时每刻都在做着这种计算。”巴菲特说。

死了也要留后手

巴菲特也是血肉之躯的纯人类，“股神”是他人对巴菲特的尊称，他自己可没有当自己是“神”。年龄的确一年比一年大，身体机能及头脑灵活性自然也是逐渐走向衰退。就算巴菲特的大脑比一般人运转的速度快、历时长，对于一个 85 岁高龄的老人来说，着实是累了，真的可以考虑歇歇了。

或许巴菲特是因为担心自己与伯克希尔之间的角色变化会给股东的利益带来动摇，也或许是因为巴翁对财富的维度仍希望再拓宽一些，所以他才没有“退休”。

不过，10 年前，巴菲特 75 岁的时候就已经安排好“后事”了，他提前数年便与董事会商讨了有关伯克希尔继承人的问题，一方面预防自己万一哪一天真的出现意外离世了，比如“卡车问题”的发生；一方面也在预防着自己的身体状况，是否能够足以履行伯克希尔掌舵者的职责与义务。

巴菲特说，他宁愿死了，也不愿意因为明明知道自己不能驾驭“伯克希尔领导人”的身份，却还要死皮赖脸地霸占着这个位置做着愚蠢的决策。

2005年，巴菲特在致股东的信中，第一次公开表明，他对伯克希尔继承人的相关妥当的安排。

“作为伯克希尔公司的所有者，你们自然会十分关心，如果我的精力开始日渐衰退之后是否会继续坚持担任CEO，以及如果果真如此，董事会将如何处理这个问题？你们也想知道如果我今晚突然与世长辞公司将会如何？”

“第二个问题十分容易回答。我们旗下绝大多数公司拥有强大的市场地位、强劲的发展动力、非常杰出的经理人。伯克希尔独特的企业文化已经深植于下属每个企业之中，即使我去世，这些公司的业务经营也不会出半点差错。”

“此外，在伯克希尔我们拥有三个相当年轻而且完全胜任CEO的经理人。这三位经理人中的任何一位在我的工作范围之内的某一管理方面都要远胜于我，但是不利的一面是，他们之中没有一个人具备我所独有的交叉性经验（crossover experience），这种经验使我在商业和投资领域都能从容地做出正确决策。解决这一问题的办法是要组织内部指定另一位人士专门负责有价证券的投资工作。在伯克希尔这是一件十分有趣的工作，新的CEO毫无疑问将会选择出一位聪明能干的人士来负责这项投资工作。实际上，这正和我们过去26年在GEICO公司所做的完全一模一样，我们这样做的结果简直好极了。”

“伯克希尔董事会已经充分讨论过这三位CEO候选人中的每

一位，而且如果现在必须接替，接替我的最终人选也已经全体一致达成决议。董事们就此问题继续根据最新情况对决议进行更新，如果情况变化可能将会改变他们的看法，新的管理明星可能会升起，原来的管理明星则会衰落。重要的一点是董事们现在完全知道，而且未来也总是会完全知道，如果需要的话他们应该做什么。”

“另一个需要处理的问题是，如果更换CEO的需要不是由于我的去世而是由于我的衰退，尤其是与这种衰退随之而来的是我虚妄地认为我正处于个人管理才华的一个新的高峰时，董事会是否将会准备好做出变化。在伯克希尔下属企业中，我和查理一次又一次遇到这种情况。人老化的速度差别非常大，但或早或晚他们的智力和精力都会衰减。有些经理人在进入80高龄之后仍然生龙活虎——查理本人就是一个82岁的神奇经理人——但其他经理人刚刚年满60岁就明显衰退。当他们的能力衰退之时，他们自我评估的能力也往往相应衰退。有些经常还需要在其耳边鸣笛警告。”

“当这种情况出现在我的身上之时，我们的董事会将不得不出面接替我的工作。从财务的观点来看，董事会成员很少有此动机如此行动。据我所知在整个美国没有其他任何一家公司董事会中的董事与股东们的财务利益如此完全紧密地结盟在一起。少数董事甚至关系更为紧密。可是在私人关系层面上，对于大多数人来说，要告诉别人尤其是一个朋友他（她）已经能力不济实在是特别难以启齿的。”

“如果我开始成为得知这一条信息的候选人，我们的董事会将善意地实言相告。我所拥有的每一股股票都已经事先指定捐赠给慈善事业。我希望整个社会能够从这些生前赠予和死后遗赠收获最大限度的好处。如果由于我的合作伙伴们逃避责任没有告诉我应该离开了（我希望他们说得温和一些），那将是一场悲剧。但不必为此担心。我们拥有一群非常杰出的董事，他们总是能够做出对股东来说最为正确之事。”

“当我们谈及此事时，我感觉好极了。”

对伯克希尔及接班人的未来，巴菲特算是尽职尽责地安排妥当了，那么，在巴菲特百年之后或者因身体健康原因提早“退休”，到底，谁才是真正的伯克希尔二代掌门人？

坊间对于巴菲特的接班人猜想，大致有四个目标。他们分别是：现年64岁的伯克希尔公司再保险业务首席执行官、印度奇才阿吉特·贾恩；44岁的投资管理人托德·康布斯；与康布斯同样年轻的投资管理人泰德·威施勒以及1985年出生的哈佛商学院毕业生、巴菲特的顶级助理之一特雷西·布里特，布里特也是四位被推波助澜到巴菲特候选人队伍中唯一的85后女性。

1951年，阿吉特·贾恩出生在印度沿海的奥里萨邦，1972年获得印度技术学院工程硕士学位。在1986年加入巴菲特团队之前，曾有过四年IBM（国际商业机器公司）印度分公司的工作经历。贾恩负责伯克希尔公司的保险业务，而巴菲特大部分的投资本钱都是出自于贾恩的功绩，因此，贾恩也被称为“印度奇才”。

2009年，巴菲特在致股东的信中这样称赞贾恩：“贾恩领导的再保险业务部门是世界上最了不起的公司，他们只有31个人，却每年为公司赚进数十亿美元的利润。”2010年，巴菲特又在致股东的信中对贾恩赞不绝口：“他像我的家人一样，而且他为公司赚的钱很可能会超过我……如果我、芒格和贾恩都在一艘沉船中，而且你只能救一个人的话，那就去救阿吉特·贾恩吧！”

巴菲特还曾说过，如果贾恩愿意接受首席执行官，将会获得董事会的支持。巴菲特对贾恩的肯定无疑代表了作为掌门人的巴菲特很看好贾恩接手第二任掌门人的角色。那么，巴翁为何偏爱贾恩？只因为他有才？

原因当然不会仅仅因为他有才能就可以上位的，2002 年的致股东的信中，巴菲特曾道出自己偏爱贾恩的原因。他说："贾恩严格遵守自己制定的投资纪律，虽然没有避免损失，却防止了愚蠢的损失。这才是投资行业的关键。你必须看中长期结果，这只能通过避免愚蠢的决定，而不是仅仅做出聪明的决定就能办得到的！"

托德·康布斯是一名优秀的、年轻的基金管理者，自 2005 年 11 月至 2010 年 6 月的五年时间里，康布斯负责的基金资产增长了 28%，其主要用途是投资于金融服务企业股票中。与康布斯共同承担管理伯克希尔所有股票和债券投资组合的责任者还有泰德·威施勒，二人因被巴翁委以重任而被外界猜想为继任者候选人。

但在 2014 年的股东大会上，巴菲特明确声明：托德·库姆斯（Todd Combs）以及泰德·威施勒（Ted Weschler）都是伯克希尔公司最优秀的管理者，但他们并不是首席执行官这一职务的候选人，他们将会有可能成为接班人的助理。

备受关注的候选人是伯克希尔公司最具影响力的女星之一，85 后美女助理特雷西·布里特。在公司，布里特的主要工作职责是帮助巴菲特进行财务调研、陪巴菲特开会、偶尔还开车带巴菲特在城里转悠。除此之外，布里特还担任伯克希尔旗下年总销售额达到 40 亿美元的 4 家公司董事长职务。

"布里特的才智超越了她的年龄。她掌握了有关伯克希尔各子公司都在发生着什么的信息以及沃伦都在想些什么，这是一笔财富。”《华尔街日报》援引东方贸易公司首席执行长萨姆·泰勒总结评价说。作为一个被评论称为智慧能干、受过顶级商科高等教育、为人朴实的美国中西部女性，布里特确实是巴菲特麾下一颗冉冉升起的新星。

不过，关于接班人的人选，其实巴菲特早已有定论，而且，巴翁对这个尚未被公开的接班人各方面的能力都非常认可，非常满意。一旦巴菲特真的发生了意外，这个接班人便会第一时间替代巴翁掌门人的角色。巴菲特只是悄悄地向外界透露，他的接班人是一位绝对优秀的男士，或许未来的10年、15年，伯克希尔的首席执行官也可能是位女性。

巴菲特的言语很巧妙回应了大家对接班人的猜想。无论是谁来接管伯克希尔，至少我们都相信，巴菲特早已做好了各项准备，足以让新任掌舵者顺利接手伯克希尔。

死了都要爱

巴菲特的一生，都在为滚财富雪球而努力，像天真又执拗的孩子一般，不满足也不放弃。每天24小时都在与金钱往来。巴翁始终都在说，他生存的意义就是为了赚钱，赚更多的钱，变得非常富有。而这里提到的“更多”和“富有”似乎是无边际的。

然而，巴菲特追逐财富的梦想，不像有些投资者那样贪婪和痴迷，或者说，老巴才是真正的投资，而那些被铜臭味所累的是投机者。在巴菲特的生命里，投资投的是钱，而赚得的除了财富还有自由。

“吸引我从事证券投资工作的原因之一是，你能够自由自在过自己想过的生活。你不用天天为了成功而打扮。”巴菲特时常告诉身边的人，他选择投资作为自己的事业，更多的希望都体现在为了自由而自由。

这种自由还体现在不断战胜市场，统领整个投资帝国的胜利之快感。每每成为人们竞相追逐的焦点，巴菲特会说：“并非是因为我只想得到钱，而是因为我觉得赚到钱并且看到钱生出更多的钱是一件很有趣的事情。每天早上去办公室时，我就感觉我要去西斯廷大教堂画壁画一样。”

自由地赚钱，快乐地富有！巴菲特的每分每秒都是那么充满激情和热忱，整个赚钱的过程变得如此享受，我想，只有巴菲特才算得上是真正为着梦想而打拼。

我们生活中的很多人，同样有着不同时期不同的梦想，然而随着每一阶段困窘的横空出世，往往那些有待实现的希望就在拼搏的路上夭折了，甚至还没有得到任何缅怀就被彻底遗忘。巴翁却是这条追逐梦想之路上的领航者、坐标系、参照物……是每一个曾经为梦想努力过、坚持过甚至“牺牲”过的人的偶像。

真正懂得快乐并享受生命的人就像巴菲特这般，做自己喜欢的事，不容忽略的前提是，一定要自己喜欢，而不是为了别人而喜欢，那样就是在为别人做事了。“我有一个内部的记分牌。如果我做了什么事，别人不喜欢，但我自己很喜欢，我会感到高兴。如果我做的事，别人纷纷夸奖，但我自己并不满意，我不会感到高兴。”巴菲特养成的习惯都那么贴近生活，感受生命的意义。

真正让巴翁学会享受生命意义的人正是他的第一任妻子苏珊。

认识苏珊之前，包括他们结婚后的最初几年，巴菲特其实还是有些“铜臭味”的，金钱的分量在他生命里至关重要。后来在苏珊的影响下，巴菲特渐渐有所领悟，并逐渐转变：“金钱在某种程度上有时会让你的处境更好一些。但金钱既不能改变别人对你的爱，也不能改变你自己的健康。”

2003 年，巴菲特在乔治亚州理工学院的一次演讲时曾感慨地说：“等你们到了我这个年纪，就会明白，衡量你的人生是否成功的真正标准，是看看你希望爱你的人中到底有多少人真的爱你。”那时，正值妻子苏珊患重病，并且刚刚完成一项大手术之后的半个月时间。巴菲特对妻子的爱都体现在这只言片语的感慨之中。

对于财富，巴菲特与其他富豪有着不一样的理解，他曾经也是不准备捐出自己一分钱的，现如今却觉得，钱财远没有爱“值钱”。“我认识一些非常有钱的富人，有人为纪念他们举办盛大的宴会，有人在医院大楼的外墙上刻上他们的大名，但是在这个世界上，其实没有什么人真正爱他们。如果你活到我这把年纪，却没有人发自内心地说你好，不管你银行账户里的钱再多，你这辈子都活得太失败了。”

“爱，这个东西，最麻烦的是你有钱也买不到。你可以用钱买到性，买到宴会，买到媒体对你的赞美和宣传。但是得到爱的唯一方式是让你自己值得被爱。拥有很多钱是很令人讨厌的事。你总以为自己可以随时拿出一大把金钱：我要买几百万元的爱。但事情根本不是这样的：你付出的爱越多，你得到的爱越多。”此时的巴菲特，会更加让我们觉得，他真的就是“神”的化身，来到今生，就是为了创造财富，奉献爱。

感受着爱、奉献着爱，此时的爱已与巴菲特的财富融为一身。2006年，巴菲特正式向世界宣布，他决定将自己99%的个人财富全部捐献给慈善事业。

股神是这样说的，也是这样做的。2010年，巴菲特与比尔·盖茨公开号召更多的富豪，要在有生之年，至少捐献出一半的财产赠予慈善事业。巴菲特希望自己的笃身力行能够影响感染到其他财富之人，他也在告诉世人：要想心理健康，就一定要明白，最重要的不是金钱，而是爱。

巴菲特的慈善之行让他每一天都在付诸行动，并且越做越大，逐渐超越。甚至让世人觉得，巴翁一生为财富雪球的付出都是在为现在的慈善打基础。

2014年7月，巴菲特向多个慈善机构捐献出其个人价值28亿美元的股票，这个数字打破了他本人2013年创造的捐献26亿美元（价值2287万份伯克希尔公司的股票）财富的纪录。

这28亿美元的财富为伯克希尔公司超过2170万份单价为128.98美元/股的股票，受赠者为比尔和梅琳达·盖茨基金会等五家慈善机构。

其中，受赠最多的是以“消除世界贫困、改善美国教育、提升生育控制技术”等为宗旨的比尔和梅琳达·盖茨基金会，盖茨夫妇的基金会收到了价值21亿美元的伯克希尔B股1659万份；以巴菲特第一任妻子苏珊命名的慈善机构苏珊·汤普森·巴菲特基金会收到了价值2.15亿美元的股票，该基金会主要为学生提供教育奖学金，以为实现世界教育平等做贡献；巴菲特的三个孩子霍华德、苏珊、彼得各自成立的基金会也分别得到了父亲1.5亿美元的股票捐赠。

此次捐赠之后，巴菲特的个人资产从659亿美元减少到631

亿美元，其在福布斯全球富豪榜的排名也从第三位退居到了第四位。

截止到2014年，巴菲特共为慈善事业捐款超过230亿美元，捐款数额仅次于比尔·盖茨的280亿美元。巴菲特对慈善事业的热衷，绝非一般坐拥亿万家产、名列全球顶级富豪者能比邻的。

“就我自己而言，1%的个人财富就已经足够我和家人使用，留下更多的钱既不会增强我们的幸福感，同时也不会让我们更加安康。”巴菲特这样表示。在谈及到为何会捐出这么多个人财产时，巴菲特“解释”道：“我一直都生活在这样的一个经济体中，它给那些在战场上拯救了他人生命的人颁发勋章，给一位伟大的教师授予来自学生父母的感谢函，但却给那些能发现证券错误定价的人带来成亿美元的财富。简而言之，命运对谁能挑到‘长麦秆’的分配方式是狂乱多变的。”

慈善是全球都不可中断的事业，有财富的高贵就会有贫穷的存在。巴菲特认为，慈善是需要生生不息传承下去的美德、习惯。金钱，应取之于民而用之于民。

所以，我们的巴翁，除了自己带头捐款，还想出了很多能够带动其他富豪“自愿”捐赠出个人财富的办法——巴菲特慈善午餐，也是全球著名的天价饭局。

从2000年开始，巴菲特每年都会举行一次“和股神共进午餐”的活动，起初的几年并没有太多“吃客”光临，直到2008年的世界经济危机之后，才有越来越多的“有钱人”坐在巴菲特的餐桌上。或许是经历过金钱的若即若离，才让更多的富豪意识到，钱财，真的乃身外之物，既然总有一天都会远离自己，为什么不让它们生得更有意义呢？

“巴菲特慈善午餐”截至目前拍出的历史最高价是2012年的345万美元。第二高的一次“餐位费”是2014年的217万美元。通过这顿饭所积攒起来的善款已经超过1600万美元，这些带有巴菲特味道的慈善捐赠将全部赠予美国慈善机构格莱德基金会（Glide Foundation），主要用于帮助旧金山地区的穷人和无家可归者。

人世间最悲惨的事情莫过于“人死了，钱没花了”，这句话成了众多死在赚钱之路上的富有者的魔咒。回头看看我们的巴翁活得多么明白和精彩：“死了都要爱！”

12

“巴菲特”的玩法与活法

玩转投资界

“我想你们都能非常肯定，未来十年中有些年份的大市将上涨20%或是25%，还有几年的大市会出现同样程度的跌幅，但大多数年份的市场表现会介于两者之间。至于这些情况会以怎样的顺序出现，我没有任何概念，而且我认为这对于长期投资者而言没有什么重要意义。”

以上这些写于1962年7月的有关投资意见上的文字，直到2012年7月，整整半个世纪的尘封后才得以面世。这似乎足以证明，巴菲特真的不是谁都可以模仿、复制的，因为巴菲特不是格雷厄姆，他也没打算培养谁成为自己的弟子，所以，巴翁也就很少将自己对市场的预测告知他人。

很多反反复复的事情都冥冥中被定格在时空的烙印里，只待时间一到，崩现在人们面前，或惊喜、或惊恐。

时隔50年，巴翁当年的“长期投资者不应在意市场短暂的波动”的建议，足以给当下的投资者带来共鸣，只是，像巴菲特那样可以预见几十年之后事情的人几乎没有，很多投资者只愿意将目光最远抛到十天之后，怎可谈十年甚至更久的预见？

“年轻”的投资者们之所以不愿意将目光放得更远，主要的担心还是资本是否能稳妥安全地收归回来。巴菲特不也提倡“保住本金不赔钱才是投资的初衷”吗？

所以，大多数投资者更关注眼前的利益变化也是有一定道理的，为了有价值的回报而去冒着输得底朝天的风险去“豪赌”的人也会遭到大家的鄙视，毕竟，没有几个人能如巴菲特一样“输得起”。

那么，巴翁又是怎么玩转投资界的呢？

巴菲特认为，规避风险的潜意识原本就是人类的天性，就如同手指突然间出现在眼前，眼睛会不由自主闭上或眨一下。投资的市场是贪婪的魔鬼，它依赖于投资者对它的恐惧才得以招摇和生存下去。

如果市场是个与世无争的世外桃源，恐怕，巴翁对投资者需将眼光放得更长远的建议也就失去了本源。

巴翁投资之道就在于“回归理性”，在任何压力面前都要保持绅士般的冷静。

1962年是让投资者恐慌的一年，虽然古巴导弹危机在10月份才爆发出来，但美苏之间的冷战却环绕着整个1962年。道琼斯工业平均指数在上半年一路狂跌23%，完全抹杀掉了1961年的涨幅——22%。

这么癫狂的危机面前，巴菲特依然可以坦然地冷静应对。在写给股东的信中，巴菲特建议投资者需将眼光放得再长远一些。他说：“六个月，甚至是一年时间的收益都不用过于介意。投资效益必须放到一段时期之后评判，这样一段时期既包括市场上行期也包括下行期。”

当这封写在五十年前的信穿越到今天，不知能否给现在的股票买家们营造出一些冷静思考的空间。经济危机随时可能让投资者陷入岌岌可危的灾难之中，理性思考，谨慎出手是正确的。

杰夫·奥克谢（Jeff Auxier）的重点基金（Auxier Focus Fund）是伯克希尔股票长期雇主，杰夫·奥克谢曾表示，巴菲特在致股东的信里，言语中不乏流露出有关性格、价值以及成为一个求知若渴的学习机器的经验。“所有卓越的投资者都像巴菲特那样做，你得做大量功课，并且要有耐心等待适当价位出现。任何拿自己的钱投资的人都应该在投资之前学习这一点。”杰夫·奥克谢肯定地说到。

如今已85岁高龄的巴菲特，在年轻时候就将其卓越的投资本领彰显无遗。与当下的他一样，二十世纪六十年代的巴菲特也时刻强调着，在市场下跌时要保存资本，在市场大涨时不要追买，要把重心放在长期挑战和长期收益上。

当然，巴翁所坚持的长期持股，并非是任何消极时期都要买入持有的，这种坚持的背后意义便是“低价买入、持有并密切关注”，这些技巧更适用于那些价值被低估的普通股、身处于重组边界但又具备生存能力的企业、完全控股或是一方持有多数股权的“控股”

企业。显然，很多投资者没能够领悟到巴菲特的投资真理。

巴菲特曾在1963年致股东的一封信中提到：“永远不要指望卖个好价钱。买入价要足够有吸引力，那么即使卖出中等价格也能获得不错收益。”这些来自于“价值投资鼻祖”格雷厄姆的思想，给整个巴菲特投资初期的岁月渲染了更多的理性和稳妥的坚持。

就在1963年年初，美国劳工统计局（Bureau of Labor Statistics）曾公布出一组数据，显示股神的几家合伙人公司已经拥有了近千万美元的资金，其中至少140万美元的资金属于巴菲特的个人财富。这些财富在经过通货膨胀的洗刷后，依然沉甸甸地相当于现在的7000万美元之多。

巴菲特的成功，是潜移默化存在于历史长河之中的激荡音符。早在1958年道琼斯指数年回报率平均为8.3%的时候，巴菲特的合伙人公司年回报率就多达21%了。那时候的巴翁还很年轻，他面对投资失误的态度也没有现在这么坦然，但他依然将谨慎、冷静的作风端正地摆在投资面前，他会一而再再而三地提醒着自己以及合伙人：价值投资策略最有可能在市场不景气或是下跌时表现出众，但在牛市中可能会落后。

巴菲特的投资也并非一帆风顺。1962年的普通股投资组合中巴菲特并没有赚到钱，当年道琼斯指数在扣除股息之后也下跌了近11%，一大批受到环境影响的企业岌岌可危，巴菲特就像救世主一样出现在危难之中，协助那些危机的企业完成重组和控股，而巴菲特那一年的收入基本上也来源于此，巴菲特的合伙公司在扣除相关费用后实现了11.9%的回报率。

1958年至1963年的五年之间，巴菲特跑赢道琼斯指数13个百分点，这个骄人成绩令巴菲特自己都难以置信，以他的计划，多年来能够实现每年平均跑赢 10 个百分点已经是最满意的答卷了。但巴菲特不骄不躁，他还建议其他合伙人“要在心理上调整”自己的预期。“我们的工作就是要积累每年相对于道指的优势，而不要过于担心某一年的绝对收益是增加了还是减少了。”巴菲特再次重申了他对效益的看法。

1967 年以后，巴菲特发现真正的价值投资目标越来越少，以至于他不得不将自己原来“跑赢道指 10 个百分点”的计划缩减到 5%。

在伯克希尔，一直都盛行着巴菲特有关投资的 5 个“基本规则”，正是这些铁律的存在，才使得伯克希尔辉煌至今。这五条基本原则体现在巴菲特说过的五句话之中：

“绝不要向合伙人保证会获得多少回报，那些每月提取半个百分点收益的合伙人，他们就是在撤资。”

“我们的工作做得出色还是糟糕并不是由我们在这一年赚钱还是赔钱决定的，如果我们的纪录好于这些标准，无论我们本身是挣钱还是赔钱，我们就认为这一年业绩不错。如果我们的表现不如那些标准，那么我们就活该被扔西红柿。”

“尽管我更偏向于以五年时间为准来考察业绩，（如果难以做到）那么我觉得评判业绩表现的最短时间要达到三年。我们在某些年的业绩肯定会不如道指，甚至可能会大大不如道指。如果我们在任何三年时间甚至是更长时间中的收益都糟糕，我们大家就应该开始另寻地方投资了。”

“我的工作不是预测大盘走势或是商业周期波动。如果你认为我能做到这一点，或者认为这是一个投资项目不可或缺的要素，那么你也许不应该留在我们的合伙公司。”

“无法向合伙人做出收益承诺。我能承诺、而且确实做出承诺的是，我们会依据价值而非热门程度来选择我们的投资；我们会使每一笔投资的安全系数达到较高程度并且实现投资的多元化，从而试着将永久性资本亏损的风险降至……绝对最低的程度；我和我的妻子、孩子会将我们几乎所有的财富投入到合伙公司中。”

亲爱的“年轻”投资者们，股神的投资之道，你领悟到了吗？

将抠门进行到底

有人说，巴菲特的财富之所以能够顺利并长久地积累起来，依靠的就是伯克希尔掌门人的“必杀抠门大法”——不拆股、不分红。然而又有几个人看得出来，这种“抠门”其中真正的对财富的尊重呢？

“股神”说：善用抠门之道或是抵御通胀风险之法门。

没有拜访过巴菲特的人就不会知道，85 岁的世界富豪前三甲，会依然坚持每天的勤奋工作在那个小办公室里，没有退休的计划，也没有任何懒惰的心情。中欧商学院经济学教授许小年在 2011 年的一篇博客中，曾描绘了初见巴菲特时钦佩与感慨之情：“那年年初，带着学生去美国拜访巴菲特。老人家 80 岁了，已是全球第二富的人了，但每天仍然非常勤奋的工作。他有一个很小的办公室，我进去的时候没有感到非常吃惊，因为那个小办公室媒体报道得太多，而巴菲特几十年如一日地在那个小办公室里办公，里面没有任何豪华的摆设，桌面铺满了研究报告……”

生活简朴是巴菲特一直以来的习惯，这也成为外界认为他“抠门”的一个理由。这个即便成为了世界首富却依然用着一个破旧钱包的老人家，确实将“抠门”法则淋漓尽致地运用在了投资大家的血统里。

股神，是要将每一分钱用在有价值的地方。

有人说，学习巴菲特的价值投资之道，需要得到天时地利人和的眷顾，但若是学习巴菲特的“抠门”之道，那么只需要改变一下原有的习惯即可。说得如此简单，却又能有几人做得到呢？大家都十分清楚，尤其在通货膨胀的时候，真要是用好了“抠门”法则，也是可以实现保本创收增利的。

那么，就请广大的投资者们，携带上股神的“抠门”法则进行管理和经营你的财富吧。《巴菲特传——一个美国资本家的成长》一书的作者、华尔街资深记者罗杰·洛文斯坦曾在其作品中记录了巴菲特的成长史。从一个立志要变得非常富有的小男孩，到光芒普照整个华尔街上空的领袖富豪，巴菲特经营自己的生活小细节就像经营伯克希尔一样认真不懈怠。

所以，有那么一句话说：“习惯决定了性格，而性格又决定了命运。”

巴菲特一直以来勤俭节约的生活习惯让他整个生命都充满了沸腾，他甚至从未将自己所营造的财富数量与奢侈的生活进行过等价比较。这辈子，“奢侈”就不是巴菲特的口味，“抠门”才是他个人生活永远不变的主题。

在巴菲特的生命里，与赚钱同等重要的词汇就是节约，节约每一分钱都是他生活的意义所在，正如赚钱是他毕生的追求一样自然地镶嵌在巴菲特的脉络中。今天的每一分钱，都将成为明天的价值源泉，源头越多越扎实越丰厚，未来的财富雪球就会越大。

巴菲特通过谨慎的投资使其获得的价值数以千计、以万计地增长着。有财富撑腰，巴菲特理直气壮地挥霍着他的“抠门”技术，无需理睬他人担忧紧张的目光。巧合的是，巴菲特四人座驾车牌名为“thrifty”，用中文直译过来居然是“抠门儿”。而巴菲特每天都开着爱车在华尔街的道路上很拉风地招摇过市。而且，巴菲特节约到很少送车到洗车店清洗。他认为洗车的费用完全可以不必花费，找一个雨天开出去兜一圈，回来不就干净了吗？用巴菲特的话说就是：“老天爷洗车是免费的。”

生活中的巴菲特处处节俭。他不会使用很大空间的办公室，也不会在办公室里做更奢华的装饰，就连工作餐都普通得尽是“垃圾食品”——汉堡配可乐，虽然这些都是他最爱的食物。巴菲特也从来没有光顾过洗衣店，他更习惯由妻子苏珊帮他打理衣物，而且也从来不在衣着上做太多的考究，大方、得体、简朴最好不过。

此时，不禁想起巴菲特当年与哈佛面试主考官见面的时候，也是没有在意穿着，一双破了洞的球鞋，一件看起来肥大不合身的运动T恤。所以，大家可以相信，巴菲特并不是因为有钱了才“做作”地伪装成简朴的样子，他那“抠门”的性格恐怕是从娘胎里带出来的。当然，巴菲特从来不会觉得，自己穿着简朴，或者是穿着旧衣服有什么失礼之处。正如巴菲特一直用着几十年没换过的破旧钱包一样，他实在找不到让自己更换新钱包的理由，因为这个钱包还是可以使用的。

巴菲特的“抠门”很自然地传染给了他的下属们，或者说，老板都这般节约了，下属哪还好意思去奢侈挥霍呢？

以美国著名的投资银行所罗门兄弟公司为例，在被巴菲特收购之前，这家公司的上层生活状态十分奢靡，一顿平平常常的午餐都要求御用五星级大厨亲自照料。被巴菲特收购之后，所罗门兄弟公司的高管们开始学着巴翁左手汉堡、右手可乐地一边开会、一边午餐，从此，五星级御用大厨销声匿迹。

从濒临破产的小纺织厂，到华尔街上空最璀璨的闪耀之星，巴菲特对伯克希尔倾注了50年的心血，也造就了伯克希尔的世界历史最高价股——200万美元/股的辉煌成绩，这其中，“抠门”起到了不可磨灭的力量作用。

的确，巴菲特没有真正教育出来一个得意门徒，但其掌管的伯克希尔却造就了无数个富翁，巴菲特却只拿着10万美元的年薪，从不贪功。也正是因为这个“抠门”，让巴菲特在应对很多个商业上不确定性时能有一个相对理智的选择。那些很难从巴菲特节俭的生活中觅得蛛丝马迹之人，也就更难在股市的动荡里指手画脚了，从另一方面理解，这未尝不是一件给股神省心的好事。

对自己的生活和工作“抠门”的巴菲特，对子女们同样“大方”不起来。长女苏茜出生时，已经很富有的巴菲特却不舍得掏腰包给女儿买婴儿床，他最后卸下了衣柜的一个抽屉，在上面铺上被褥变成了苏茜的简朴版婴儿床；苏茜结婚后想扩建一下公寓，所以找到父亲借钱，结果被一口拒绝了。

对此，巴菲特调侃地告诉他人，他的“抠门”可是地地道道被传承下来的家族经。

在巴菲特为祖父打工的那段日子，整天劳心劳力、累死累活地忙碌却也只获得了比其他童工还可怜的薪酬。祖父还从他少得不能再少的工资中扣除2美分用来缴纳社会保险费用。这样的“抠门”爷爷让巴菲特尤为敬重，他相信，祖父生意上的成功，都来自于这样节约每一分钱的“美德”。

在许多人看来，巴菲特对“抠门”不以为耻反以为荣之举实在难以理解，但巴翁却用“抠门”一手造就了投资帝国伯克希尔，也对子女们言传身教了为人之本。巴菲特经常忠告女儿苏茜，即使是不起眼的工作，也应该尽职尽责地做好，敬业是每一个“员工”的本分，正如学习是每一个学生的天职一样；他理性地接受了长子豪伊退学的事实，并出资帮他购置了一个农场，通过支付租金等方式历练、成就孩子。可见，巴菲特对子女们的“抠门”实际上是一种“授之以渔”而不是“授之以鱼”的过程。

当巴菲特交给每个孩子价值10亿美元的股票后，孩子们不负众望地经营起各自的慈善事业。虽然，儿女们没有父亲那般叱咤风云，但他们都爱着生活，爱着自己的事业。他们独立的人格以及对财富价值的准确认知恰恰是很多富人所欠缺的“宝贵财富”。

熊市生存之道

能做好投资的人很多，但能在熊市里活着走下来的人并不多，经历过四次熊市，且每一次都能顺利突围的投资者恐怕只有巴菲特一个了。巴菲特有着一套被世人津津乐道的六条投资法则：

1. 永远不去判断股价的短期走势，更不会根据是否见底而做出投资决策；2. 以合适的价格买入伟大的公司，而不是以很低的价格买入垃圾公司；3. 接下落的刀子，首先要学会控制风险；4. 在高概率事件上要敢于下大赌注；5. 买入后不要担心股价的短期波动；6. 不迷信华尔街，不听信谣言。

能够吃透这六条法则的投资者，一定可以踏着股神的脚印排除万难走在投资道路上。但，在平坦的道路也会有坑洼之处，正如股市奇兽——牛和熊。

所谓熊市，是指行情看跌、股价低靡、指数下挫、卖者较多的市场状况。在股市里，任何投资者都是对“熊出没”恐慌的。因为熊市一出现，就会导致整个股市缺失了赚钱的积极效应。一大批资金瞬间引进入场，瞬间被牢牢套住，倘若有新的资金以“救世主”的身份进入，也逃脱不了被套牢的命运。逐渐演变成进资越来越少，套资越来越多，周而复始地恶性循环，最后，绝大多数的投资者对市场失去权衡，也失去了耐性，鱼死了，网也破了。

在熊市里学会生存，是每一个投资者入市前的必修课。明知山有虎，偏向虎山行的目的，不就是投资收益吗？国内外众多经历过熊市和牛市的投资者总结出，想在熊市里求生存，就一定要知道适可而止！放弃一切诱惑和机会，只为保住本金。

保住本金，同样也是股神巴菲特“不赔钱的投资”的必杀技。在熊市里，不求有功但求无过，只要投资者的本金不受损失，能够挺得到熊市结束，你就是最大的胜利者。巴菲特说：“股市成功的秘诀有三条：第一，尽量避免风险，保住本金；第二，尽量避免风险，保住本金；第三，坚决牢记第一、第二条。”

那么，一旦真地遭遇了熊市，投资者能够像做足了准备一样安然挺过去吗？如果股神也深陷熊市，他会怎么突围呢？

牛市来临，无法置身事外的巴菲特会紧紧把握住这次“机会”。在熊市猖狂的时候，很多投资者为了自保都会将手里的股票抛掷出去，但巴菲特不会抛，因为他走的是长期持股的路线，那么这个时候的巴菲特就会比较闲，闲着看别人出手的股票，闲着在被丢弃的股票中找一找那些被低估的廉价股。在熊市，巴菲特会兴奋得一塌糊涂。

巴菲特是从 1956 年开始做私募投资的，第二年就赚了 11.5

倍，要知道，大盘十年才能涨到一倍多一些，与其安慰地说股神幸运，莫不如说巴菲特真的是神仙下凡。其实，巴菲特买股和一般顾客购买商品是一样的心态。比如顾客在超市购物，那些集中在打折区域的促销产品，或者买就赠的商品区，一定是爆满的。

巴菲特买股也是这样的思路，股价越跌他越是买进。在股神半个世纪的投资生涯中，共经历过四次熊市，1970 年，1973 ~ 1974 年，2000 年和 2008 年。每一次“熊出没”之前，巴菲特总能及早地出手，在股市远远没有达到顶点前就选择了退出，然后将大把大把的资金牢牢地握在手里，做足了资金储备，只待被低估的廉价股出现，瞬间“击毙”。

巴菲特对“熊出没”的预见性无不被投资者折服。1970 年的美股大跌，巴菲特在一年前就清仓了；1973 ~ 1974 年的股市大跌，巴菲特也是提前三年就实现了空仓。当然，巴菲特也不是每一次熊市之前都能够做到空仓，事实上，除了 1969 年那次算是基本空仓之外，余下的三次熊市中，巴菲特手里还是握着很多股票的。这也是作为长期持股的投资者一个平平常常的习惯吧。

巴菲特手里总会有少数的股票，是他这辈子都不打算卖掉的。比如，巴菲特在 1987 年的时候只留下三只股票：华盛顿邮报、黑客保险、都会 ABC，其余的都清仓特卖掉了。

巴菲特的长期持股原则，并不是什么股都提倡长期持有的，而那些终究经得起熊市蹉跎而留在巴翁手里的股票，都是能为伯克希尔实现财富剧增的“大佬”。可以说，巴菲特投资股票也是在投资公司，他成为了很多公司股票的长期持有者以及大股东的角色，甚至会亲力亲为地在旗下公司担任管理和经营。

我们只知道巴菲特坚持不住在纽约的理由是，他更喜欢奥马哈小镇的山青水秀、养生养老的世外桃源。其实，巴菲特这样的选择的目的是远离市场，保持独立、清醒的大脑。巴菲特认为，天天在嘈杂的市场里，想要依靠巨大的定力免受市场诱惑是很困难的，唯一的办法就是与市隔绝，但不是与世界隔绝。

也有人疑惑，巴菲特就那么“神”，能够在熊市中不骄不躁？其实，我们仔细想想，巴翁应该也是有焦虑情绪的。一个人一辈子遇到一次牛市算是极大的幸运了，而巴菲特却亲身经历了四大牛市、四大熊市。往往都是牛刚走，熊就迫不及待地来了，所以，在牛市中的操作手法关乎着投资者在熊市中的命运。

巴菲特的选择就是，牛市里反贪早出手，熊市里反恐敢抽底。

市场上的商品本就琳琅满目，一旦有熊出没，市场就会变得更加混乱无章，进进出出、抛抛收收。巴菲特用三条原则来约束自己，千万不能在熊市中迷失方向。巴菲特的选股标准有三：一是公司自身具有明显的长期竞争优势，业务夯实；二是公司管理者能力优秀，管理一流；三是公司业绩斐然，超出市场平均水平很远很远。同时具备这三点的公司，巴菲特才会在其股价低得不能再低的时候选择大量存仓，来一个釜底抽薪。

对于巴菲特而言，他选股与整个市场的关联性并不大。很多投资者是大盘涨了就买进，大盘跌了就不买或卖出，巴菲特却不是这么操作的，一般时候，都是市场好的时候他很好，市场糟糕的时候他还是很好。就是这么神奇。

2000年美国网络泡沫之后的三年，大盘跌掉了近50%，可巴菲特却在这三年赚了10%，这等于他以六倍的加速度跑赢了美国大盘。

投资了几十年，巴菲特手里定是有很多公司和股票，巴菲特也是一个恋旧之人，所以很少割肉，这些，可能都依赖于他的长期持股原则吧。60 年以来，巴菲特真正选购的股票只有 22 只，其中，重仓股才 7 只，平均下来，巴菲特每选一只重仓股的时间大约 7 年之多。

这样的效率是很低的，可那些精挑细选的股票一旦被巴菲特握在手里之后，巴菲特就会爱不释手，倾尽所有感情来爱它。自然的，这样被股神信赖的重仓股也会以丰厚的收益作为回报。巴菲特的重仓股投资无一失误，而且每一只操作上都极为成功。

投资，在巴菲特的概念中，只要没有重大的失误就算是成功的。所以，他不会介怀重仓股们是不是齐心协力地增长中，他认为，只要有 60% 的资金投入的股票是对的决策，那么剩下的 10% 或者 20% 的股票，有那么一点点的偏差，也不会影响整个棋盘的胜利。

所以，巴菲特是不需要割肉的，手心手背都是肉，就算今天不是主力，并不代表明天不是主力。

从巴翁在熊市中的所作所为，他那种“大跌大喜”的“阿 Q 精神”是最值得投资者学习的。巴菲特曾说：“大跌让好公司、好股票变得很便宜，我可以用很低的价钱买到好东西，就像超市打折的时候我们用很便宜的价格买到我们想买的好东西一样。”

养生之道

1995 年的股东大会上，一位股东问巴菲特：现在您已经是美国最富有的人了，您“要变得富有”的愿望已达成，接下来，还有什么目标吗？巴菲特回答说：“我的下一个目标是成为美国最长寿的人。”

2010年，巴翁在80岁生日那天表示自己没考虑过退休的问题，“我打算工作到超过100岁，但要达到这个目标，需要跳出原有的思维模式。”

巴菲特作为福布斯富豪榜上的前三甲，他这一生都成为世界各国人们精神的楷模，生存的榜样。要说巴菲特此生最大的成功，并不是他有着点石成金的“金手指”，而是他懂得养生，善待生命，获得了健康的体魄。

以巴菲特财富增值速度，如果他多活一年，就会创造出至少100多亿美元的财富，健康可以创造财富，而财富却无法拯救生命。因此，对于巴翁而言，健康养生真的最重要。那么，对于塑造健康，巴菲特有着怎样的一套养生之道？

所谓“巴式养生”，就是简单而不装腔作势地生活。

2010年，巴菲特来到中国，参观了比亚迪，与中国富豪共进盛宴。一个八十多岁的老者，能够身体力行地做好每一个细节，谦逊、友善、优雅。要知道，他是乘坐着飞机横穿了整个地球才来到的中国，可他的脚刚刚落在中国的大地上，便开始了繁忙的行程，从没有因为自己的年龄问题而影响任何一道既定的程序。

巴菲特曾经在给大学生们做演讲的时候讲过这样一个故事：

“16岁时，我只关心两件事：女孩子和车子。和女孩子交往不是我的强项，于是我把心思都放在车子上。16岁那年，一天晚上，一个精灵出现在我面前，对我说：‘不管你想要什么样的车，我都会给你。明天一大早，这辆车就会扎上红绸彩带送到你家里。’听了精灵的话，我谨慎地问：‘会有这样的好事，有什么条件吗？’精灵回答：‘只有一个条件。这是你这一辈子能够得到的唯一一辆车，你要用上一辈子。’”

“要是真的发生这种事，我会像照顾婴儿一样细心照顾这辆车，因为这是我这辈子唯一的一辆车，我得用上一辈子。对待你的身心，应该和对待这辆车一模一样。你只有唯一的一颗心，只有唯一的一个身体，你得用上一辈子。如果你好好对待自己的身心，很容易会用上很多年。”

巴菲特的故事是告诉世人，他会善待每一个唯一的事物，比如身体、比如健康、比如心灵。唯一的身唯一的心，他们需要你悉心呵护，才能回馈给你健康安好。

调养好身心之后，还要过简朴的生活，不要太奢华。这是巴菲特总结的第二条养生之道。前文中，我们分析了巴菲特的“抠门”之道，那是他财富积累的加速器。

巴菲特对自己也很“抠门”，从居家生活，到为人处世。在他认为，简单到位即可，无需过多的奢华。很多人有了钱之后就会放任挥霍，反而使得身心疲惫不堪，那可不是巴翁的生活方式，他是要长寿的人，一定要过简单健康的生活才行。

所以，巴菲特的头发不是用电吹风吹干的，也不是用梳子一根一根梳理的，他宁愿更多的时间用在思考赚钱的问题上，而不是繁琐的生活细节。这些简朴的生活方式，反而让这位世界上最富有的人更加富有亲和力，也更容易让股东们放心将积蓄交给他来打理。

“我的本性是，做那些有意义的事情。我按照我的这个本性去做事。在我的个人生活中，我也是这样的。我并不关心别的富翁在做什么；在看到别人买了一艘游艇的时候，我并不想去买一艘比他更大的船。”巴菲特说。

从善待身心，到简朴生活，其实，巴菲特最大的养生技巧就是健康饮食。可能很多人觉得，一个爱吃汉堡、冰淇淋和可乐的人，怎么能称之为是健康饮食呢？至少在中国，这些食物都被称做为“垃圾食品”。在巴菲特的“健康”概念里，不是计算食物的名声好坏，而是如何搭配好适合个人营养均衡吸收的比例。当然，能量配比恰当又美味的食品就算得上是巴菲特的“健康食物”了。

对于健康饮食，巴菲特给自己的要求就是饮食简单，并且一定要控制好总量。也就是说，要吃饱，不能饿着也不能吃得很撑。一次宴会上，东道主为巴翁点了很多美味佳肴，但都被他原封不动地退了回去，厨师长不解地亲自跑来询问缘由。巴菲特解释说：“我只吃汉堡和薯条。饮食越简单，自然吃得越少。如果菜样很多，即使是每样只尝一小口，几十道菜加起来，总量也很多。”

巴菲特对于食物一直都固执地坚守着一个原则——如果三岁小孩不吃的东西，他也不会吃，他喜欢吃的食物，简单到不能再简单了，他最满意的搭配就是面包、肉、蔬菜三合一成一个汉堡。随着年龄的增长，巴翁在“垃圾食品”控制上还是有所收敛的，比如很少喝可乐，但油炸玉米饼依然是他不变的主食。

巴菲特还特别在意体重，曾经以一张1万美元面额的支票做赌注，与女儿打赌自己的体重不会增加，如果巴翁输了，支票随时兑现给女儿。苏茜想尽办法引诱父亲增肥，但终究没有如愿。

不贪吃、不贪杯，饮食有度，自然有利于健康。

所以，巴菲特不仅在意自己的体重，也会以金钱为诱饵，引导子女们健康有度地饮食，认为控制好体重很重要。

巴菲特对家乡奥马哈有着亲密无间的情结，华尔街的星光璀璨，纽约上空的魂牵梦绕都无法吸引巴菲特的垂帘。

“只要我活着，我就会住在奥马哈。”巴菲特喜欢远离城市，隐居在清新自然的小镇。奥马哈生产玉米、耕牛遍地、羊群如画、社会祥和、生活宁静，这些就是巴菲特最爱的生活。多少个投资决策就来自于这般绿荫环绕、宁静而惬意的思考中。

恬静的生活氛围成为巴菲特养生秘诀之一。他感叹道："我曾经在纽约和华盛顿居住过，但纽约的交通拥挤浪费太多时间了。我愿意坐上飞机飞三个小时到纽约和洛杉矶享受大都市的繁华，但我可不愿意住在那里天天受罪。"

"我想奥马哈是一个让人心智正常的地方。当我过去在纽约工作的时候，我常常感觉这个城市一直总是有太多的外部刺激不断在冲击我的内心，我就会分泌太多的肾上腺激素而过度兴奋，就会对这些外部刺激作出反应。过不了多久就可能会导致我作出疯狂的举动。而在安静的奥马哈要冷静地思考就容易得多了。"

巴菲特住的地方离他办公地点并不远，在奥马哈，这片巴翁最爱的土地上，因为热爱生活、热爱家乡，所以，他也一样热爱着他的工作。做自己喜欢的工作，每天都会有很好的心情，这同样是巴菲特的养生秘诀之一。

所以，巴菲特从来不为别人工作，他始终在自己创业的道路上领跑着。做着从小就喜欢的投资工作，即使收购了多家企业，也依然无比信任地交给下属打理，从不干涉经营和管理，只有在年底的时候审核公司的报表，以及将下属公司赚来的多余现金用于再投资。他是如此热爱自己的工作，以至于他说自己每天都是跳着踢踏舞去上班。

这就是我们所看到的"股神"巴菲特，从上至下、从里到外，他的养生之道似乎不难理解，就是做着自己喜欢的事情，生命自然也会眷顾积极乐观的巴翁。